机电类新技师培养规划教材

机床电气控制

中国机械工业教育协会
全国职业培训教学工作指导委员会机电专业委员会　组编
黄媛媛　主编

机 械 工 业 出 版 社

本教材是根据中国机械工业教育协会和全国职业培训教学工作指导委员会机电专业委员会组织制定的技师教学计划和教学大纲编写的。本教材的主要内容包括：电动机的基本知识、常用低压电器、机床电气基本控制环节、典型机床电气控制电路、可编程序控制器的基本知识、数控机床电气控制与维修简介。

本教材的教学计划和大纲是依据《国家职业标准》中对技师的要求制定的，内容立足岗位，以必需、够用为度，符合职业教育的特点和规律。本教材配有教学计划和大纲、电子教案，可供高级技校、技师学院、高等职业院校等教育培训机构使用。

图书在版编目（CIP）数据

机床电气控制/黄媛媛主编. —北京：机械工业出版社，2009.7（2025.8 重印）

机电类新技师培养规划教材

ISBN 978-7-111-27266-3

Ⅰ. 机… Ⅱ. 黄… Ⅲ. 机床-电气控制-技术培训-教材 Ⅳ. TG502.35

中国版本图书馆 CIP 数据核字（2009）第 081876 号

机械工业出版社（北京市百万庄大街 22 号 邮政编码 100037）

策划编辑：王英杰 王晓洁 责任编辑：王华庆 责任校对：樊钟英

封面设计：王伟光 责任印制：单爱军

北京盛通数码印刷有限公司印刷

2025 年 8 月第 1 版第 9 次印刷

184mm×260mm · 10.25 印张 · 250 千字

标准书号：ISBN 978-7-111-27266-3

定价：29.90 元

电话服务 网络服务

客服电话：010-88361066 机 工 官 网：www.cmpbook.com

010-88379833 机 工 官 博：weibo.com/cmp1952

010-68326294 金 书 网：www.golden-book.com

机工教育服务网：www.cmpedu.com

机电类新技师培养规划教材
编审委员会名单

本书主编　黄媛媛

本书参编　张兰英　吴建平　张　琛

本书主审　黄庆华

前 言

随着全球知识经济的快速发展，我国工业化建设也呈现迅猛发展之势，因而技术工人十分缺乏。为了顺应形势的发展要求，我国出台了一系列大力发展职业教育的政策：劳动和社会保障部颁布了最新《国家职业标准》，继续实行职业准入制度，并将国家职业资格由三级（初、中、高）改为五级（初、中、高、技师、高级技师），对技术工人的工作内容、技能要求和相关知识进行了重新界定。教育部根据国务院“大力开展职业教育”的精神进行了职业教育的改革，高职学院、中职学校相应地改制、扩招，以培养更多的技术工人。

经过几年的努力，技术工人在数量上的矛盾在一定程度上得到缓解，但在结构比例上的矛盾突显出来。高级工、技师、高级技师等高技能人才在技术工人中的比重远远低于发达国家，而且他们年龄普遍偏大，文化程度偏低，学习高新技能比较困难。为打破这一局面，加快数量充足、结构合理、素质优良的技术技能型、复合技能型和知识技能型高技能人才的培养，劳动和社会保障部提出的“新技师培养带动计划”，即在完成“3 年 50 万”新技师培养计划的基础上，力争“十一五”期间在全国培养技师和高级技师 190 万名，培养高级技工 700 万名，使我国从“世界制造业大国”逐步转变为“世界制造业强国”。为此，劳动和社会保障部决定：除在企业中培养和评聘技师外，要探索出一条在技师学院中培养技师的道路来。中国机械工业教育协会和全国职业培训教学工作指导委员会经研究决定，制定机电行业的技师培养方案。

在上述原则的指导下，中国机械工业教育协会和全国职业培训教学工作指导委员会机电专业委员会组织 30 多所高级技校、技师学院和企业培训中心等单位，经过广泛的调研论证，决定首批选定五个工种（职业）——模具工、机修钳工、电气维修工、焊工、数控机床操作工作为在技师学院培养技师的试点。对学制、培养目标、教学原则、专业设置、教学计划、教学大纲、课程设置、学时安排、教材定位、编写方式等，参照《国家职业标准》中相关工种对技师和高级技师的要求，结合各校、各地区企业的实际，经过历时三年的充分论证，完成了教学计划和教学大纲的制定和审定工作，并明确了教材编写的思想。

使用本套“机电类新技师培养规划教材”在技师学院培养技师，招收的学员必须符合的条件是：已取得高级职业资格（国家职业资格三级）的高级技校的毕业生，或具有高级职业资格证书的本职业或相近职业的人员。本套教材的编写充分体现“教、学、做”合一的职教办学原则，其特点如下：

（1）教材内容新，贴合岗位实际，满足职业鉴定要求。当今国际经济大格局的进程加快了各类型企业的先进加工技术、先进设备和新材料的使用，作为技师必须适应这种要求，教材中也相应增加了新知识、新技术、新工艺、新设备等方面的内容。另外，教材的内容以《国家职业标准》中对技师和高级技师的知识技能要求为基础，设置的实训项目或实例从岗位的实际需要出发，是生产实践中的综合性、典型性的技术问题，既最大限度地体现学以致用的目的，又满足学生毕业考工取得职业资格证书的需要。

（2）针对每个工种（职业），均编写一本《相关工种技能训练》。随着全球化进程的加快，我国的生产力发展水平和职业资格体系应与国际相适应，因此，技师应该是具有高超操作技能的复合型人才。例如，模具工技师不应仅是模具工方面的行家里手，还应懂得车、铣、数控、磨、刨、镗和线切割、电火花等加工，以适应现代制造业的发展趋势，故此《相关工种技能训练（模具工）》中，就包含上述内容。其他工种与此类似。

（3）理论和技能有机结合。劳动和社会保障部颁布的“新技师培养带动计划”中明确指出“建立校企合作培养高技能人才”的制度，现在许多技师学院从企业中聘请具有丰富实践经验的工程技术人员作为技能课教师，各专题理论与实践融合在一起的编写方式，更适于这种教学制度。

（4）单独编写了两本公共课教材——《实用数学》和《应用文写作》。新时代对技师的要求不仅是技术技能型人才，还应是知识技能型甚至是复合技能型的高技能人才，有一定的数学理论基础和写作能力是新技师必备的素质。《实用数学》运用微积分知识分析解决生产中的实际问题，少推理，重应用；《应用文写作》除介绍普通事务文书、经济文书、法律文书、日常事务文书的写法外，还教授科技文书的写法，其中科技论文的写法对于技师论文的写作会有很大裨益。

（5）绝大部分书配有电子教案。电子教案包括教学计划、教学大纲、每章的培训目标、内容简介、重点难点，教师上课的板书，本章小结、配套习题及答案等。

（6）练习题是国家题库及各地鉴定考题的综合归纳和提升。

本套教材的编写得到了各技师学院、高级技工学校领导的高度重视和大力支持，编写人员都是职业教育教学一线的优秀教师，保障了这套教材的质量。在此，对为这套教材出版给予帮助和支持的所有学校、领导、老师表示衷心的感谢！

本书由黄媛媛统稿并任主编，张兰英、吴建平、张琛参加编写，黄庆华任主审。

由于编写时间和编者水平所限，书中难免存在不足或错误，敬请广大读者不吝赐教！

中国机械工业教育协会
全国职业培训教学工作指导委员会
机电专业委员会

目 录

第一章　电动机的基本知识

本章应知

1. 电动机的分类。

2. 直流电动机、三相笼型异步电动机、单相异步电动机等常用电动机的基本构成及其作用。

本章应会

1. 掌握常用电动机的工作原理，会依据电动机的额定参数正确使用电动机。

2. 掌握三相笼型异步电动机的安全运行知识。

3. 当电动机出现故障时，能根据电动机的构成和工作原理，分析故障原因，排除简单故障。

机床是机械制造业的主要加工设备，机床设备的运动主要是由电动机拖动运行的。机床设备所用电动机的种类不同，对机床设备实现的控制方法也不同。电动机的质量及其运行特性，都直接影响着机床的性能。本章将重点介绍常用电动机的结构、工作原理、额定参数及其运行。

第一节　直流电动机

直流电机是进行机械能和直流电能相互转换的一种可旋转的机电设备。将机械能转变为直流电能的电机称为直流发电机；将直流电能转变为机械能的电机称为直流电动机。

本节主要介绍直流电动机的工作原理、基本结构及其类别。

一、直流电动机的工作原理

图 1-1 所示为两磁极直流电动机的工作原理示意图。在磁极 N 和 S 之间，放置有一个能绕轴旋转的线圈（$abcd$），线圈的两端分别与两个半圆形的换向片相连接，换向片与电刷滑动接触，电刷的 A 端接电源正极，电刷的 B 端接电源负极，电刷将外面直流电源加到线圈上。

直流电动机是依据通电导体在磁场中受力的作用并产生运动的原理来工作的。在图 1-1a 中，N 极下面的线圈有效边 ab 的电流方向是由 a 流向 b，根据左手定则，导线 ab 受力方向向左；同理导线 cd 受力方向向右。这一对电磁力 F 相对转轴形成了电磁转矩，电磁转矩使线圈逆时针旋转，因线圈固定在电动机的转轴上，带动电动机也逆时针旋转起来。

当线圈转过 180°，在图 1-1b 所示位置时，导线 ab 转到 S 极下，导线 cd 转到 N 极下，导线中的电流方向分别变为由 d 到 c 和由 b 到 a，即线圈内的电流方向发生改变，但由于换向器和电刷的作用，使 N 极和 S 极下面导线的电流方向并没有发生改变，所以导线所受的电磁力方向也没有改变，线圈所受的电磁转矩方向仍为逆时针，这样就使电动机一直按逆时针旋转。

换向器的作用是：随着线圈的旋转，当线圈进入异性磁极时，换向器使线圈的电流方向发生改变。由于换向器与电刷的接触，使电刷 A 始终和 N 极下面的导线相连，电刷 B 则始终与 S 极下面的导线相连，这样保证了在 N 极、S 极下的导体中的电流方向始终保持不变，从而使线圈的受力方向和旋转方向保持不变，使电动机能连续旋转，如图 1-1 所示。

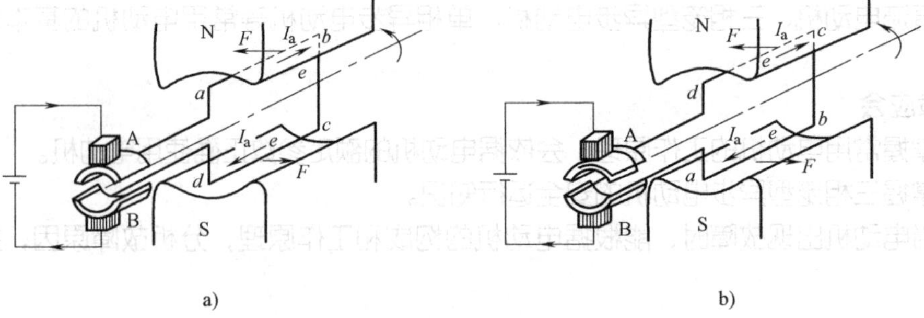

图 1-1　直流电动机的工作原理示意图

直流电动机的工作原理：直流电动机通过电刷将外加直流电输入到电枢绕组中，在电枢绕组中产生电流，依据通电导体在磁场中受力的作用原理，电枢绕组在磁场中受电磁力的作用并形成电磁转矩，电磁转矩使电动机旋转起来；由于换向器和电刷的作用，使每个磁极下的导体中的电流方向始终保持不变，因此电枢绕组的受力方向和旋转方向保持不变，结果使电动机连续旋转，把直流电能转换成机械能输出。

二、直流电动机的结构

直流电动机的结构可分为定子和转子两大部分，定子和转子之间存在的空隙称为气隙。直流电动机的结构如图 1-2 所示。

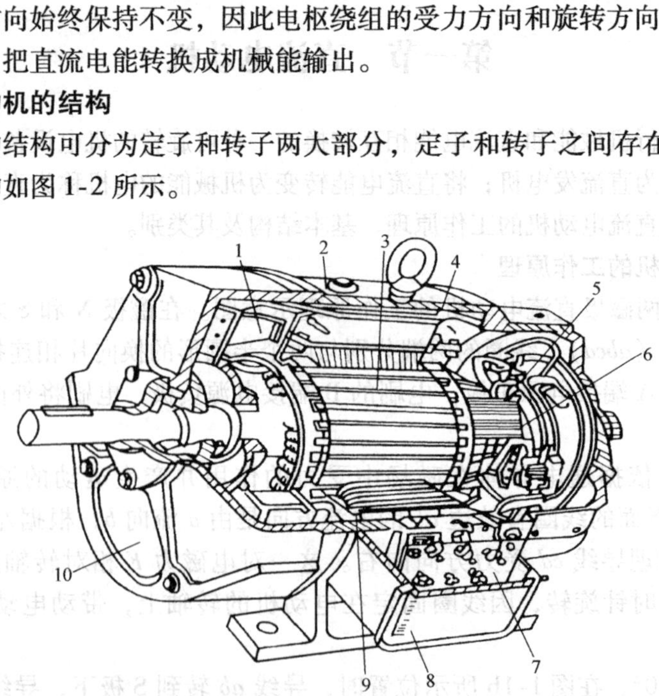

图 1-2　直流电动机的结构

1—风扇　2—机座　3—电枢　4—主磁极　5—电刷架　6—换向器

7—接线板　8—出线盒　9—换向极　10—端盖

1. 定子部分

直流电动机定子部分的主要作用是产生主磁场和作为机械的支撑。定子部分包括机座、主磁极、换向磁极、电刷装置、端盖和轴承等。

（1）机座　机座有两方面的作用：一方面起导磁作用，作为电动机磁路的一部分；另一方面起支撑作用，用来安装主磁极和换向磁极，并通过端盖支撑转子部分。机座一般用导磁性能较好的铸钢件或钢板焊接而成。

（2）主磁极　主磁极用来产生电动机的主磁场，它由主磁极铁心和励磁绕组组成。主磁极铁心为电动机磁路的一部分，为了减少涡流损耗，一般采用 1～1.5mm 厚的钢板冲制后叠装制成，用铆钉铆成一个整体。主磁极励磁绕组的作用是通入直流电产生励磁磁场（即主磁场）。主磁极励磁绕组通常由铜导线绕制而成，经绝缘处理后，套在主磁极铁心上，整个主磁极再用螺栓紧固在机座上，如图 1-3 所示。

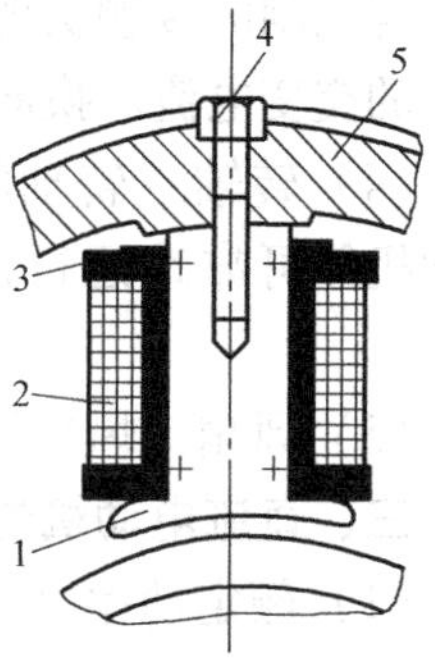

图 1-3　主磁极的结构

1—主极磁铁心

2—励磁绕组　3—绝缘框架

4—螺栓　5—机座

（3）换向磁极　换向磁极是位于两个主磁极之间的小磁极，又称为附加磁极。其作用是产生换向磁场，改善电动机的换向。它由换向磁极铁心和换向磁极绕组组成。

（4）电刷装置　电刷装置的作用是：通过电刷与换向器的滑动接触，把电枢绕组中的电动势（或电流）引到外电路，或把外电路的电压、电流引入到电枢绕组。要求电刷有较好的导电性能和耐磨性能，一般用石墨粉压制而成。

电刷装置由电刷、刷握、刷杆、刷杆座和压力弹簧等组成，如图 1-4 所示。

2. 转子部分

转子部分通称为电枢，是产生感应电动势、电流、电磁转矩，实现能量转换的部件。它由电枢铁心、电枢绕组、换向器、风扇、镀锌钢丝和转轴等组成，如图 1-5 所示。

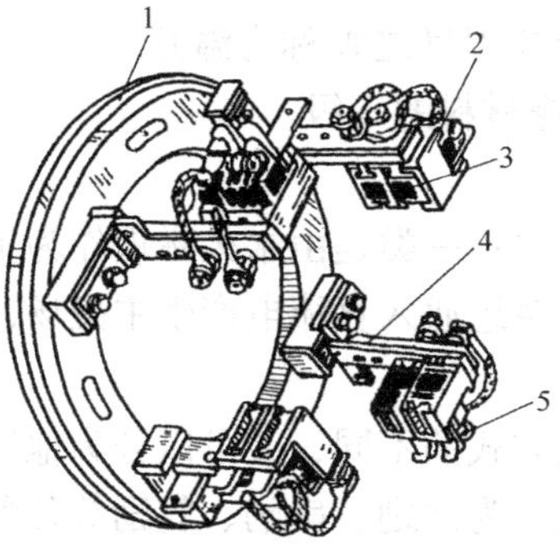

图 1-4　电刷装置

1—刷杆座　2—刷握　3—电刷

4—刷杆　5—压力弹簧

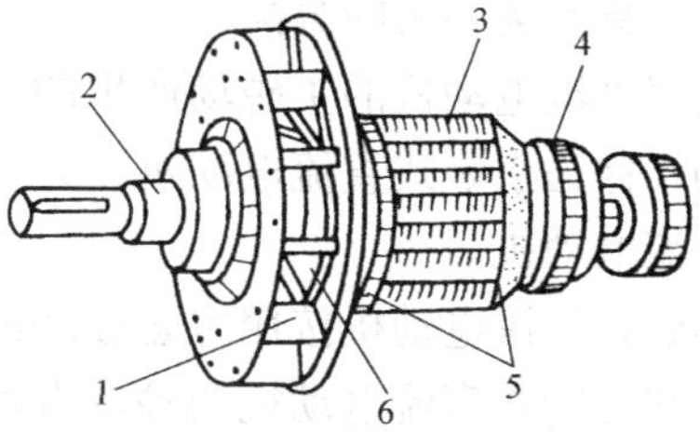

图 1-5　直流电动机转子的结构

1—风扇　2—转轴　3—电枢铁心

4—换向器　5—镀锌钢丝　6—电枢绕组

（1）电枢铁心　电枢铁心是直流电动机主磁路的一部分，电枢铁心槽用于嵌放电枢绕组。电枢转动时，铁心中的磁通方向不断变化，会产生涡流和磁滞损耗。为了减少损耗，电枢铁心一般采用厚度为0.5mm的表面有绝缘层的硅钢片叠压而成。

(2) 电枢绕组　电枢绕组的作用是：通过电流并产生感应电动势和电磁转矩，从而实现能量转换。电枢绕组通常用圆形或矩形截面的绝缘导线绕制而成，再按一定的规律嵌放在电枢铁心槽内，利用绝缘材料进行电枢绕组和铁心之间的绝缘处理。

(3) 换向器　换向器由许多相互绝缘的换向片组成，每个换向片都与电枢绕组的一个线圈相连。通过换向器与电刷的接触实现将外部的直流电流转变成电枢绕组中的交变电流。换向器结构如图1-6所示。

(4) 转轴　转轴的作用是用来传递转矩。为了使电动机能可靠地运行，转轴一般用合金钢锻压加工而成。

(5) 风扇　风扇用来降低运行中电动机的温升。

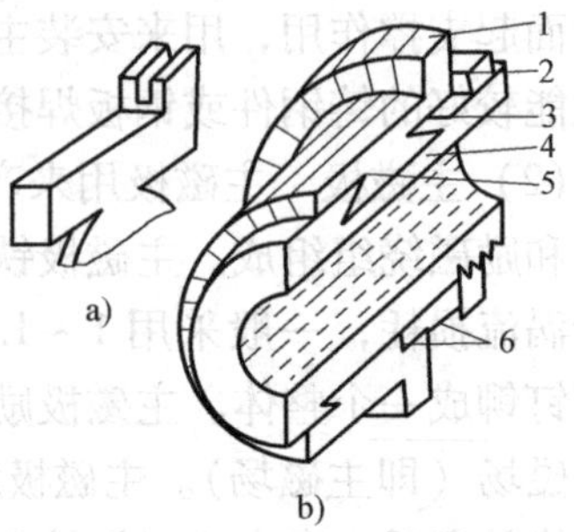

图1-6　直流电动机换向器的结构

a) 换向片　b) 换向器结构

1—片间云母　2—螺母　3—V形环　4—套筒　5—换向片　6—云母

三、直流电动机的额定参数

(1) 额定功率（P_N）　电动机在额定工作状态下，即在额定电压、额定负载和规定冷却条件下运行时，允许的轴上输出功率。

(2) 额定电流（I_N）　电动机在额定工作状态下从电源输入的电流。

(3) 额定电压（U_N）　电动机正常运行时的电源电压。

(4) 额定转速（n_N）　电动机在额定状况下运行时转子旋转的转速。

(5) 励磁方式　电动机的励磁方式决定了励磁绕组和电枢绕组的接线关系，有他励、并励、串励、复励等励磁方式。

(6) 额定励磁电压（U_{f_N}）　它是指加在励磁绕组两端的额定电压。

(7) 额定励磁电流（I_{f_N}）　它是指电动机额定运行时所需要的励磁电流。

(8) 定额（工作方式）　电动机在额定状态运行时能持续工作的时间。电动机定额分为连续、短时、断续3种。

(9) 温升　电动机各发热部分的温度与周围冷却介质温度之差称为温升。

(10) 绝缘等级　表示电动机各绝缘部分所用的绝缘材料的等级。

四、直流电动机的分类

按照直流电动机的主磁场产生的不同，可分为两大类：一类是由永久磁铁作为主磁极产生磁场，称为永磁式直流电动机；另一类是利用主磁极绕组通入直流电产生主磁场，称为励磁式直流电动机。

励磁式直流电动机按照主磁极绕组与电枢绕组接线方式的不同，又可以分为他励式直流电动机和自励式直流电动机两种。自励式直流电动机又分为并励、串励、复励等几种。它们的接线如图1-7所示。

五、直流电动机的起动、调速和制动

1. 直流电动机的起动

对直流电动机起动性能的一般要求是：在电动机起动电流不超过允许值的情况下，获得尽可能大的起动转矩；起动平稳、起动时间短及设备操作简单、方便等。

直流电动机的起动方法有3种，即全压起动、电枢回路串电阻起动和减压起动。

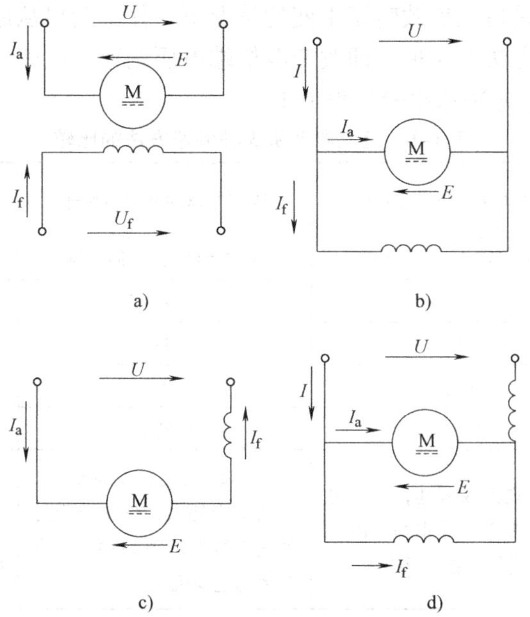

图 1-7　励磁式直流电动机的接线

a）他励式直流电动机　b）并励式直流电动机　c）串励式直流电动机　d）复励式直流电动机

I_f—通过励磁绕组的电流　I_a—通过电枢绕组的电流　U—输入的电源电压

U_f—加到励磁绕组上的电压（只有他励电动机需要提供此电压）　E—电枢绕组上产生的反电动势

（1）全压起动（也称直接起动）　全压起动是将电动机直接接到额定电压的电源上起动。全压起动的主要优点是不需要附加起动设备、操作简便。但其主要缺点是由于起动瞬间转子转速为零，又由于电枢回路电阻很小，起动电流会很大，可达到额定电流的 10～20 倍。这不仅不利于电网上其他电气设备的运行，还会使电动机机组受到较大的机械冲击，使直流电动机换向恶化。一般情况下，功率不大于 1kW 和起动电流为额定电流 6 倍以下的直流电动机，可允许进行全压起动。

（2）电枢回路串电阻起动　它是通过在电枢回路内串入起动电阻而产生分压进行起动。它可以限制起动电流，但起动电流也不能太小，一般应控制在 2～2.5 倍额定电流的范围内，并使起动转矩大于额定转矩，使电动机能迅速完成起动过程。

起动电阻通常是一只能分级的可变电阻器，在起动过程中应及时地将它逐级短接。一般不允许将起动电阻器在电动机正常运行时接入电路使用，因为长时间通过电流不仅会烧坏电阻器，而且还要消耗电能。

这种起动方法广泛应用于各种规格的直流电动机，但由于它在起动过程中能量消耗较大，因此，对于经常频繁起动的电动机和大、中型电动机不宜采用。

（3）减压起动　减压起动是通过降低电源电压的方法来使电动机起动，以限制起动电流，在起动后再逐渐升压，直至恢复额定电压，使电动机进入正常运行状态。这种起动方法，在起动过程中能量消耗少、起动平滑，但需配有一套专用的可调电源设备，故成本较大，所以多数用于要求频繁起动、调速要求高的大、中型他励式直流电动机。

2. 直流电动机的调速

直流电动机的调速是指在负载转矩不变的情况下，使电动机从原来转速改变到预定的转速。直流电动机的调速方法有3种，即改变电枢端电压调速、改变电枢回路电阻调速和改变励磁磁通调速。3种调速方法的比较见表1-1。

表1-1 直流电动机3种调速方法的比较

比较项 \ 调速方法	改变电枢端电压调速	改变电枢回路电阻调速	改变励磁磁通调速
调速方向	从额定转速 n_N 向下调	从额定转速 n_N 向下调	从额定转速 n_N 向上调
调速平滑性	好	差	好
调速稳定性	好	差	较好
电能损耗	较小	大	小
输出	恒转矩	恒转矩	恒功率
特点及适用范围	可实现无级调速，调压电源设备复杂，成本高。因调速性能优越，被广泛应用	为有级调速，设备简单，但功率损耗大，只应用于对调速性能要求不高的中、小功率的电动机	可实现无级调速，但调速范围较小，只适用于从额定转速 n_N 向上的调速

3. 直流电动机的制动

直流电动机在脱离电源后，常要求能迅速停转，能实现这一目的的方法称为制动。

电力拖动系统的停车方式有两种：一种是自由停车，即断开电源，电动机转速逐渐减慢，最后停车；另一种是使直流电动机加速停车，即电动机的制动。电动机的制动可用两种方法：一是机械制动，采用电磁制动器，俗称“抱闸”停车；二是用电气制动，使电动机产生制动转矩，加快减速、停车。

电气制动的特点是：电动机转矩 T 与转速方向相反，电动机吸收机械能并转化为电能。常用的电气制动方法有能耗制动、反接制动和回馈制动。

（1）能耗制动 电动机原来处于电动状态下运行，若突然切断电枢电源，并将电枢绕组接到制动电阻上，由于机械惯性，转速方向不变，电动势 E 不变，此时电动机电枢绕组的电流方向与电动状态时相反，则电动机此时产生的转矩与转速方向相反，起制动作用，使系统的动能变为电能，消耗在电枢电阻上和制动电阻上。能耗制动在零速时，没有转矩，可准确停车。

（2）反接制动 电枢反接的反接制动是把运转中的电动机电枢绕组反接到电源上，由于机械惯性，转速方向不能立即改变，则电动势 E 不变，此时电动机电枢绕组的电流方向与电动状态时相反，则电动机此时产生的转矩 T 与转速 n 方向相反，起制动作用，使电动机迅速停车。由于反接制动时电枢电压与反电动势方向相同，所以制动电流很大。为了限制电枢电流，电枢电路必须串接很大的制动电阻，以保证电枢电流不超过1.5～2.5倍的额定电流。如果电动机不需要反转，则制动结束后，必须切断电源，否则电动机将反转。

（3）回馈制动 它也称为发电反馈制动、再生制动。在处于电动状态下运行的电动机轴上加一外力矩，且与电动机原转动力矩方向相同，两者共同作用使转速 n 不断升高超过理想空载转速，此时产生的电动势 E 反向，电动机的转矩 T 的方向也随之反向，起制动作用，由于电动机向电网输送电流，即回馈电能，因此称为回馈制动。回馈制动一般用于位能负载下放重物的过程中。

第二节 三相笼型异步电动机

电动机按所需电源的不同分为直流电动机和交流电动机，交流电动机按工作原理又分为同步电动机和异步电动机。三相笼型异步电动机因结构简单、制造容易、价格低廉，坚固耐用、使用维护方便和效率较高等一系列优点，被广泛应用。

一、三相笼型异步电动机的结构

三相笼型异步电动机也是由定子和转子两大部分组成，其中固定不动的部分称为定子，旋转的部分称为转子。在定子和转子之间有一很小的间隙，称为气隙。异步电动机的气隙较小，一般为 0.25 ~2.0mm。三相笼型异步电动机的结构如图 1-8 所示。

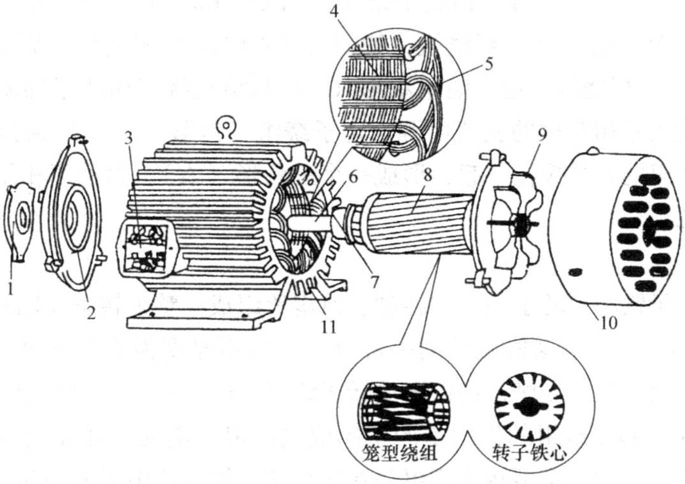

图 1-8 三相笼型异步电动机的结构

1—轴承盖 2—端盖 3—接线盒 4—定子铁心 5—定子绕组 6—转轴 7—轴承 8—转子 9—风扇 10—罩壳 11—机座

1. 定子部分

定子部分由机座、定子铁心、定子绕组等组成。

(1) 机座 它主要是用来支承定子铁心和固定端盖。中、小型异步电动机一般都采用铸铁铸成，小机座也有的用铝合金铸成，大型电动机大多采用钢板焊接而成。

(2) 定子铁心 它是电动机磁路的一部分。为了减少铁心中的涡流和磁滞损耗，铁心一般采用厚度为 0.5mm 且表面有绝缘层的硅钢片叠压而成。铁心内圆有均匀分布的槽，用以嵌放定子绕组。

(3) 定子绕组 它是电动机的电路部分，由绝缘的铜或铝导线绕成许多线圈，线圈按一定规律连接在一起形成每一相绕组。三相笼型异步电动机有三相定子绕组，即 U、V、W 相。三相定子绕组的作用是通入三相对称的交流电，产生旋转磁场。

小型电动机的定子绕组一般采用高强度漆包圆铜（铝）线；大、中型电动机常采用扁铜（铝）线。中、小型异步电动机通常把定子三相绕组的 6 个端头都引到接线板上，根据需要可接成星形（Y）联结或三角形（△）联结。三相定子绕组的联结方式如图 1-9 所示。

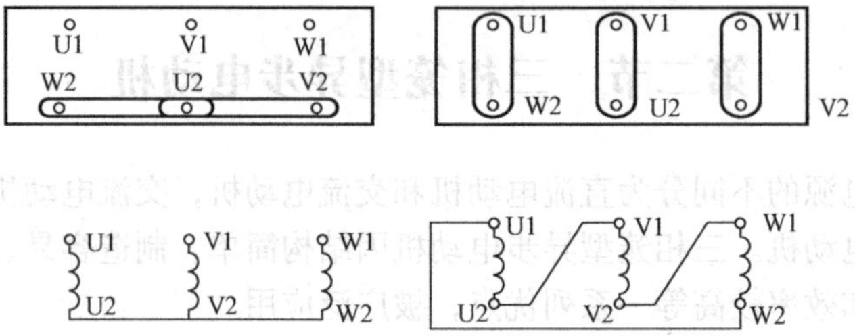

a) b)

图 1-9　三相笼型异步电动机定子绕组的联结方式

a）定子绕组星形（Y）联结　b）定子绕组三角形（△）联结

图 1-9 中，U1、V1、W1 为三相定子绕组的首端，U2、V2、W2 为三相定子绕组的末端。一个首端和一个末端构成一相绕组，如 U1、U2 构成 U 相绕组，V1、V2 构成 V 相绕组，W1、W2 构成 W 相绕组。定子绕组星形（Y）联结是将三相绕组的末端接在一起，给三相绕组的首端输入三相对称的交流电源。定子绕组三角形（△）联结是分别将一相绕组的首端和另一相绕组的末端接在一起，形成一个三角形（△），再给每相绕组的首端输入三相对称的交流电源。

2. 转子部分

转子部分由转子铁心、转子绕组和转轴、风扇等组成。整个转子靠轴承和端盖支承着。

（1）转子铁心　它是电动机磁路的一部分，一般用厚度为 0.5mm 的硅钢片叠压而成，转子铁心外圆均匀地冲有许多槽，用以嵌放转子绕组。转子铁心通常固定在转轴上。

（2）转子绕组　转子绕组的作用是产生感应电动势和电流，并在旋转磁场的作用下产生电磁转矩而使转子转动。笼型转子绕组是在每个转子铁心槽中插入一铜条，在铜条两端各用一铜环（也称为端环）把铜条连接起来，如果去掉铁心，整个绕组的外形就像一个圆形笼子，故称为笼型转子绕组。小型笼型电动机一般都采用铸铝转子，用熔化了的铝液直接浇铸在转子槽里，连同端环、风扇一次铸成。大、中型电动机常用铜条插入转子槽中，再在两端焊上端环。笼型转子绕组的结构如图 1-10 所示。

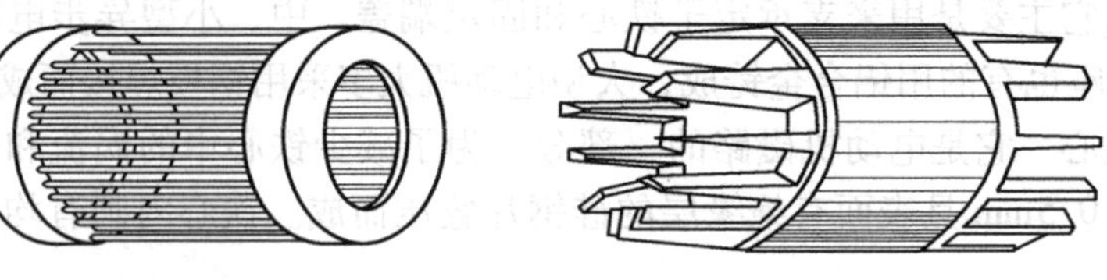

a) b)

图 1-10　笼型转子绕组的结构

a）铜条笼型转子绕组　b）铸铝笼型转子绕组

（3）转轴和风扇　转轴一般用中碳钢制成，其作用是固定转子铁心和传递功率。风扇用于电动机内部的散热。

二、三相笼型异步电动机的工作原理

1. 旋转磁场的产生

三相异步电动机的转子之所以会旋转，能够实现能量的转换，主要是因为定子和转子之间的气隙内分布着旋转的磁场。

旋转磁场产生的条件：

1）三相定子绕组每相绕组的匝数相等，彼此相隔120°电角度，即在空间对称分布。

2）三相定子绕组内通入对称的三相交流电源 i_U、i_V、i_W，它们的幅值和频率相等，相位互差120°电角度。电流的表达式为

$$i_U = I_m \sin\omega t$$
$$i_V = I_m \sin(\omega t - 120°)$$
$$i_W = I_m \sin(\omega t - 240°)$$

图1-11表示给空间对称分布的三相定子绕组中通入对称的三相交流电，其结果在气隙中形成了旋转的磁场。

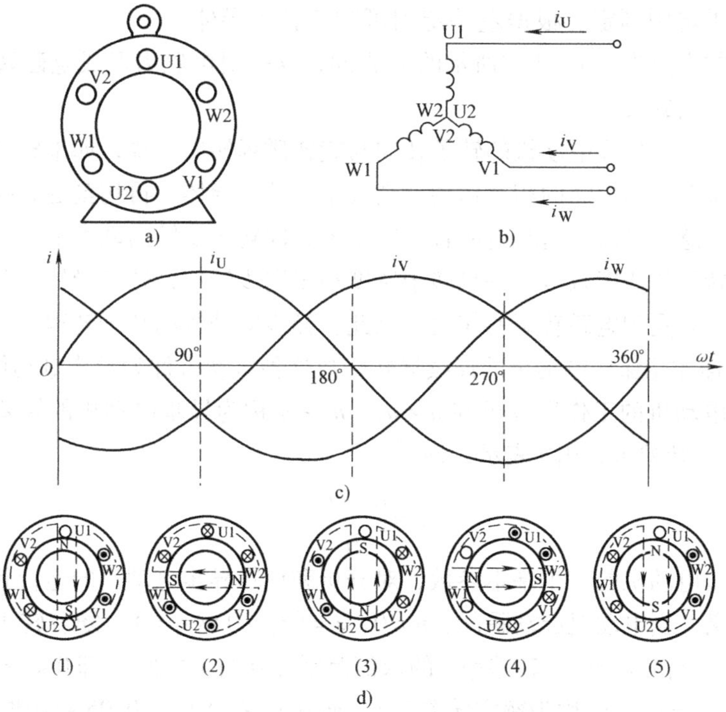

图1-11　两极旋转磁场的形成

a）简化的定子三相绕组分布　b）三相定子绕组通入三相交流电源

c）对称三相交流电的波形　d）两极旋转磁场的形成

旋转磁场的转速用 n_1 表示，称为同步转速。旋转磁场的转速可表示为

$$n_1 = \frac{60f_1}{p}$$

f_1 表示输入的三相交流电的频率，单位为赫兹，用Hz表示，我国交流电工频为50Hz。p 表示定子绕组通入三相交流电所产生的磁场的磁极对数，如两极磁场 $p=1$，四极磁场

$p=2$。改变电动机磁极对数 p 的值，通常是通过改变三相定子绕组的接线方式实现的。例如，若把定子绕组的每半相绕组反接，使半相绕组的电流反向，则此时电动机的磁极对数便成倍地变化。

2. 转子感应电流的产生

当电动机产生的旋转磁场以转速 n_1 旋转时，开始时转子是静止的，故转子导体将被旋转磁场切割而产生感应电动势。感应电动势的方向用右手定则判定（由于运动是相对的，可以假定磁场不动而转子导体作逆时针旋转），又因转子导体两端被短路环短接，为闭合回路，则在导体中有感应电流产生。感应电流方向如图 1-12 所示，从上部流出用“·”表示、下部流入用“×”表示。

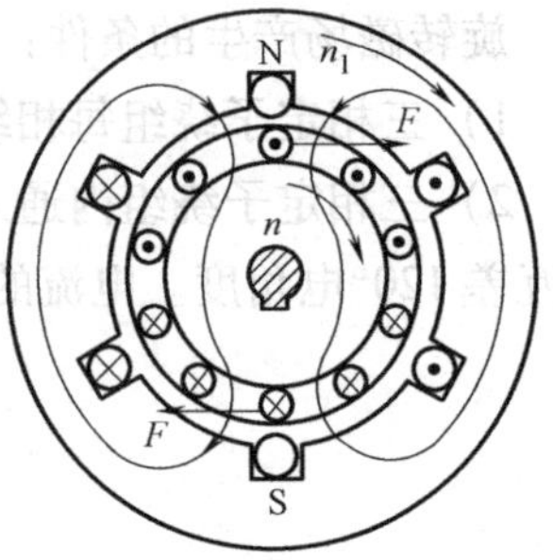

图 1-12　笼型异步电动机的工作原理

3. 转子电磁力矩的产生

有感应电流的转子导体在旋转磁场中会受电磁力的作用，力的方向可用左手定则判定。根据左手定则可判定转子导体所受到的电磁力的方向为图 1-12 中所示的 F 方向，这一对电磁力形成电磁转矩。电磁转矩使转子沿顺时针方向旋转。

由上述分析可知，异步电动机的转子转向与旋转磁场转向一致，如果转子转速等于同步转速，则转子与旋转磁场之间的相对运动就消失了，转子导体不再切割磁力线，转子导体便没有感应电动势和感应电流，这时电磁转矩等于零，即转子旋转的动力消失，在转子固有阻力矩的作用下，转子的速度减慢，一旦转子速度小于同步转速，转子导体又开始切割旋转磁场磁力线，转子重新受到电磁转矩的作用。因此，异步电动机的转子转速 n 总是小于旋转磁场的转速 n_1，这样才能保证电动机的连续运转，故这种电动机称为异步电动机。

由上述异步电动机的工作原理可知 $n \neq n_1$，$n_1 - n$ 称为异步电动机的转差。转差与同步转速 n_1 的比值称为转差率，用 s 表示，即

$$s=\frac{n_1-n}{n_1}$$

转差率是异步电动机的一个基本参数，对分析和计算异步电动机的运行状态及其机械特性，有着重要意义。当电动机起动瞬间，$n=0$，$s=(n_1-0)/n_1=1$；随着转子转速升高，当 $n=n_1$ 时，$s=(n_1-n_1)/n_1=0$。转差率 s 的取值范围在 0 与 1 之间（即 $0<s<1$）。当异步电动机额定运行时，$s=s_N$（s_N 称为额定转差率），通常 s_N 在 0.01～0.05 范围取值。

三、三相笼型异步电动机的铭牌与额定值

在电动机的机座上有一块金属牌，称为铭牌，如图 1-13 所示。在铭牌上标明了电动机的主要技术数据，供正确选择、使用电动机。

三相笼型异步电动机			
型号	Y—112M—4	编号	
4.0kW		8.8A	
380V	1440r/min	LW82dB	
接法 △	防护等级 IP44	50Hz	45kg
标准编号	工作制 SI	B 级绝缘	
×× 电机厂			

图 1-13　电动机的铭牌示意图

1. 型号

例如，三相笼型异步电动机型号为 Y—112M—4，其中，Y 表示电动机的系列代号，112 表示基座至输出转轴的中心高度（mm），M

表示机座类别（L 为长机座，M 为中机座，S 为短机座），4 表示磁极数。

旧的电动机型号，如 J02—52—4，其中，J 表示异步电动机，0 表示封闭式，2 表示设计序号，5 表示机座号，2 表示铁心长度序号，4 表示磁极数。

2. 额定功率（P_N）

额定功率是指电动机在额定工作状态下，即额定电压、额定负载和规定冷却条件下运行时，转轴上输出的机械功率。铭牌上的 4.0kW 表示 $P_N=4.0$kW。

3. 额定电流（I_N）

额定电流是指电动机在额定工作状况下运行时，定子电路输入的线电流。铭牌上的 8.8A 表示 $I_N=8.8$A。

4. 额定电压（U_N）

额定电压是指电动机正常运行时的电源线电压。铭牌上的 380V 表示 $U_N=380$V。

5. 额定转速（n_N）

额定转速是指电动机在额定状况下运行时的转速。铭牌上的 1440r/min 表示 $n_N=$ 1440r/min。

6. 接法（△或Y联结）

接法是指三相定子绕组与交流电源的联结方法。小型电动机大多采用星形（Y）联结，大中型电动机采用三角形（△）联结。在实际接线中，要按照铭牌上标识进行接线。例如：当电动机铭牌上标明“电压 380/220V，接法Y/△”，表示电源电压为 380V 时，定子绕组是Y联结，若电源电压为 220V 时，定子绕组是△联结；当电动机铭牌上标明“电压 380V，接法△”时，表示定子绕组只有一种△联结方式。

7. 防护等级

防护等级是指电动机外壳防护的形式，IP44 属于封闭式。

8. 频率（f_1）

频率是指电动机使用的交流电源的频率。

9. 噪声等级（dB）

在规定安装条件下，电动机运行时噪声不得大于铭牌值。

10. 绝缘等级

它与电动机绝缘材料所能承受的温度有关。A 级绝缘为 105℃，E 级绝缘为 120℃，B 级绝缘为 130℃，F 级绝缘为 155℃，H 级绝缘为 180℃。

四、三相笼型异步电动机的安全运行

1. 三相笼型异步电动机的起动过程

电动机的起动是指电动机从加上电压开始转动到正常运行的过程。在生产中，电动机是经常要起动和停止的，下面我们就了解一下三相笼型异步电动机的起动过程。

在三相笼型异步电动机起动瞬间（$n=0$），由于转子和旋转磁场有最大的速度差，此时转差率 $s=1$ 是最大的，则转子导体切割磁力线产生的感应电动势和电流是最大的，此时定子绕组上的起动电流也很大，通常是额定电流的 4～7 倍，即 $I_{st}=(4\sim7)I_N$。

较大的起动电流将造成以下影响：

1）大的起动电流在电路上会产生很大的电压降，影响同一电路上其他负载的正常工作，如灯会变暗、负载较重的电动机可能停转等现象。对于正在起动的电动机，也由于起动电流大，使电源电压降低，造成起动转矩下降很多，当负载较重时，可能起动不了。

2）对于经常需要起动的电动机，大的起动电流会造成绕组的发热、绝缘的老化，从而缩短了电动机的使用寿命。

因此，电动机起动时，一般要考虑以下几个问题：

1）尽可能小的起动电流。

2）应有足够大的起动力矩。

3）起动装置应尽可能简单、经济。

4）起动过程中的功率损耗应尽可能小。

三相笼型异步电动机的起动包括直接起动和减压起动两种方法。

（1）三相笼型异步电动机的直接起动　电动机直接起动又称为全压起动，起动时加在电动机定子绕组上的电压为额定电压。一台电动机只需满足下述3个条件中的1个，即能直接起动：

1）功率在7.5kW以下的小功率笼型异步电动机。

2）电动机在起动瞬间造成电网电压波动小于10%的，对于不经常起动的电动机可放宽到15%；如有专用变压器，其功率$S_T \geqslant 5P_N$，电动机允许直接频繁起动。

3）满足下列经验公式

$$\frac{I_{ST}}{I_N} < \frac{3}{4} + \frac{S_T}{4P_N}$$

式中　S_T——公用变压器容量，单位为kV·A；

P_N——电动机的额定功率，单位为kW；

I_{ST}/I_N——电动机起动电流和额定电流之比。

电动机直接起动的优点是起动设备简单、可靠、成本低、起动时间短，是小型异步电动机常用的起动方式；缺点是对电动机和电网有一定的电流冲击。

（2）三相笼型异步电动机的减压起动　减压起动是指在电动机起动时降低加在定子绕组上的电压，起动结束后加上额定电压的过程。减压起动减少了电动机的起动电流，但也大大减少了电动机的起动转矩，因为电动机的转矩是与电源电压的平方成正比的，因此减压起动只适用于空载或轻载起动。

减压起动的主要目的是限制起动电流，常用的降压起动方法有3种，即串联电抗器减压起动、自耦变压器（补偿器）减压起动和星-三角减压起动。

1）定子串电阻（或电抗）减压起动。这种起动方法是在起动时定子绕组中串联上适当的电阻（或电抗），起动时起动电流在电阻（或电抗）上产生电压降，这时加到定子绕组上的电压就相对减少，待电动机起动结束时，再将电阻（或电抗）进行短接。其电路如图1-14所示。

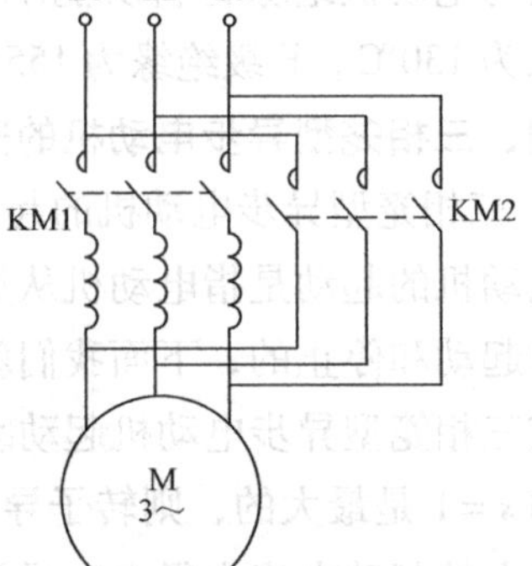

图1-14　定子绕组串电抗减压起动电路

此种减压起动的方法，在串联的电阻上会有电能的损耗，不够经济，故大多使用电抗器以减少电能的损耗，但电抗器体积、成本都较大，本方法已很少使用。

2）自耦变压器（补偿器）减压起动。三相笼型异步电动机采用自耦变压器减压起动的电路如图 1-15 所示。

起动时将开关 S2 放在起动位置，电动机的定子绕组通过自耦变压器接到三相电源上，即减压起动。当电动机转速趋于稳定时，将开关 S2 放在运行位置，自耦变压器被切除，电动机全电压运行，起动过程结束。在实际使用中都把自耦变压器、开关触头、操作手柄等组合在一起构成自耦减压起动器（又称为起动补偿器），有手动或自动切换两种控制电路。

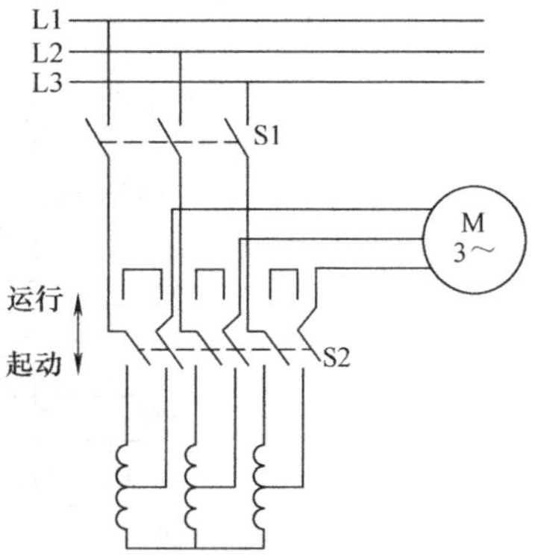

图 1-15　自耦变压器（补偿器）减压起动电路

自耦补偿起动的优点是自耦变压器的不同抽头可供不同负载起动时选择，适用于Y或△联结的电动机；缺点是体积大、价格高、质量重。

3）星－三角（Y－△）减压起动。起动时先把绕组接成星形联结，即开关投向“起动”位。待电动机转速上升到一定值后再把绕组接成三角形联结，即开关投向“运行”位，如图 1-16 所示。

采用星－三角起动的电动机，正常运行时应是三角形联结，定子每相绕组实际可承担的额定电压是电源的线电压。经计算可知，采用星－三角减压起动时，由于星形联结时定子绕组上的电压只有 $1/\sqrt{3}$倍的线电压，此时的起动电流为直接采用三角形联结的起动电流的 $1/\sqrt{3}$达到了降低起动电流的目的，由于起动转矩也只有三角形直接起动时的 1/3，故此方法不适宜重载起动。

星－三角起动方法的优点是设备简单、价格低，一般做成自动切换，应用极为广泛。

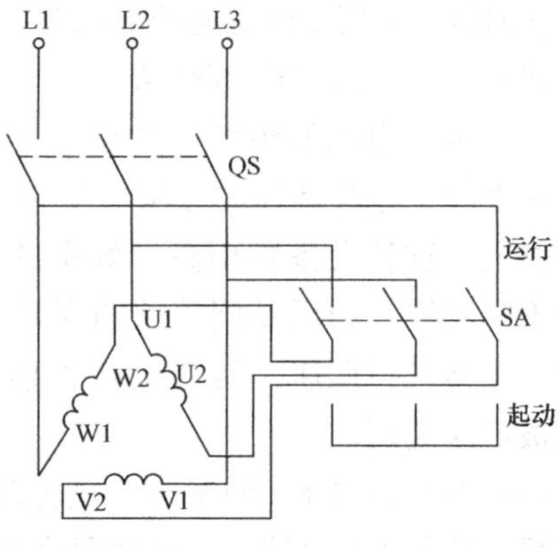

图 1-16　星－三角（Y－△）减压起动电路

2. 三相笼型异步电动机的反转

电动机的转向取决于旋转磁场的方向，改变旋转磁场的方向即可改变电动机的转动方向而改变旋转磁场的方向，是通过改变接入定子绕组的三相交流电的电源相序实现的。其方法是将电动机的任意两相绕组与交流电源接线互相对调，例如 W 相不变，U 相和 V 相接线对调，即可实现电动机反转。许多场合是用接触器控制电动机实现正、反转的，如图 1-17 所示。

在图 1-17 所示的主电路中，当 KM2 线圈得电，触头闭合时，U 相绕组和 W 相绕组互换相序，从而实现通过改变电源相序，进而改变电动机的转向。

3. 三相笼型异步电动机的调速

由转差率 $s=(n_1-n)/n_1$ 的公式可得异步电动机的转速为 $n=(1-s)n_1$，又 $n_1=60f_1/p$

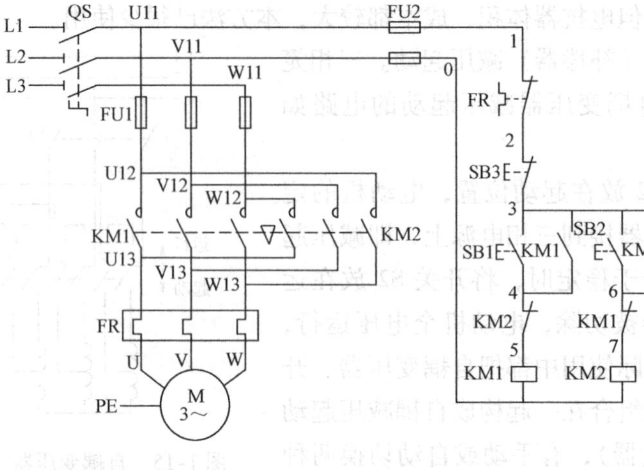

图 1-17　实现笼型异步电动机正反转的电路

因此

$$n = (1 - s)\frac{60f_1}{p}$$

依据公式，可知三相笼型异步电动机的调速主要有以下 3 种方法：

（1）改变磁极对数 p 的调速（变极调速）　通过改变定子绕组的接线方式，以改变磁极对数 p 的值。采用变极调速的电动机属于多速电动机，此类电动机的定子绕组可有不同的联结，如Y－YY、△－YY等联结。

（2）改变电源的频率 f_1 的调速（变频调速）　三相笼型异步电动机变频调速具有很好的调速性能，这种调速的方法需要一个频率和电压可以同时调节的电源。过去采用变频机组供电，这种设备费用高、效率低、用途不广。近年来，随着变流技术与自动控制技术的不断发展，利用晶闸管或自关断的功率晶体管器件组成了一种称作变频器的设备，使用变频器进行调速，具有调速性能好、稳定可靠、且设备体积小、经济耐用的优点，现已被广泛应用。

（3）改变转差率 s 的调速（变转差率调速）　通过降低电源电压及采用电磁转差离合器调速都属于变转差率调速，此种调速方法应用不广，此处不详细介绍。

4. 三相笼型异步电动机的制动

电动机与电源断开之后，由于转子有惯性，要经过一段时间后才停车。为了使电动机迅速准确地停转，必须对电动机实行制动。通常采用的制动方法有机械制动和电气制动，而电气制动又分为反接制动、能耗制动和再生制动。

（1）机械制动　机械制动是利用机械装置使电动机在电源切断以后迅速停转的方法。常用的机械制动有电磁离合器和电磁制动，下面介绍电磁制动装置。

电磁制动装置结构及其控制原理如图 1-18 所示。电动机通电起动时，同时给电磁制动的电磁铁线圈通电，电磁铁的动铁心被吸引与静铁心合拢，同时克服弹簧拉力，迫使杠杆向外张开，闸瓦与闸轮松开，由于闸轮与电动机转轴是刚性固定式连接，则闸轮随电动机转动，电动机就正常运转。当切断电动机电源时，电磁铁的线圈电源也同时被切断，动铁心与静铁

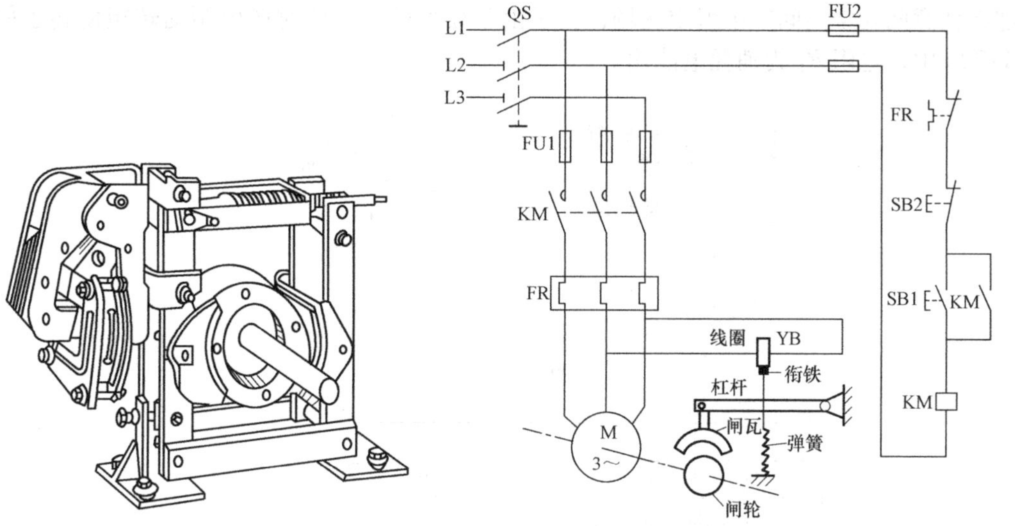

a)　　　　　　　　　　b)

图 1-18　电磁制动装置的结构及其控制原理

a）电磁制动装置的结构　b）电磁制动的控制原理

心无吸引力，在弹簧的作用下，闸瓦把闸轮紧紧抱住，使电动机迅速停止转动。由于电动机和电磁铁共用一个电源和控制电路，同时通、断电，因此只要电动机不通电，闸瓦总是把闸轮紧紧抱住，电动机总是被制动。为此，电磁线圈连接必须可靠，不能装接熔断器。

电磁制动制动装置广泛应用于起重机械上。上吊重物时，电磁铁和电动机同时通电，闸瓦松开，电动机能自由转动；当停车或停电时，闸瓦立即把闸轮抱住，电动机迅速制动，重物不仅不会因断电而下降，而且能准确地停留在某一位置上，杜绝了因突然停电而发生的事故。对具有位能性质的负载，电磁制动装置是必不可少的安全装置。

（2）电气制动

1）反接制动。反接制动是改变电动机三相定子绕组中任意两相与电源接线的相序，使旋转磁场转向与原来相反，从而使转子受到反力矩作用，转速很快下降到零。当电动机转速接近零时，立即切断电源，以免电动机反转（通常采用速度继电器控制）。三相笼型异步电动机反接制动的原理及控制电路如图 1-19 所示。当反接制动时，旋转磁场方向为 n_F 与 n_1 方向相反，转子转速 n 由于惯性方向不变，此时产生的电磁转矩方向与 n 相反，因此起到制动作用。速度继电器 KS 的作用是当转速为零时切断电路，防止反转。

经常需要反接制动的，会在电路上产生较大的电流冲击，由此会导致电动机过热，甚至损坏；电磁转矩从驱动立刻变为制动，对电动机转轴及传动部分也有很大的机械冲击。因此，反接制动时通常接入限流电阻，以缓和电流和机械冲击。

反接制动的优点是停车迅速、设备简易；缺点是对电动机及负载冲击大。它一般只用于小型电动机，且不经常停车制动的场合。

2）能耗制动。这种制动方法是利用转子惯性转动切割磁通而产生制动转矩，把转子的动能消耗在转子回路的电阻上，所以称为能耗制动。实现的方法是：当需要停车时，在切除三相电源的同时，将定子绕组接通直流电源，当转速为零时再切除直流电源。它的优点是制动力较强、能耗少、制动较平稳，对电网及机械设备冲击小，但在低速时制动转矩也随之减小，不易制停，且需要提供直流电源，其能耗制动原理及控制电路如图 1-20 所示。直流电源加在任意两相绕组间产生恒定磁场，转子由于惯性转动，此时产生制动转矩使转子停转。图 1-20b 中，电阻 R_1 为消耗电能用。

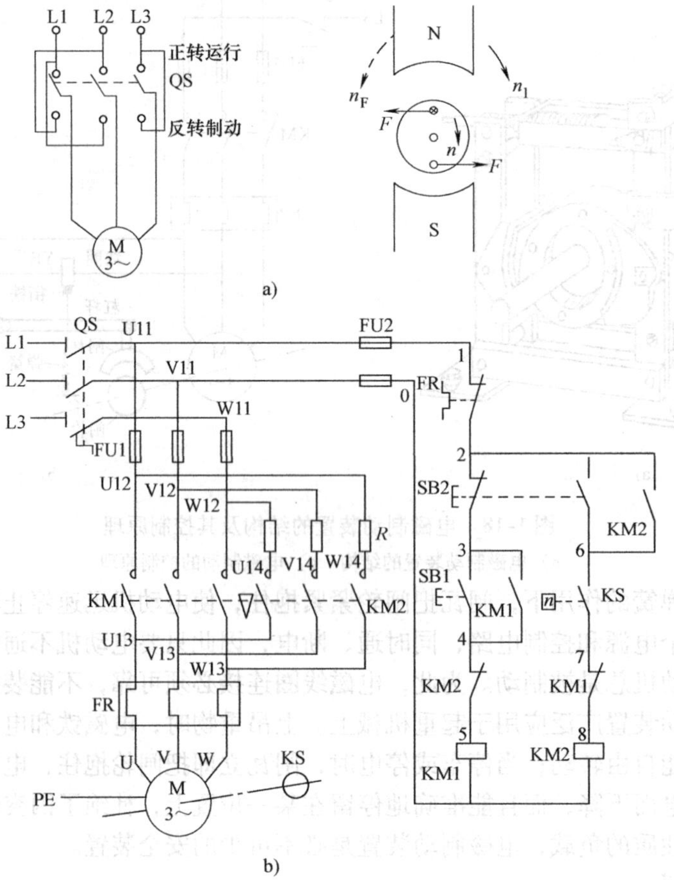

图 1-19　三相笼型异步电动机反接制动的原理及控制电路

a）反接制动原理　b）反接制动控制电路

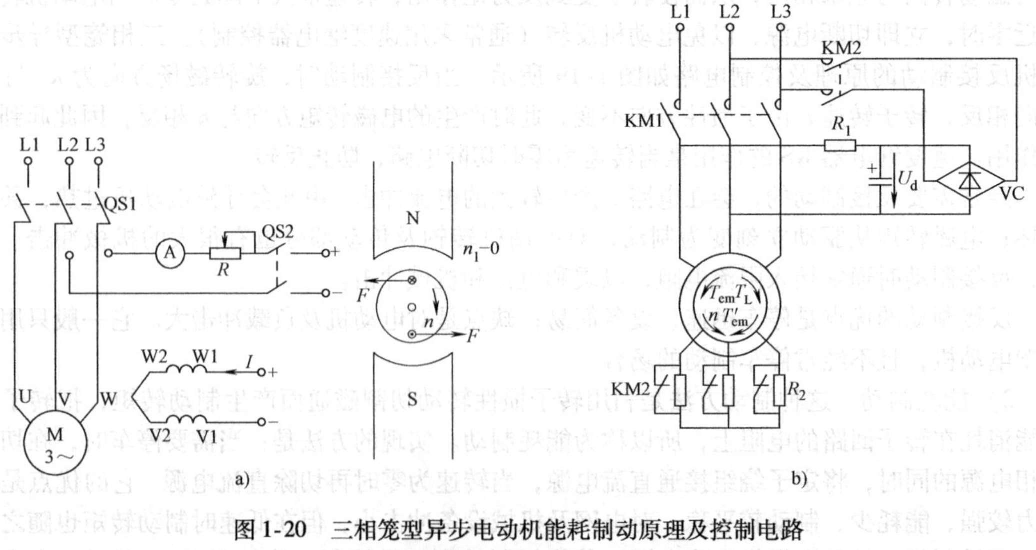

图 1-20　三相笼型异步电动机能耗制动原理及控制电路

a）能耗制动原理　b）能耗制动控制电路

3）再生制动（发电制动）。由于外力的作用（一般指势能负荷，如起重机在下放重物时），电动机的转速 n 超过同步转速 n_1，电动机处于发电状态，定子电流方向反向，电动机转子导体的受力方向也反向，驱动力矩变为制动力矩，即电动机是将机械能转化为电能，向电网反送电，故称为再生制动（发电制动）。再生制动应用范围很窄，只有 $n>n_1$ 时才能实现。它常用于起重机、电力机车和多速电动机中。这种制动的特点不是把转速下降到零，而是使转速受到限制，不需要任何设备装置，还能向电网送电，经济性较好。

第三节　单相异步电动机

一、单相异步电动机的基本知识

单相异步电动机在工作时由单相交流电源供电，使用起来很方便，同时由于其结构简单、成本低廉、噪声小等优点，而被广泛应用于工业和日常生活等各个方面，尤其在家用电器、电动工具、医疗器械等方面应用更多。单相异步电动机与同功率的三相异步电动机比较起来，其技术和经济指标都比较差，所以一般只做成小功率的，从几瓦到几百瓦不等。

1. 单相异步电动机的结构

单相异步电动机有多种类型，基本上与三相笼型异步电动机的结构相似。单相异步电动机的转子都是笼形结构。单相异步电动机的定子上通常有两个绕组，一个称为主绕组（也称为工作绕组），用以产生主磁场；另一个称为辅助绕组（也称为起动绕组），用以产生起动转矩。有些单相异步电动机的起动绕组只在起动过程中接入电源工作，而当电动机的转速达到额定转速的80%左右时，起动绕组能自动脱离电源，只剩下工作绕组继续工作。有的单相异步电动机的起动绕组在电动机起动后并不脱离电源，始终与工作绕组并联工作。图1-21 所示为单相异步电动机的结构。

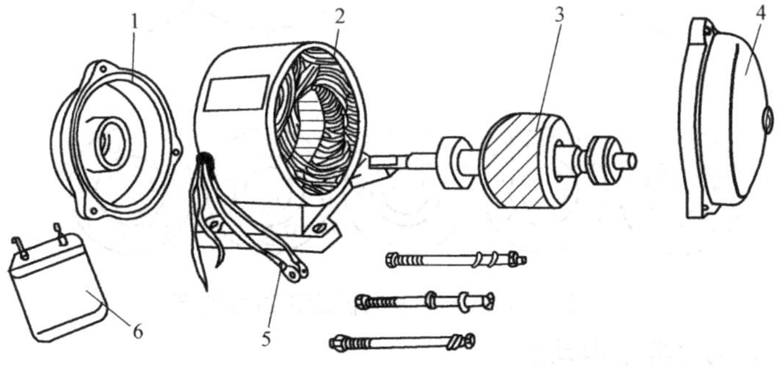

图 1-21　单相异步电动机的结构

1—前端盖　2—定子铁心及绕组　3—转子　4—后端盖　5—定子绕组引出线　6—电容器

2. 单相异步电动机的工作原理

单相异步电动机的工作原理与三相异步电动机基本相同，但又有其特点。在单相异步电动机的主绕组中通入单相交流电后，也会产生磁场，但这个磁场在空间的位置不能形成旋转磁场效应，只是磁场的强弱和方向像正弦交流电那样，随时间按正弦规律作周期性变化（见图 1-22），这种磁场称为脉动磁场。

单相异步电动机的脉动磁场可以认为是由两个转速相等、转向相反的旋转磁场合成的。当电动机的转子静止时，两个旋转磁场分别在转子上产生两个大小相等、方向相反的正向转

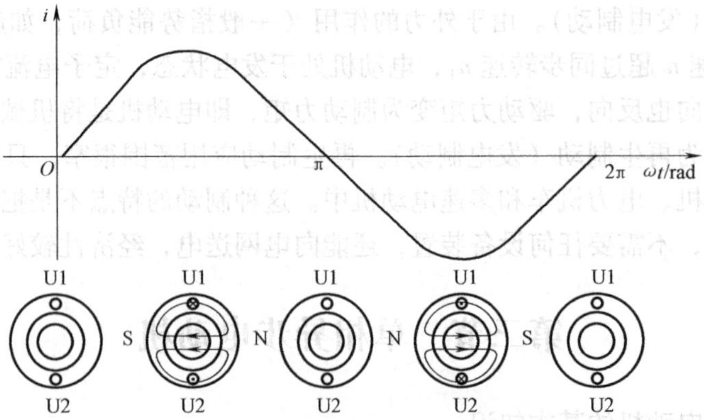

图 1-22 单相交流电产生的脉动磁场

矩和逆向转矩，使其合成转矩 $T=0$，因此，转子不能自行起动。如果用外力使转子沿顺时针方向转动一下，这时，就会出现正向转矩大于逆向转矩，转子在合成转矩的作用下，就会沿着顺时针方向转动起来。

为了使电动机能自动起动，除在定子铁心槽里嵌放主绕组外，还必须再嵌放一个辅助绕组，并使辅助绕组与主绕组在定子内空间相隔 90°的电角度，而且在两相绕组中会产生在相位上相差 90°的两相电流，这两相电流在电动机内部就会产生一个旋转磁场，如图 1-23 所示。在旋转磁场的作用下，转子就会产生电磁转矩而自行转动起来。

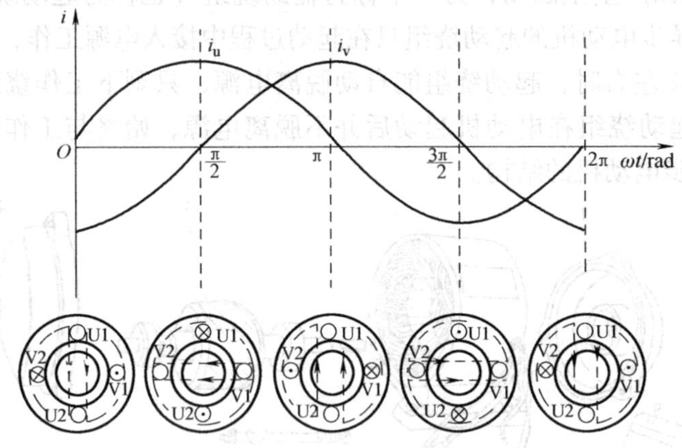

图 1-23 单相异步电动机旋转磁场的产生

二、单相电容分相式异步电动机

单相电容分相式异步电动机是利用电容移相的原理来实现工作绕组与起动绕组的电流分相的。其工作原理如图 1-24 所示。

从图 1-24 可以看出，由于起动时起动绕组中串入了电容器，起动绕组回路呈容性阻抗，其电流领先于电源电压一个相位角，而工作绕组呈感性阻抗，其电流滞后于电源电压一个相位角。因此如果参数配合适当（电容器选择适当），起动绕组中的电流与工作绕组中的电流相位差可以为 90°。这样一来，当具有 90°相位差的两个电流，分别通入在空间相差 90°电角度的两个绕组时，将形成一个旋转磁场效应，如图 1-23 所示。

电容式电动机的笼型转子在这个旋转磁场的作用下，从而产生较大的起动转矩，同时起动电流比较小，有一个比较好的起动性能。

通常在起动绕组中串入一个起动开关，当转子转速升高到额定转速的80%左右时，起动开关动作，使起动绕组脱离电源，只有工作绕组继续通电运行。起动开关安装在电动机轴上，起动电容器安装在电动机外壳上。这种起动电容器和起动绕组不参与工作的单相异步电动机称为电容起动式电动机。也有的起动绕组和电容器在电动机起动后并不脱离电源，始终与工作绕组并联工作，这种电动机称为单相电容运行式异步电动机。由于电容器容量较大，一般选用电解电容器。

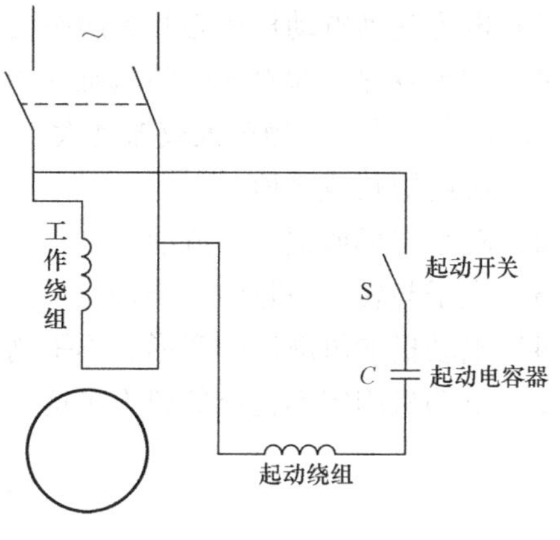

图1-24 单相电容分相式异步电动机的工作原理

单相异步电动机的旋转方向决定于起动时两个绕组合成磁场的旋转方向，改变合成磁场的旋转方向就可以改变单相异步电动机的旋转方向。其方法是：把工作绕组或起动绕组其中的任何一个接电源的接线端的两根线对调（注意不能把两个绕组的接线都对调，只能对调一个），即可改变单相异步电动机的旋转方向。

单相电容分相式异步电动机的起动性能和运行性能比其他类型的单相异步电动机都好，因而得到广泛应用。

三、单相电容分相式异步电动机常见故障分析

1. 电动机无法起动

1）通电即断熔丝，电动机可能有短路。

2）电源电压过低，而电动机的转矩与电压的平方成正比，造成起动转矩太小而无法起动。

3）电动机定子绕组断路。绕组直流电阻一般为几欧姆或几十欧姆，若绕组的电阻很大则判定绕组断路。

4）电容器损坏或断开。

5）离心开关触头闭合不上，正常时停转状态下用万用表可测量出起动绕组的直流电阻。

6）转子被卡住或过载。转子负载应能用手平滑转动，若转子转动不灵活，说明转子有卡堵现象。

2. 起动转矩很小，或起动迟缓且转向不定

1）离心开关触头接触不良。

2）电容器容量小。

3）电源电压偏低。

4）绕组个别匝间短路，造成电动机气隙磁场不强，电动机转差率增大。

5）离心开关触头无法断开，起动绕组未切断。正常运行时，起动绕组磁场干预工作绕组磁场。

6）电动机负载过重。

3. 电动机过热

1）工作绕组或电容运行电动机的起动绕组个别匝间短路或接地。

2）电容起动电动机的工作绕组与起动绕组相互接错，两个绕组在设计时，电流密度就相差很大。

3）电容起动电动机离心开关触头无法断开，使起动绕组长期运行而发热。

4）轴承发热，润滑油中的基础油脂挥发，润滑油变干，降低润滑性能。

4. 电动机转动时噪声大或振动大

1）绕组短路或接地。

2）轴承损坏或缺少润滑油。

3）定子与转子空隙中有杂物。

4）电动机的风扇风叶变形、不平衡。

5）电动机固定不良或负载不平衡。

复习思考题

1. 简述直流电动机的构成及其工作原理。
2. 直流电动机结构中的电刷和换向器的作用是什么？
3. 直流电动机的技术参数包括哪些？
4. 简述直流电动机的类别。
5. 简述直流电动机和直流发电机的异同。
6. 直流电动机的起动有什么要求？起动方法有哪几种？
7. 直流电动机的调速方法有哪几种？
8. 直流电动机的制动有哪几种方法？
9. 简述三相笼型异步电动机的构成及其工作原理。
10. 绘制三相笼型异步电动机定子绕组的联结方式，并说明定子绕组的作用。
11. 什么是笼型转子绕组？其作用是什么？
12. 旋转磁场产生的条件是什么？
13. 同步转速的大小与哪些量有关？
14. 为什么称为异步电动机？
15. 什么是转差率？什么是额定转差率？转差率的取值范围是多少？
16. 三相笼型异步电动机的技术参数包括哪些？
17. 为什么三相笼型异步电动机的起动电流较大？较大的起动电流会造成什么影响？
18. 三相笼型异步电动机的起动方法有哪几种？
19. 如何实现三相笼型异步电动机的反转？
20. 三相笼型异步电动机的调速方法有哪些？
21. 三相笼型异步电动机的制动方法有哪些？
22. 简述单相异步电动机的构成。
23. 以单相电容分相式异步电动机为例，简述其工作原理。

第二章　常用低压电器

本章应知

1. 低压电器的分类，低压电器型号的组成形式。
2. 常用低压电器的结构、类别和型号的意义。
3. 常用低压电器的工作原理、用途。

本章应会

1. 正确绘制常用低压电器的图形符号和文字符号。
2. 会依据低压电器的型号识别电器。
3. 能正确使用和维护低压电器。

第一节　低压电器的基本知识

低压电器是电力拖动自动控制系统中的基本组成元件。电力拖动系统性能的好坏与选用的低压电器有直接的关系。掌握常用低压电器的用途、结构、工作原理及图形符号和文字符号，是今后分析拖动电路，安装和维修拖动电路的首要条件。

低压电器通常是指工作在交流电压小于 1200V 或直流电压小于 1500V 的电路中，起通断、控制、保护或调节作用的电器设备，如控制按钮、熔断器、接触器、继电器等。

一、低压电器的分类

机床品种繁多，分类的方法也很多。

1. 按低压电器的用途分类

（1）控制电器　用来控制电动机的起动、制动、调速等动作，如开关电器、信号控制电器、接触器、继电器等。

（2）保护电器　用来保护电动机和生产机械，使其安全运行，如熔断器、电流继电器和热继电器等。

（3）执行电器　用来带动生产机械运行和保持机械装置在固定位置上的一种执行元件，如电磁阀、电磁离合器等。

2. 按低压电器的动作方式分类

（1）自动切换电器　依靠电器本身参数的变化或外来信号的作用，自动完成电器的接通或分断等动作。例如，接触器和继电器是通过控制内部线圈的得电或失电，使自身的触头自动地进行接通或分断等动作。

（2）非自动切换电器　主要依靠外力（如手控）操作来切换电器的接通或分断等动作，如按钮、组合开关等。

3. 按低压电器的执行机构分类

（1）有触头电器　该类电器利用触头的接触和分离来实现电路的控制，如接触器、继电器、组合开关等。

（2）无触头电器　该类电器没有可分离的触头，是利用半导体元器件的开关效应来实现电路的控制，如接近开关等。

二、低压电器型号的组成形式

低压电器的型号是我们选择和使用低压电器的依据。我国编制的低压电器产品型号适用于下列 12 大类产品：刀开关和转换开关、熔断器、断路器、控制器、接触器、起动器、控制继电器、主令电器、电阻器、变阻器、调整器、电磁铁。

低压电器产品型号的组成形式及含义如下：

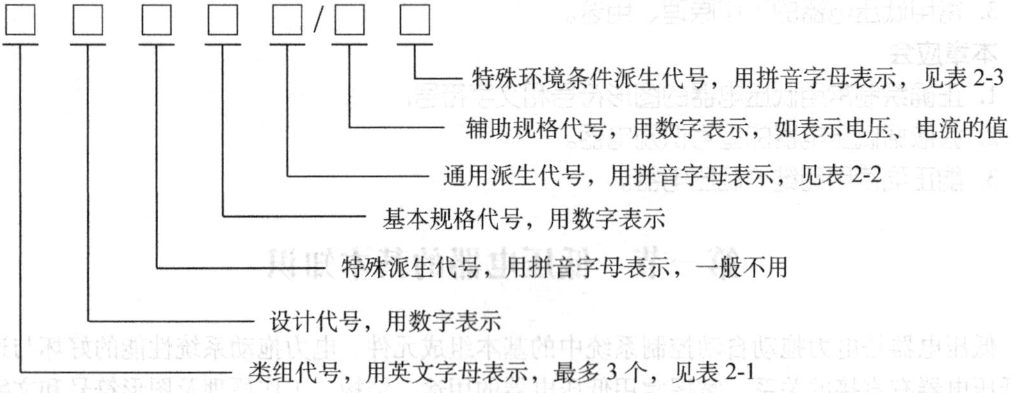

表 2-1　类组代号

代号	名称	A	B	C	D	G	H	J	K	L	M	P	Q	R	S	T	U	W	X	Y	Z
H	刀开关和转换开关				刀开关		封闭式负荷开关		开启式负荷开关					熔断器式刀开关	刀形转换开关					其他	组合开关
R	熔断器			插入式			汇流排式			螺旋式	密闭管式				快速	有填料管式			限流	其他	
D	断路器									照明					快速			框架式	限流	其他	塑料外壳式
K	控制器					鼓形						平面				凸轮				其他	
C	接触器					高压		交流							时间					其他	直流
Q	起动器	按钮式		磁力				减压							手动		油浸		Y-△	其他	综合
J	控制继电器									电流				热	时间	通用		温度		其他	中间
L	主令电器	按钮							主令控制器						主令开关	足踏开关	旋钮	万能转换开关	行程开关	其他	
Z	电阻器		板形元件	冲片元件		管形元件									烧结元件	铸铁元件			电阻器	其他	

（续）

代号	名称	A	B	C	D	G	H	J	K	L	M	P	Q	R	S	T	U	W	X	Y	Z
B	变阻器			旋臂式						励磁		频敏	起动		石墨	起动调速	油浸起动	液体起动	滑线式	其他	
M	电磁铁												牵引					起重			制动
T	调整器			电压																	

表 2-2　通用派生代号

派生字母	代 表 意 义
A、B、C、D…	结构设计稍有改进或变化
J	交流、防溅式
Z	直流、自动复位、防振
W	无灭弧装置
N	可逆
S	有锁住机构、手动复位、防水式、三相、双线圈
P	电磁复位、防滴式、单相、电压
K	开启式
H	保护式、带缓冲装置
M	密封式、灭磁
Q	防尘式、手牵式
L	电流
F	高返回、带分励脱扣

表 2-3　特殊环境条件派生代号

派生字母	说　明	备　注
TH	湿热带	此项派生代号应加注在产品全型号的后面
TA	干热带	
G	高原	
H	船用	
Y	化工防腐用	

对于从国外引进的低压电器产品，仍选用原型号并参考说明进行理解。

第二节　低压开关电器

低压开关电器主要作隔离、转换及接通和分断电路用，常用来作机床电路的电源开关和局部照明电路的控制开关，有时也可用来直接控制小功率电动机的不频繁起动。

低压开关电器属于非自动切换电器，需要手动操作来切换电器的接通或分断。常用的低压开关有刀开关、组合开关、低压断路器。

一、刀开关

刀开关种类很多，在电力拖动控制电路中最常用的是由刀开关和熔断器组合而成的负荷开关。负荷开关又分为开启式负荷开关和封闭式负荷开关两种。

1. 开启式负荷开关

（1）用途　主要用于照明、电热设备电路中，也可用于小型电动机的控制电路中，供手动不频繁地接通和分断电路，并具有短路保护的功能。常用的型号是 HK 系列。

（2）HK 系列的型号及含义

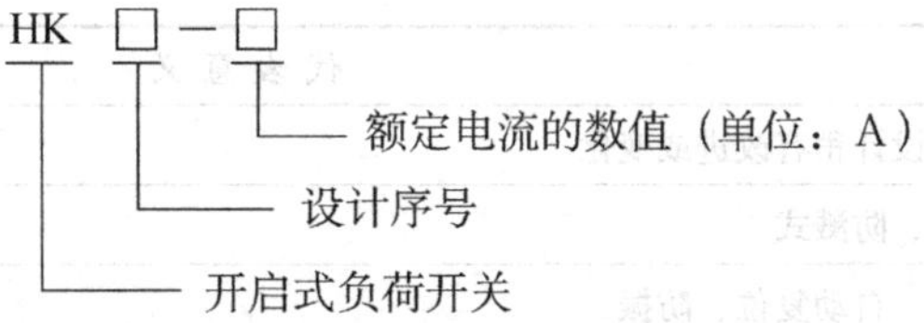

（3）结构　HK 系列负荷开关的结构如图 2-1 所示。

开关的瓷底座上装有进线座、静触头、熔体、出线座和带瓷质手柄的刀式动触头，上面盖有胶盖以防止操作时触及带电体或分断时产生的电弧飞出伤人。

手动合上开关，使动触头和静触头相接触，可接通电路，分断开关使动、静触头分离，切断电源。

（4）图形符号和文字符号　如图 2-2 所示，在开关的一般符号中，上部竖线代表电源进线端，下部竖线代表电源出线端，中部斜线代表刀开关（动触头），虚线代表刀开关（动触头）联动。开启式负荷开关的文字符号是 QS。

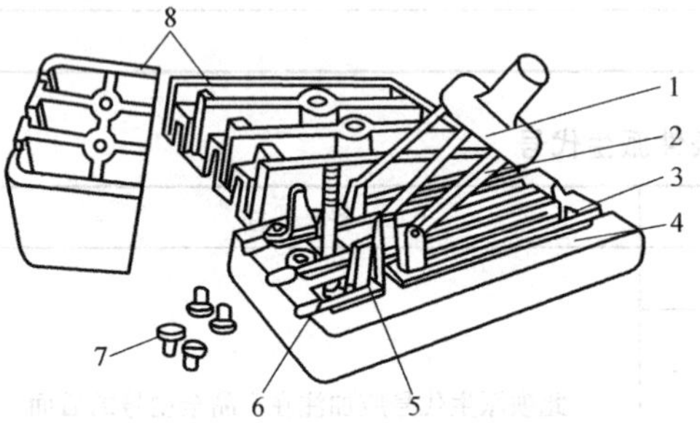

图 2-1　HK 系列开启式负荷开关的结构

1—瓷质手柄　2—动触头　3—出线座　4—瓷底座　5—静触头　6—进线座　7—胶盖紧固螺钉　8—胶盖

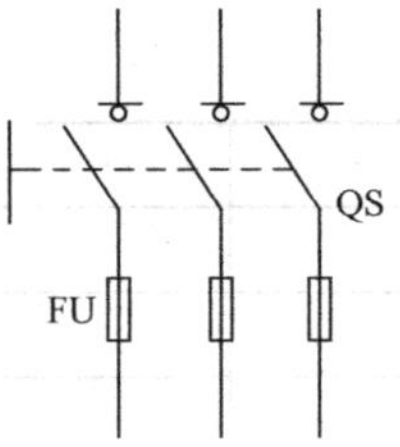

图 2-2　开启式负荷开关的图形符号和文字符号

（5）使用注意事项　开启式负荷开关的使用注意事项有：

1）在安装开启式负荷开关时，必须垂直安装，且合闸状态时手柄应朝上，不得倒装或平装。

2）接线时应把电源进线接在静触头一边的进线座上，负载接在动触头一边的出线座上，这样在开关断开后，使刀开关和熔体都不带电。

3）更换熔体必须在刀开关断开后按原规格更换。否则熔体太小，电路将无法正常工作；熔体太大，失去短路保护作用。

4）在分闸和合闸操作时，应动作迅速，使电弧尽快熄灭。

2. 封闭式负荷开关

封闭式负荷开关是在开启式负荷开关的基础上设计的一种开关，其灭弧性能、操作性能、通断能力和安全防护性能都优于开启式负荷开关。因其外壳多为铸铁或用薄钢板冲压而成，故俗称铁壳开关。

（1）用途　该开关一般用于配电电路，作电源开关、隔离开关及电路保护用，一般不用于直接通断电动机。

常用的型号是 HH 系列。

（2）HH 系列的型号及含义

HH □－□/□

- □（第三个）—— 极数（例如 3 表示 3 极，可接三相电源）
- □（第二个）—— 额定电流的数值（单位：A）
- □（第一个）—— 设计序号
- HH —— 封闭式负荷开关

（3）结构　HH 系列负荷开关的结构如图 2-3 所示。

封闭式负荷开关主要有刀开关、瓷插式熔断器、操作机构和钢板（或铸铁）外壳等组成。在内部装有速断弹簧，用钩子勾在手柄和底座间，当手柄转轴转到一定角度时，速断弹簧的拉力增大，使刀片快速地从静插座中拉开，电弧被迅速拉长而熄灭。铁壳上装有机械联锁装置，当箱盖打开时，手柄不能操作开关合闸；当刀开关合闸后，箱盖不能打开。

（4）图形符号和文字符号　封闭式负荷开关的图形符号和文字符号与开启式负荷开关的相同，如图 2-4 所示。

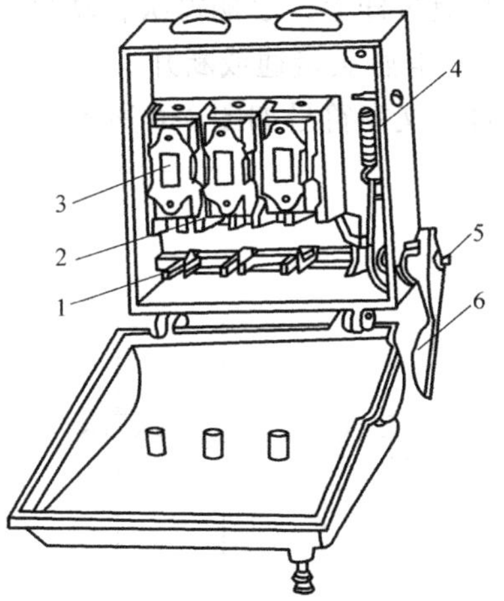

图 2-3　HH 系列封闭式负荷开关的结构
1—动触刀　2—静夹座　3—熔断器
4—速断弹簧　5—转轴　6—手柄

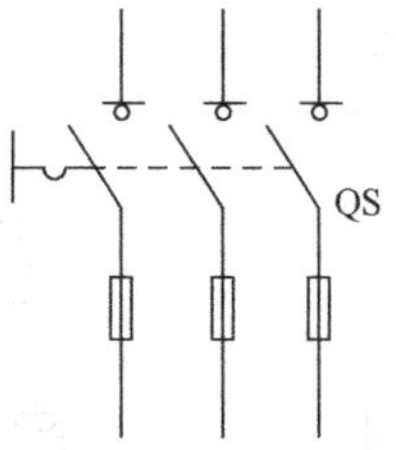

图 2-4　封闭式负荷开关的图形符号和文字符号

（5）使用注意事项

1）封闭式负荷开关必须垂直安装，安装高度一般离地不低于 1.3～1.5m，并以操作方便和安全为原则。

2）开关外壳的接地螺钉必须可靠接地。

3）接线时，应将电源进线接在静夹座一边的接线端子上，负载引线接在熔断器一边的接线端子上，且进出线都必须穿过开关的进出线孔。

4）分合闸操作时，要站在开关的手柄侧，不准面对开关，以免因意外故障电流使开关爆炸，铁壳飞出伤人。

二、组合开关

组合开关又称为转换开关，它体积小，触头对数多，接线方式灵活，操作方便，广泛应用于电力拖动控制电路中。

（1）用途　主要用于手动不频繁地接通和切断电源以及控制5kW以下的小型电动机的直接起动和停止。常用的型号是HZ10系列。

（2）HZ系列的型号及含义

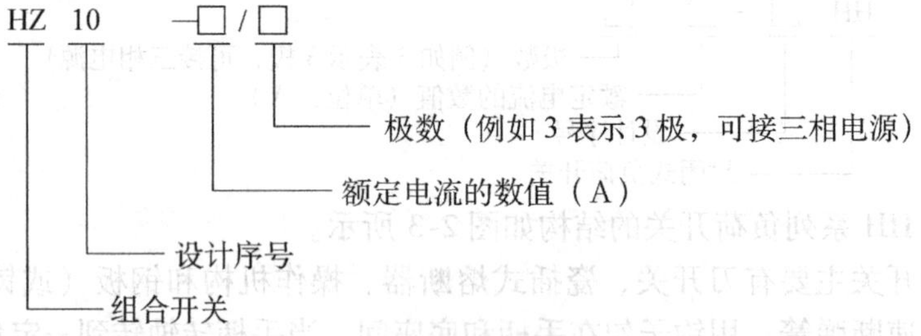

组合开关主要参数有额定电压、额定电流、极数、允许操作次数等。额定电流有10A、25A、40A、60A等几个等级。

（3）结构　HZ—10/3型组合开关的结构如图2-5所示。

组合开关有3对静触头和动触头组成，3对静触头附有接线端子，用以和电源及用电设备的相接；三对动触头和绝缘垫板一起套在附有手柄的绝缘杆上，手柄每次转动90°，手柄通过转轴带动绝缘杆转动，同时使3对动触头分别与3对静触头接通或断开。

（4）组合开关的图形符号及文字符号　其图形符号及文字符号如图2-6所示。

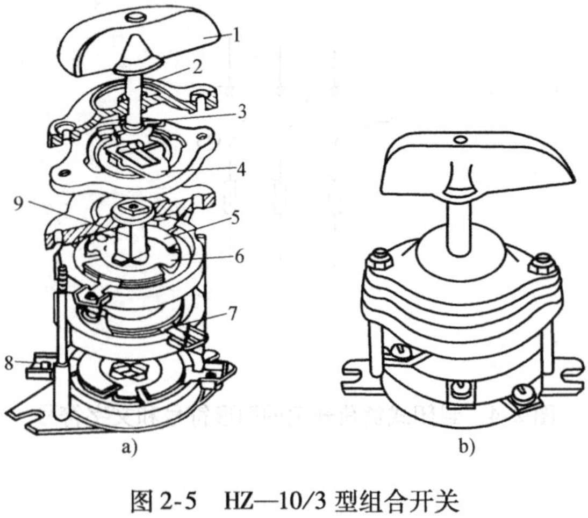

图2-5　HZ—10/3型组合开关

a）结构　b）外形

1—手柄　2—转轴　3—弹簧　4—凸轮

5—绝缘垫板　6—动触头　7—静触头

8—接线柱　9—绝缘方轴

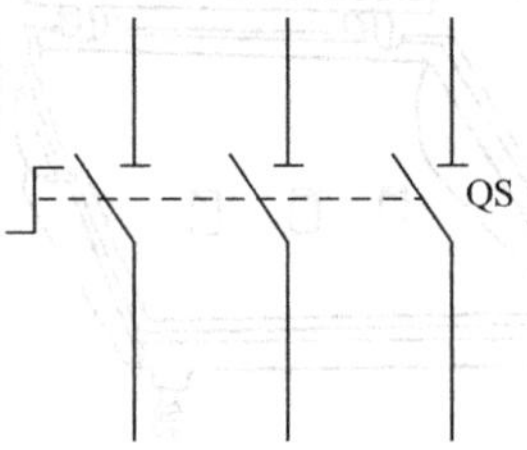

图2-6　组合开关的图形符号及文字符号

（5）使用注意事项

1）组合开关通常安装在控制箱内，其操作手柄置于控制箱的前面或侧面，开关断开时应使手柄旋转在水平位置。

2）若需在配电箱内操作，开关最好装在箱内的右上方，并且在它上方不安装其他电器，否则应采取隔离或绝缘措施。

三、低压断路器

低压断路器又称自动空气断路器或自动空气开关，简称断路器。它相当于刀开关、熔断器、热继电器、欠电压继电器的组合，是一种既能用于手动开关，又有欠电压、失电压、过载、短路保护作用的电器。低压断路器具有操作安全、安装使用方便、工作可靠、分断能力较高，兼有多种保护且动作后不需要更换元件等优点，因此得到广泛应用。

（1）用途　主要用于手动不频繁地接通和切断电路，当电路发生故障时，能自动切断电路，俗称自动跳闸，具有保护功能，且排除故障后，不需要更换元件便可重新起动。低压断路器有塑料外壳式及框架式（又称为万能式）等，常用的是塑料外壳式即 DZ 系列，如 DZ5 系列和 DZ10 系列。DZ5 系列属于功率较小的一种，其额定电流为 10～50A；DZ10 系列的额定电流为 100～600A，属于大电流系列。

（2）DZ 系列的型号及含义

DZ 10 —□/□ □ □

- □（最后一位）：0 表示无辅助触头，2 表示有辅助触头
- □（倒数第二位）：0 表示无脱扣器，1 表示热脱扣器式；2 表示电磁脱扣器式，3 表示复式脱扣器式
- □（斜线后）：极数（例如 3 表示 3 极，可接三相电源）
- □（横线后）：额定电流的数值（A）
- 10：设计序号
- DZ：塑料外壳式空气断路器

（3）结构　DZ5—20 型低压断路器的外形与结构如图 2-7 所示。

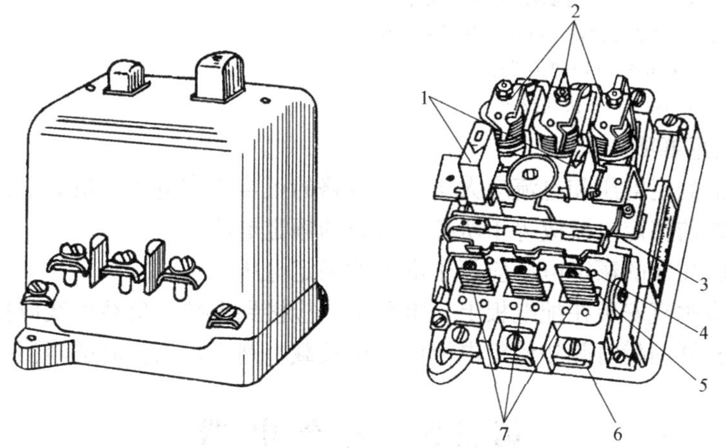

a)　　b)

图 2-7　DZ5—20 型低压断路器的外形与结构

a）外形　b）结构

1—按钮　2—电磁脱扣器　3—锁扣　4—动触头　5—静触头　6—接线柱　7—热脱扣器

断路器主要由动触头、静触头、灭弧装置、操作机构、热脱扣器、电磁脱扣器及外壳等组

成。其中热元件和双金属片等构成了热脱扣器，作过载保护，并配有电流调节装置，用于调节整定电流；线圈和铁心等构成了电磁脱扣器，作短路保护，它也有电流调节装置，用于调节整定电流；主触头由动触头和静触头组成，配有灭弧装置，用以接通和分断主回路的大电流。

（4）断路器的工作原理　图2-8所示为低压断路器的工作原理示意图。断路器的3对主触头串联在被控制的三相电路中，使用时依靠手动合闸，并通过锁扣和搭钩将主触头锁定在合闸位置上，此时主触头的动触头与静触头闭合，断路器处于接通状态。当电路发生过载时，过载电流通过热元件并产生一定的热量，双金属片受热向上弯曲顶起搭钩分断电路，使用电设备不致因过载而损坏；当电路发生短路时，短路电流超过了电磁脱扣器的整定电流，电磁脱扣器的衔铁被吸合，顶起搭钩，使触头分断，从而切断电路，实现短路保护；当电路欠电压或失电压时，使欠电压脱扣器的衔铁释放，在弹簧的作用下顶起搭钩分断电路。当需要人为分断电路时，按下分断按钮即可。

（5）断路器的图形符号和文字符号　断路器的图形符号和文字符号如图2-9所示。

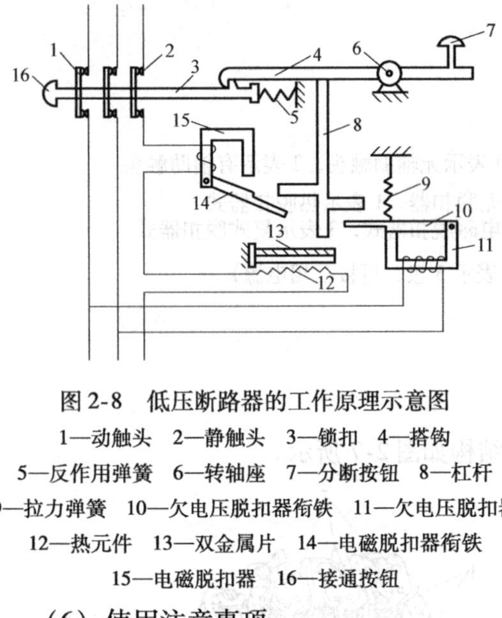

图2-8　低压断路器的工作原理示意图

1—动触头　2—静触头　3—锁扣　4—搭钩　5—反作用弹簧　6—转轴座　7—分断按钮　8—杠杆　9—拉力弹簧　10—欠电压脱扣器衔铁　11—欠电压脱扣器　12—热元件　13—双金属片　14—电磁脱扣器衔铁　15—电磁脱扣器　16—接通按钮

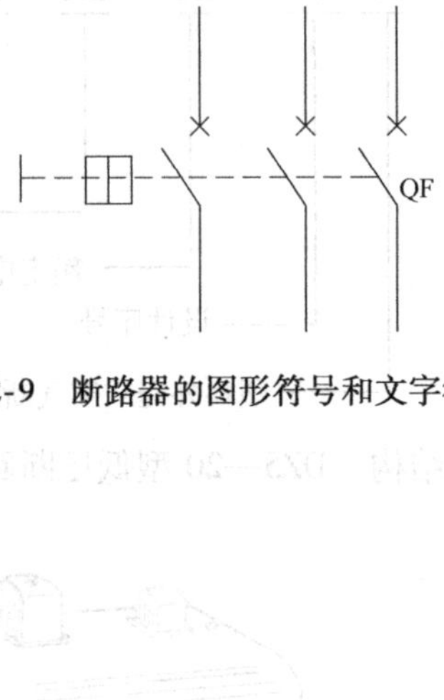

图2-9　断路器的图形符号和文字符号

（6）使用注意事项

1）断路器的额定电压和电流应大于等于电路的正常工作电压和负载电流。

2）热脱扣器的整定电流应等于所控制负载的额定电流。

3）欠电压脱扣器的额定电压应等于电路的额定电压。

4）断路器应垂直安装在配电板上，电源引线应接到上端，负载引线应接到下端。

5）电磁脱扣器的瞬时脱扣整定电流应大于负载电路正常工作时的峰值电流。

第三节　主令电器

主令电器主要用来接通或断开控制电路，是发布命令或信号，以改变控制系统工作状态的低压电器。常用的主令电器有控制按钮、行程开关、选择开关等。

一、控制按钮

（1）用途　控制按钮是一种利用外力操作，并具有自动复位功能的控制开关。由于按钮的触头允许通过的电流较小（一般不超过5A），通常用于控制电路中发布命令及实现电气联锁。常用的控制按钮的型号是LA系列。

（2）LA系列的型号及含义

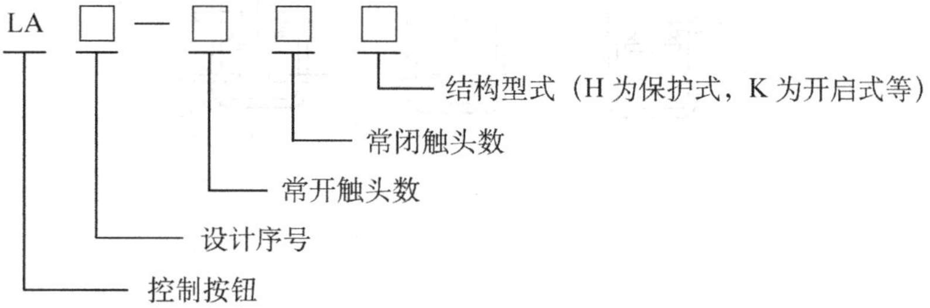

（3）结构　LA系列控制按钮的外形如图2-10所示。

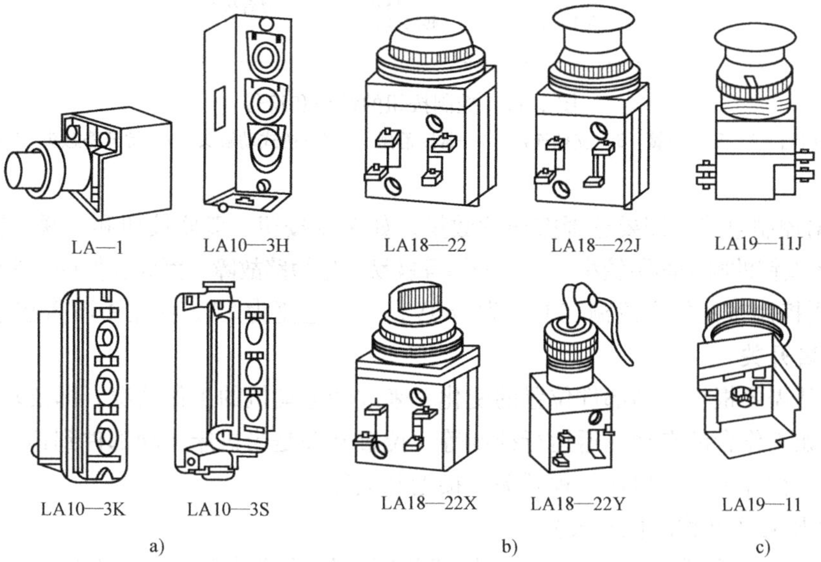

图2-10　部分控制按钮的外形
a）LA10系列　b）LA18系列　c）LA19系列

控制按钮是由按钮帽、复位弹簧、桥式触头和外壳等组成。控制按钮按静态（不受外力作用）时触头的分合状态可分为常开按钮、常闭按钮和复合按钮3种。

1）常开按钮。当不受外力作用时，触头是断开的；当按下按钮时，触头闭合；当松开按钮时，触头恢复原状（自动复位）。常开按钮通常用作控制电路的起动按钮。

2）常闭按钮。当不受外力作用时，触头是闭合的；当按下按钮时，触头打开；当松开按钮时，触头恢复原状（自动复位）。常闭按钮通常用作控制电路的停止按钮。

3）复合按钮。它将常开和常闭按钮组合为一体。当按下按钮时，其常闭触头先打开，然后其常开触头闭合；当松开按钮时，其常开触头先打开，然后其常闭触头再恢复闭合。

（4）控制按钮的结构和符号　其结构和符号如图2-11所示。

（5）使用注意事项　控制按钮主要根据所需要的触头数、使用场合及颜色来选择。

1）根据使用场合和具体用途选择按钮的种类。如嵌装在操作面板上的按钮选用开启式，需要显示工作状态的选用光标式。

2）按钮帽有多种颜色，一般红色用作停止按钮，绿色用作正转起动按钮，黑色用作反

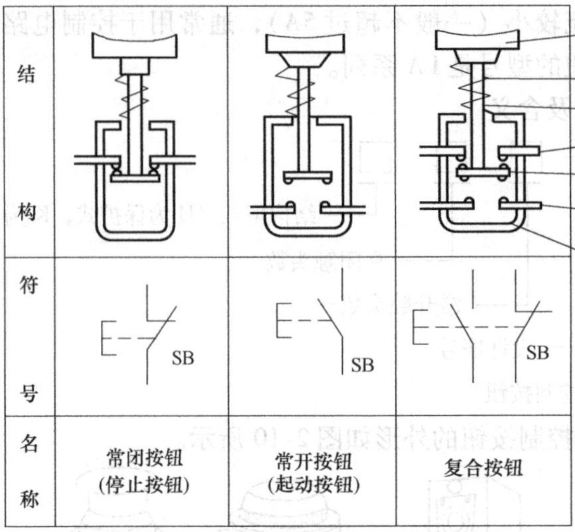

图 2-11 控制按钮的结构和符号

1—按钮帽 2—复位弹簧 3—支柱连杆 4—常闭静触头 5—桥式动触头 6—常开静触头 7—外壳

转起动按钮。

3）根据控制电路的需要选择按钮的数量，如单联按钮、双联按钮和三联按钮等。

4）由于按钮的触头间距较小，如有油污等极易发生短路故障，因此要保持触头间的清洁。

5）常用控制按钮的交流额定电压为380V，额定电流为5A，使用中不得超过其额定值。

二、位置开关

机床常常需要根据运动部件位置的变化，来改变电动机的工作情况，即要求按行程进行自动控制，如工作台的自动往返运行控制等。位置开关是当机床运动部件到达一个预定位置时而动作的一种开关。它包括行程开关、接近开关等。

1. 行程开关（又称限位开关）

（1）用途 行程开关的工作原理与按钮相同，只是其触头的动作不是靠手动操作，而是利用生产机械运动部件的碰压使其触头动作，来接通和分断某些电路，以控制运动部件的方向和行程大小。行程开关通常被用来限制机械运动的位置或行程，使运动机械按一定的位置或行程实现自动停止、反向运动、变速运动或自动往返运动等。为了适应各种条件下的碰撞，行程开关有多种构造形式，常用的有按钮式（又叫直动式）和滚轮式（又叫旋转式）。

（2）型号及含义

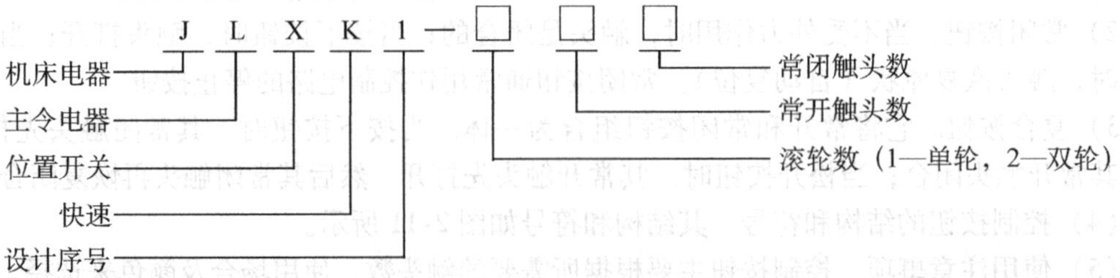

（3）行程开关的结构和工作原理 各系列行程开关的基本结构大体相同，都是由触头系统、操作机构和外壳组成，区别在于使行程开关动作的传动装置和动作速度有所不同，由此可得到各种不同形式的行程开关。图2-12所示为JLXK1系列各种快速行程开关的外形。

图 2-13 所示为 JLXK1 系列行程开关的结构。

滚轮式行程开关的工作原理是：当运动机械的挡铁撞到行程开关的滚轮上时，传动杠杆连同转轴一起转动，使凸轮推动撞块，当撞块被压到一定位置时，推动微动开关快速动作，使行程开关的常闭触头分断、常开触头闭合；当滚轮上的挡铁移开后，复位弹簧使行程开关各部分恢复原始位置，即触头自动复位。

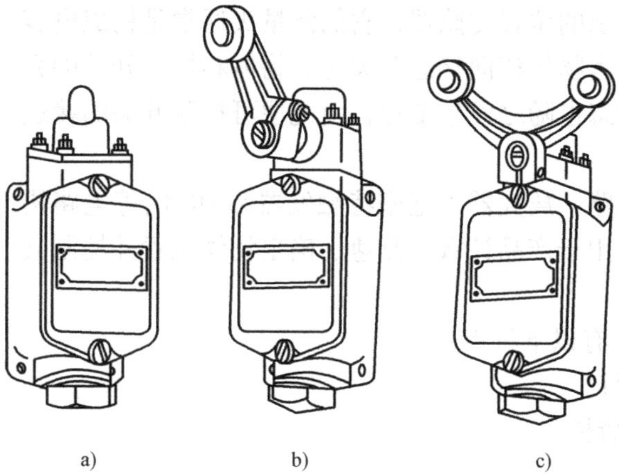

图 2-12　JLXK1 系列各种快速行程开关的外形
a）按钮式　b）单轮式　c）双轮式

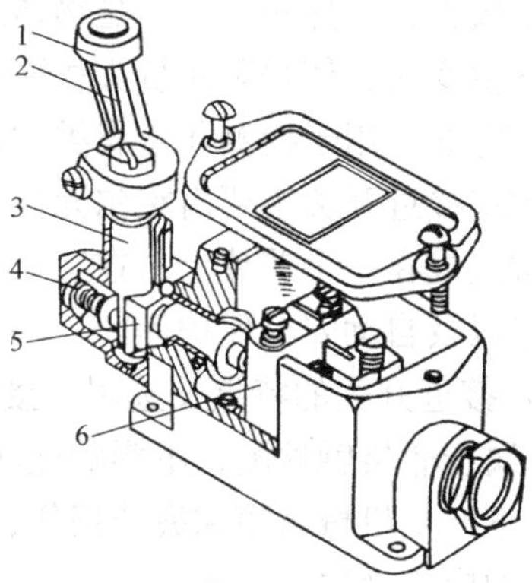

图 2-13　JLXK1 系列行程开关的结构
1—滚轮　2—杠杆　3—转轴
4—复位弹簧　5—撞块　6—微动开关

双轮式行程开关的工作原理与单轮式的相似，只是其有两个互成 90°的滚轮。当外力作用于其中一个滚轮时，其相应的触头动作（常闭触头分断、常开触头闭合），当外力撤离时，该滚轮及其触头保持动作后的状态不变，即触头不能自动复位，要想使触头复位，需要用外力作用于另一个滚轮才行。

（4）行程开关的图形符号和文字符号　行程开关的图形符号和文字符号如图 2-14 所示。

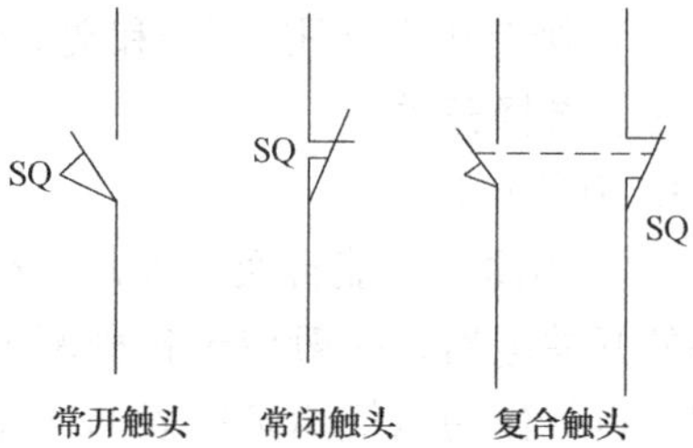

图 2-14　行程开关的图形符号和文字符号

（5）使用注意事项　行程开关的使用注意事项有：

1）根据动作要求、安装位置及触头数量选择行程开关的类型。

2）行程开关安装要牢固，安装位置要准确，确保能可靠地与挡铁碰撞。

3）使用时要检查行程开关的触头动作是否灵活、可靠。

2. 接近开关

（1）用途　接近开关又称无触头位置开关，是一种与运动部件无机械接触而能操作的位置开关。它的功能是：当有某种物体与之接近到一定距离时，它就发出动作信号，以控制继电器等其他元器件动作。接近开关除了用于行程控制和限位保护外，还可作为检测金属、高速计数、测速、定位、变换运动方向、检测零件尺寸、液面控制等。与行程开关相比，接近开关具有定位精度高、工作可靠、寿命长、操作频率高以及能适应恶劣工作环境等优点。常用的接近开关有 LJ1、LJ2、JXJ0 等系列。

（2）类型及工作原理　按工作原理分，接近开关有电感式、电容式、霍尔式等多种类型。

电感式接近开关属于一种有开关量输出的位置传感器，由 LC 高频振荡器和放大处理电路组成。当金属物体在接近这个能产生电磁场的振荡感应头时，物体内部产生涡流。这个涡流反作用于接近开关，使接近开关振荡能力衰减，内部电路的参数发生变化，由此识别出有无金属物体接近，进而控制开关的通或断。这种接近开关所能检测的物体必须是金属物体。

电容式接近开关亦属于一种具有开关量输出的位置传感器，它的测量头通常是构成电容器的一个极板，而另一个极板是物体的本身。当物体移向接近开关时，物体和接近开关的介电常数发生变化，使得和测量头相连的电路状态也随之发生变化，由此便可控制开关的接通和关断。它通常用于检测非金属类物体。

霍尔式接近开关主要由霍尔元件、稳压电路、放大器、施密特触发器和 OC 门等电路构成，通常集成在一个芯片上，在工业中，主要用于产品计数、测速、确定物体位置并控制其运动状态以及自动安全保护等。

（3）接近开关的特点及选用　接近开关具有以下特点：

1）属于非接触检测，不影响被测物的运行。

2）不产生机械磨损和疲劳损伤，工作寿命长。

3）响应速度快。

4）输出信号大，易于与计算机或 PLC 等传输数据。

5）体积小，安装、调整方便。

接近开关的选用：

1）接近开关较一般位置开关的价格高，因此仅用于工作频率高、可靠性及精度要求均较高的场合。

2）根据被测物体、检测距离选用型号和规格。

3）按输出要求选择输出形式。

（4）接近开关的图形符号和文字符号　接近开关的图形符号和文字符号如图 2-15 所示。

三、选择开关

1. 万能转换开关

（1）用途　万能转换开关是一种多挡位控制多回路的开关电器，一般用于各种配电装置的远距离控制，也可作为电气测量仪表的换相开关或用作小功率电动机的起动、制动、调速和换向控制。由于换接电路多，用途广泛，故称为万能转换开关。

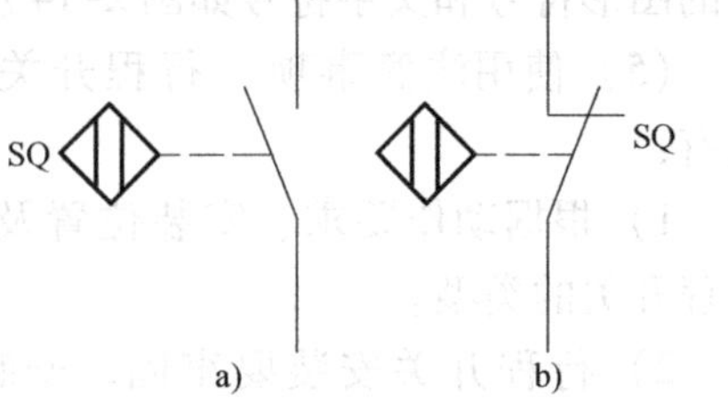

图 2-15　接近开关的图形符号和文字符号

a）动断触点　b）动合触点

（2）结构和工作原理　万能转换开关由凸轮机构、触头系统和定位装置等部分组成。它依靠操作手柄带动转轴和凸轮转动，使触头动作或复位，从而按预定的顺序接通与分断电路，同时由定位机构确保其动作的准确可靠。

常用的万能转换开关有 LW5、LW6 等系列。其中 LW6 系列万能转换开关还可装配成双列形式，列与列之间用齿轮啮合，并由公共手柄进行操作，因此装入的触头数最多可达 60 对。图 2-16 所示为 LW5 系列万能转换开关的外形。

（3）型号及含义

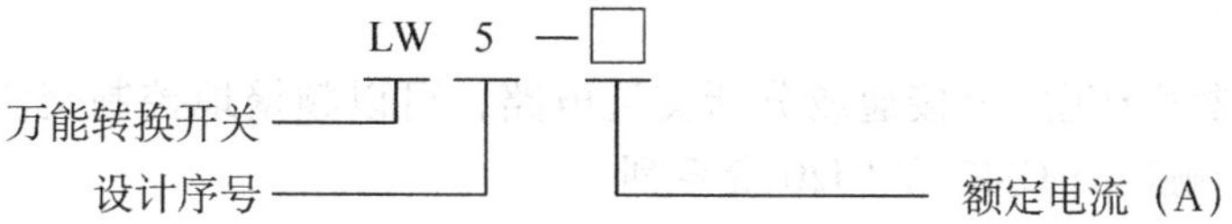

（4）万能转换开关的图形符号和文字符号　万能转换开关的图形符号和文字符号如图2-17所示。

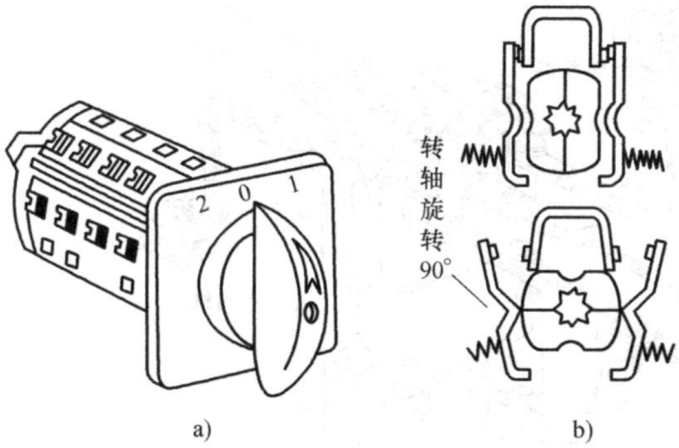

图2-16　LW5系列万能转换开关的外形

a）外形　b）凸轮通断触头示意图

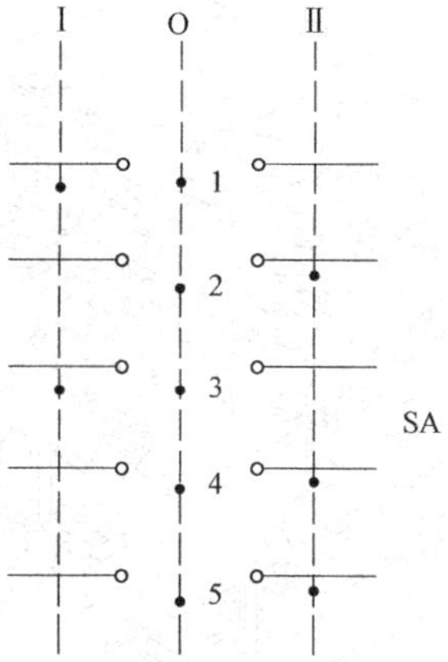

图2-17　万能转换开关的图形符号和文字符号

2. 主令控制器

主令控制器是用来频繁切换复杂多回路控制电路的一种主令电器，但它的触头容量小，不能直接控制主电路，而是经过接通、断开接触器或继电器的线圈电路，间接控制主电路。

常用的主令控制器有LK14、LK15系列等。机床上用到的十字形转换开关就属于主令控制器，这种开关一般用于多电动机拖动或需多重联锁的控制系统中，如X62W型万能铣床中，用于控制工作台垂直方向和横向的进给运动；摇臂钻床中用于控制摇臂的上升和下降、放松和夹紧等动作，其主要型号有LK系列。

型号及含义：

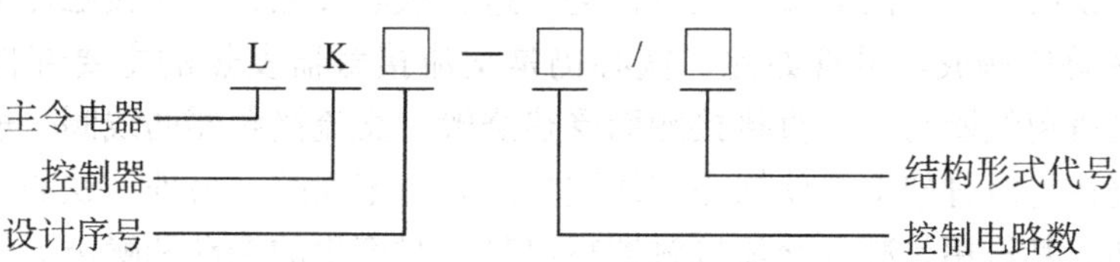

第四节　接　触　器

接触器是一种自动切换的电磁式开关，适用于远距离频繁地接通或断开交、直流主电路和大功率控制电路，但它本身不能切断短路电流和过载电流。接触器不仅能实现远距离的自动控制还具有欠电压和失电压保护功能，且具有控制功率大、工作可靠、使用寿命长等优点，因而在电力拖动系统中广泛应用。

接触器种类很多，按其主触头通过电流的种类，可分为交流接触器和直流接触器，机床控制上多应用交流接触器。

1. 交流接触器

(1) 用途　常用于远距离接通或分断交流电路，可以频繁地控制交流电动机的起动和停止。常用交流接触器有 CJ40 和 CJ20 等系列。

(2) 结构和工作原理　交流接触器主要由电磁系统、触头系统、灭弧装置及辅助部件等组成。接触器的结构如图 2-18 所示。

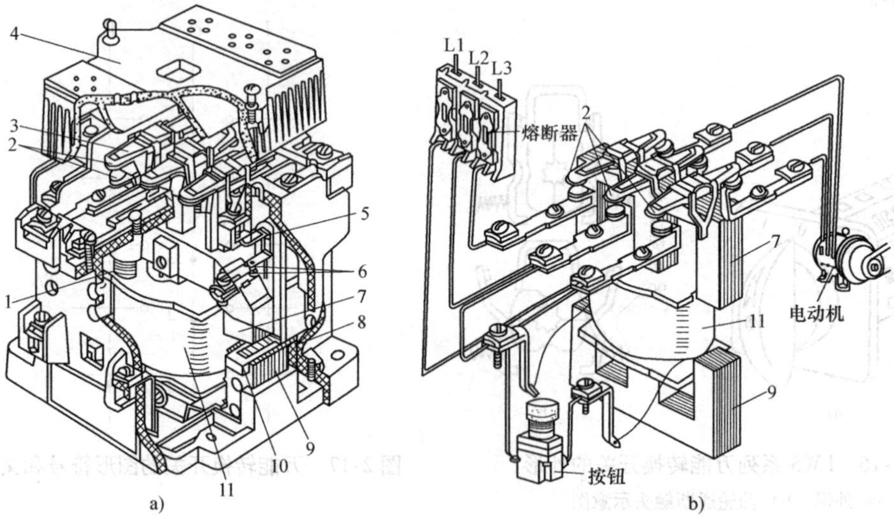

图 2-18　交流接触器的结构和工作原理

a) 结构　b) 工作原理

1—反作用弹簧　2—主触头　3—触头压力弹簧　4—灭弧罩　5—辅助常闭触头　6—辅助常开触头　7—动铁心　8—缓冲弹簧　9—静铁心　10—短路环　11—线圈

1) 结构。

① 电磁系统。交流接触器的电磁系统主要由线圈、铁心（静铁心）和衔铁（动铁心）几部分组成。其作用是利用电磁线圈的通电或断电，使衔铁和铁心吸合或释放，从而带动动触头与静触头闭合或分断，实现接通或断开电路的目的。

为了减少在铁心中产生的涡流及磁滞损耗，避免铁心过热，交流接触器的铁心和衔铁一般用 E 形硅钢片叠压铆成。尽管如此，铁心仍是交流接触器发热的主要部件。为增大铁心的散热面积，又避免线圈与铁心直接接触而受热烧毁，交流接触器的线圈一般做成粗而短的圆筒形，并且绕在绝缘骨架上，使铁心与线圈之间有一定间隙。另外，铁心上装有 1 个短路环，又称减振环，其作用是减少交流接触器得电吸合时产生的振动和噪声。短路环一般用铜或镍铬合金等材料制成。

② 触头系统。交流接触器的触头用来接通和切断电路。CJ 系列的交流接触器的触头一般采用的是桥式触头。

交流接触器的触头系统分为主触头和辅助触头两部分。主触头接触面积大，允许通过较大电流，用于接通和分断电流较大的主电路，通常由 3 对常开触头（即动合触头）组成；辅助触头接触面积小，只能通过较小电流（小于 5A），用于接通和分断控制电路，一般有两对常开（动合）触头和两对常闭（动断）触头。对于额定电流较小的交流接触器，其触头大小一样，没有主、辅之分。

所谓触头的常开和常闭，是指电磁系统未通电动作时触头的状态。常开触头和常闭触头是联动的，当线圈通电时，常闭触头先断开，常开触头随后闭合；而线圈断电时，常开触头首先恢复断开，随后常闭触头恢复闭合。两种触头在改变工作状态时，先后有个时间差，尽管这个时间差很短，但对分析电路的控制原理却很重要。

③ 灭弧装置。当触头断开瞬间会产生电弧，既易灼伤触头，又延长切断时间，故触头位置都装有灭弧装置（额定电流小的接触器可以没有灭弧装置）。

④ 辅助部件。交流接触器的辅助部件有反作用弹簧、缓冲弹簧、触头压力弹簧、传动机构及底座、接线柱等。

反作用弹簧安装在衔铁和线圈之间，其作用是线圈断电后，推动衔铁释放，使各触头恢复原状态。缓冲弹簧安装在静铁心与线圈之间，其作用是缓冲衔铁在吸合时对静铁心和外壳的冲击力，保护外壳。触头压力弹簧安装在动触头上面，其作用是增加动、静触头间的压力，从而增大接触面积，以减小接触电阻，防止触头过热灼伤。传动机构的作用是在衔铁或反作用弹簧的作用下，带动动触头实现与静触头的接通或分断。

2）交流接触器的工作原理。当接触器的线圈通电后，线圈中流过的电流产生磁场，使动铁心和静铁心之间产生足够大的吸力。电磁吸力使动铁心克服反作用弹簧的反作用力，与静铁心吸合，并通过传动机构带动3对主触头和辅助常开触头闭合，辅助常闭触头断开。当接触器线圈断电或电压显著下降时，使得电磁吸力消失或减小，这样动铁心在反作用弹簧力的作用下复位，并带动各触头恢复到原始状态。

（3）交流接触器的型号及含义

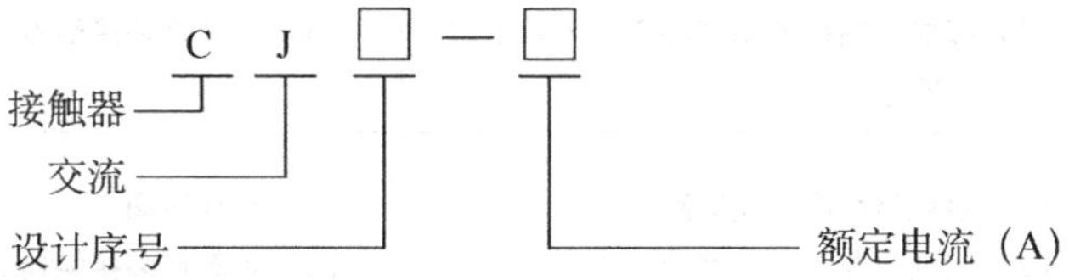

如CJ10—20，其中CJ表示交流接触器，10表示设计序号，20表示额定电流为20A。

（4）交流接触器的文字和图形符号 交流接触器的文字符号和图形符号如图2-19所示。

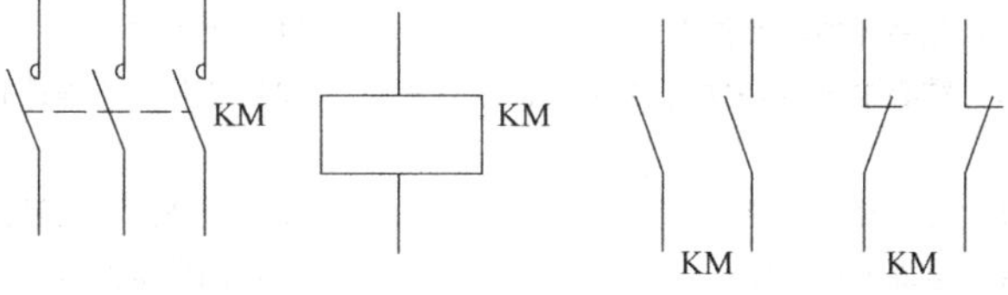

a) b) c) d)

图2-19 接触器的文字符号和图形符号

a）主触头 b）线圈 c）辅助常开触头 d）辅助常闭触头

（5）交流接触器使用注意事项

1）检查接触器铭牌与线圈的技术数据（额定电压、电流、操作频率等）是否符合实际需求，接触器的触头数量、类型是否满足控制电路的要求。

2）接触器的额定电压指主触头的额定电压，额定电流指主触头的额定电流。使用中选择接触器的额定电压应大于或等于主电路的工作电压，额定电流应大于或稍大于主电路的额定电流。对于电动机负载，接触器的额定电流应根据负载的运行方式适当增大或减小。

3）通电时，接触器线圈两端的电压应为其额定电压，如果电压过高，磁路趋于饱和，线圈电流会显著增大；如果电压过低，电磁吸力不足，衔铁吸合不上，线圈电流会达到额定电流的十几倍。因此，电压过高或过低都会造成线圈过热甚至烧毁。

4）通电前检查接触器外观，应无机械损伤，灭弧罩应完整无损，用手按动接触器可动部分看是否动作灵活、有无卡阻现象；用万用表检查触头的导通情况，若均正常，方可通电。

2. 直流接触器

直流接触器主要用来远距离接通或分断直流电路，以及用来频繁地控制直流电动机。直流接触器的结构和工作原理与交流接触器基本相同，只是采用了直流电磁机构，线圈中通入的是直流电。常用的直流接触器为 CZ0 系列。直流接触器在电路图中的文字和图形符号与交流接触器的相同。

3. 接触器常见故障及排除方法

接触器是频繁通断负载的低压电器，其可靠性的高低直接影响着电气系统的性能。表 2-4 是接触器的一些常见故障及排除方法，掌握它可缩短电气设备维修的时间。

表 2-4 接触器常见故障及排除方法

故障现象	产生故障的原因	排除方法
触头吸合不上（吸力不足）	（1）电源电压过低或电压波动较大 （2）选择的接触器线圈的电压高于控制电路的电压 （3）接触器内部的动铁心歪斜或被卡阻，不能正常吸合	（1）调整电源电压 （2）正确选择接触器线圈的额定电压 （3）重新拆装接触器，保证触头的良好接触
线圈过热或烧毁	（1）接触器线圈匝间短路 （2）动铁心与静铁心间隙过大 （3）操作频率过高 （4）电源电压过低或过高	（1）更换线圈 （2）重新拆装接触器或更换新的 （3）正确使用 （4）调整电源电压
衔铁振动或噪声较大	（1）短路环损坏或脱落 （2）铁心歪斜或端面有锈蚀、油污或灰尘等 （3）可动部分卡阻 （4）电源电压偏低	（1）更换铁心 （2）调整或清理铁心端面 （3）重新拆装接触器 （4）调整电源电压
触头不能复位	（1）触头熔焊在一起 （2）铁心剩磁太大 （3）铁心端面有油污粘连 （4）可动部分卡阻	（1）修理或更换触头 （2）消除剩磁或更换铁心 （3）清理铁心端面 （4）重新拆装接触器

第五节 继 电 器

继电器是一种根据输入信号（电量或非电量）的变化，接通或断开小电流电路，实现自动控制和保护的电器。一般情况下不直接控制电流较大的主电路，而是通过控制接触器或其他电器而间接地对主电路进行控制。同接触器相比，继电器具有分断能力小、结构简单、体积小、重量轻、反应灵敏、动作准确、工作可靠等特点。

继电器主要由感测机构、中间机构和执行机构3部分组成。感测机构把感测到的电量或非电量传递给中间机构，并将它与预定值（整定值）相比较，当达到预定值（过量或欠量）时，中间机构便使执行机构动作，从而接通或断开电路。

继电器的分类方法有多种，按输入信号的性质可分为电流继电器、电压继电器、速度继电器等；按工作原理可分为电磁式、电动式、感应式、晶体管式等；按输出方式可分为有触头式和无触头式。

一、中间继电器

中间继电器的结构和工作原理与接触器基本相同，因而中间继电器又称接触器式继电器，只是中间继电器的触头容量较小，且没有主、辅之分，相当于接触器的辅助触点。中间继电器触点的额定电流多数为5A，对于电动机额定电流不超过5A的控制系统，可用中间继电器代替接触器使用。其主要用途是：当其他继电器的触点数或触点容量不够时，可选用中间继电器来增加它们的触点数或触点容量，起到中间转换的作用。常用中间继电器的型号有JZ14和JZ7系列。JZ7系列为交流中间继电器。

1. 中间继电器型号及含义

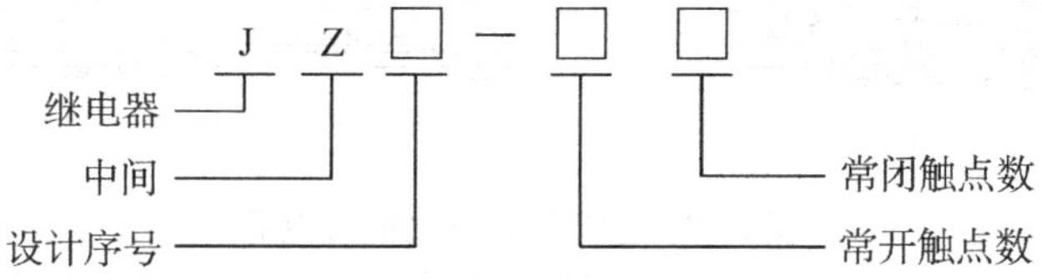

2. 中间继电器的结构及符号

中间继电器的结构及符号如图2-20所示。

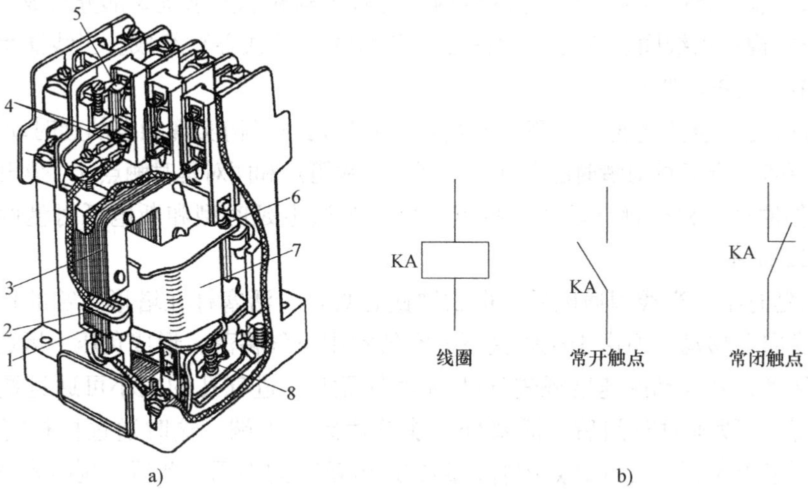

图2-20 JZ7系列中间继电器

a）结构 b）符号

1—静铁心 2—短路环 3—衔铁 4—常开触点 5—常闭触点 6—反作用弹簧 7—线圈 8—缓冲弹簧

中间继电器的图形符号与接触器相同，文字符号为 KA。

二、时间继电器

时间继电器是一种接收信号后触点动作需要延时一定的时间才能接通或分断，即延时输出信号，以实现对电路的按时间顺序进行控制的继电器。

时间继电器种类很多，按动作原理与构造可分为空气阻尼式、晶体管式、电磁式、电动式等。机床控制电路中应用较多的是空气阻尼式继电器。

1. 空气阻尼式时间继电器

（1）结构　空气阻尼式时间继电器又称为气囊式时间继电器，是利用气囊中的空气通过小孔节流的原理来获得延时动作的。其外形与结构如图 2-21 所示。

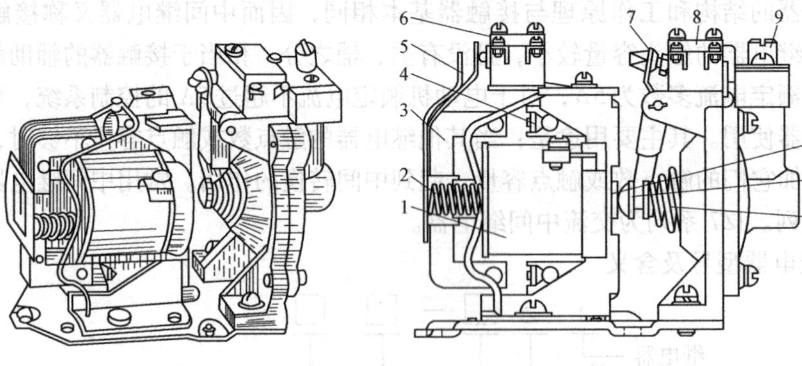

图 2-21　空气阻尼式时间继电器

a）外形　b）结构

1—线圈　2—反力弹簧　3—衔铁　4—铁心　5—弹簧片　6—瞬时触头

7—杠杆　8—延时触头　9—调节螺钉　10—推杆　11—活塞杆　12—宝塔形弹簧

空气阻尼式时间继电器主要由电磁机构、延时机构和触点系统 3 部分组成。

1）电磁机构：由线圈、铁心（静铁心）和衔铁（动铁心）组成。当线圈得电时，将产生电磁力使衔铁与铁心吸合。

2）延时机构：包括气囊、活塞、弹簧等。通过延时机构实现触点的延时动作。

3）触点系统：包括两对瞬时触点（一常开、一常闭）和两对延时触点（一常开、一常闭）。

（2）工作原理　根据触点延时的特点，可分为通电延时型和断电延时型两种。其动作原理如图 2-22 所示。

1）通电延时型。当线圈通电后，衔铁被铁心吸合，活塞杆在塔形弹簧的作用下，带动活塞及橡胶膜向上移动，但由于橡胶膜下方空气室中空气稀薄，形成负压，因此活塞杆只能缓慢地向上移动，其移动的速度视进气孔的大小而定（进气孔的大小可通过调整调节螺钉而改变）。经过一段延时时间后，活塞杆才能够达到最上端，这时通过杠杆将微动开关压下，使其常闭触点断开，常开触点闭合，起到通电延时的作用。此后，延时常开、常闭触点一直保持动作后的状态。当线圈断电时，电磁吸力消失，衔铁在反力弹簧的作用下释放，并通过活塞杆将活塞推向下端，这时橡胶膜下方空气室内的空气通过橡胶膜中心孔、弱弹簧和活塞的肩部所形成的单向阀，迅速地从橡胶膜上方的空气室缝隙中排掉。因此杠杆和微动开关能迅速复位，延时常开、常闭触点也立刻恢复原状，如图 2-22a 所示。

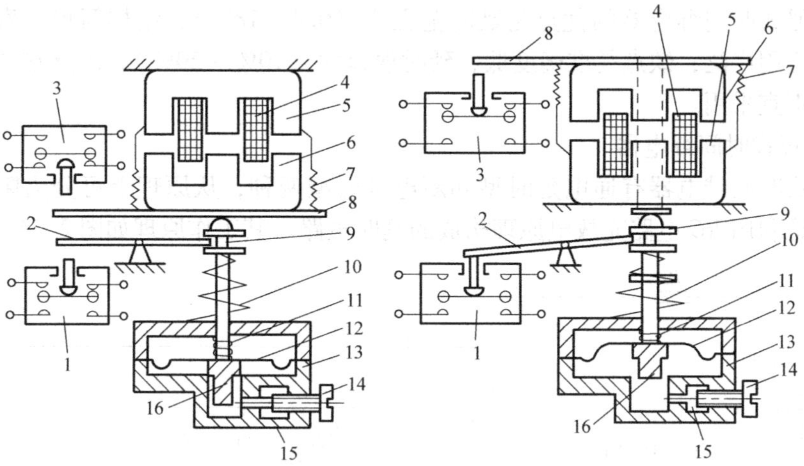

a) b)

图 2-22 JS7－A 系列时间继电器动作原理

a）通电延时型 b）断电延时型

1、3—微动开关 2—杠杆 4—线圈 5—铁心 6—衔铁 7—反力弹簧 8—推板 9—活塞杆 10—塔形弹簧 11—弱弹簧 12—橡胶膜 13—空气室腔 14—调节螺杆 15—进气孔 16—活塞

它的延时触点称为延时闭合瞬时断开的常开触点和延时断开瞬时闭合的常闭触点。其图形符号如图 2-23 所示。

2）断电延时型。将通电延时型时间继电器的电磁机构翻转 180°安装，改变衔铁的位置即成为断电延时型时间继电器，如图 2-22b 所示。其工作原理与通电延时型类似。断电延时型时间继电器的延时触点是当线圈得电时，触点瞬时动作（常开闭合，常闭断开），当线圈失电时，触点才延时动作（常开触点延时恢复断开，常闭触点延时恢复闭合）。

它的延时触点称为瞬时断开延时闭合的常闭触点和瞬时闭合延时断开的常开触点。其图形符号如图 2-23 所示。

（3）型号及含义

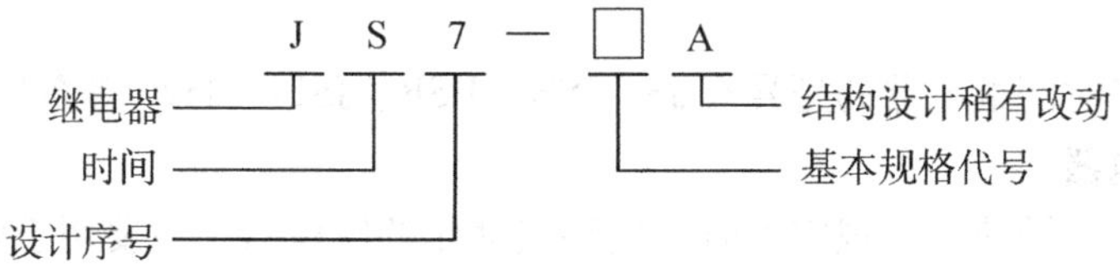

（4）时间继电器在电路图中的符号

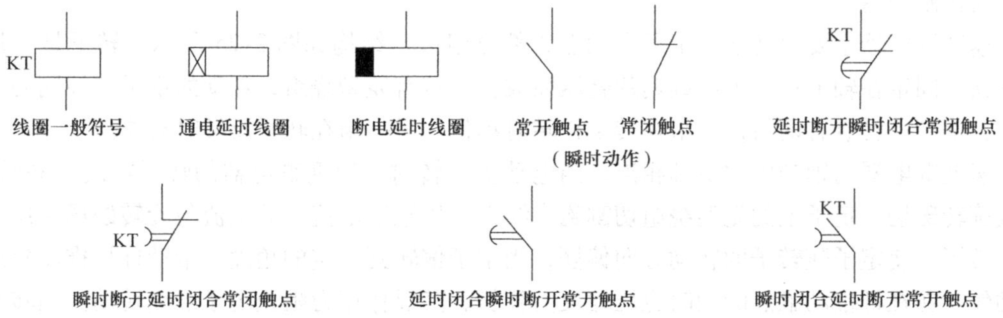

图 2-23 时间继电器的图形符号

空气阻尼式时间继电器的优点是延时范围广（0.4～180s）、结构简单、寿命长、价格低廉，所以应用广泛；缺点是准确度低、延时误差大（10%～20%），因此在要求延时精度较高的场合不宜采用。

2. 晶体管式时间继电器

晶体管式时间继电器有通电延时型和断电延时型两种，从原理上可分为阻容式和数字式。阻容式是利用 RC 电路充放电原理构成的延时电路。其工作原理如图 2-24 所示。

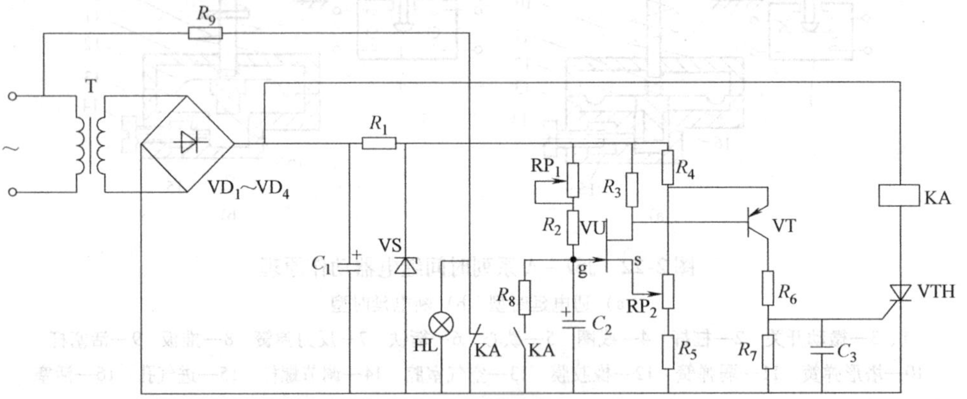

图 2-24　JS20 系列通电延时型时间继电器的工作原理

工作原理：当电源接通后，经二极管 VD_1～VD_4 整流、电容器 C_1 滤波及稳压管稳压的直流电压经电位器 RP_1 和电阻 R_2 向 C_3 充电，电容器 C_3 两端电压按指数规律上升。当此电压大于单结晶体管 VU 的导通电位时，VU 导通，输出脉冲使晶闸管 VTH 导通，继电器 KA 线圈得电，触点动作接通或分断外电路。它主要用于中等延时（0.05～1h）场合。数字式时间继电器是采用数字脉冲计数电路，由脉冲频率决定延时长短，它不但延时长，且精度高，主要用于延时时间较长的场合。

晶体管式时间继电器具有延时范围广、体积小、精度高、调节方便及寿命长等优点，应用广泛。

常用晶体管式时间继电器的型号有 JS、JSB、JJSB、JS14、JS20 等系列。

三、速度继电器

速度继电器是当转速达到规定值时，使触点动作的继电器，主要用于电动机反接制动控制电路中。因其当反接制动的转速下降到接近零时能自动地及时切断电源，故又称速度继电器为反接制动器。

速度继电器主要由转子、定子和触点 3 部分组成，结构如图 2-25 所示。转子是一块永久磁铁，固定在轴上；定子由硅钢片叠压而成，并装有笼型绕组，浮动的定子与轴同心，且能独自偏摆；触点有两组，一组在转子正转时动作，另一组在转子反转时动作。

速度继电器的轴与电动机轴相连，当电动机旋转时，速度继电器的转子随之一齐转动，形成旋转磁场；定子上的笼型绕组切割磁力线而产生感应电流，此电流与旋转磁场作用产生电磁转矩，使定子随转子的转动方向偏摆，当定子偏转到一定的角度，带动杠杆推动相应触点动作。在杠杆推动触点的同时也压缩反力弹簧，其反作用力阻止定子继续转动。当转子的转速下降到一定数值时，定子的电磁转矩小于反力弹簧的反作用力矩，定子便返回原来的位置，对应的触点便恢复到原来状态。

机床上常用的速度继电器有 JY1 型和 JFZ0 型两种。调整反力弹簧的拉力即可改变触点动作或复位时的转速，从而准确地控制相应的电路。

1. 型号及含义

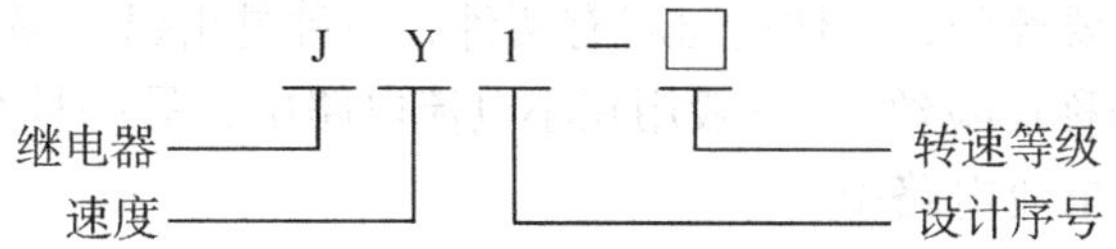

2. 速度继电器的图形符号和文字符号

速度继电器的图形符号和文字符号如图 2-25 所示。

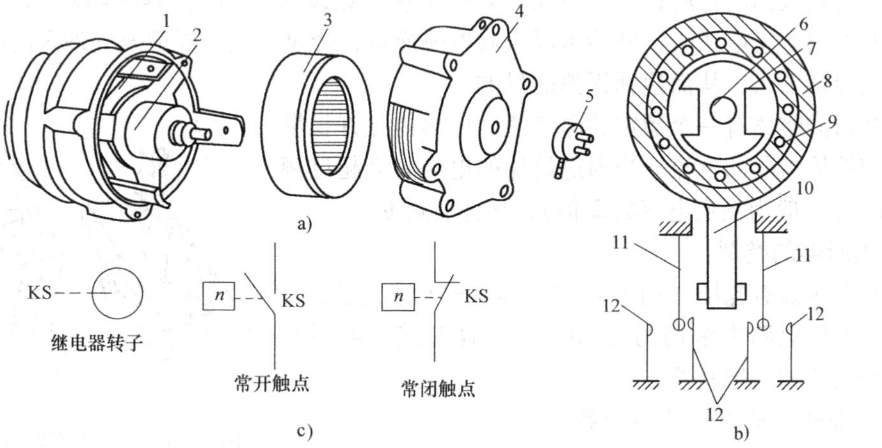

图 2-25 JY1 型速度继电器

a）结构 b）工作原理示意图 c）符号

1—可动支架 2—转子 3—定子 4—端盖 5—连接头 6—电动机轴

7—转子（永久磁铁） 8—定子 9—定子绕组 10—胶木摆杆 11—簧片（动触点） 12—静触点

第六节 保护电器

在低压电器中，有些元件是当电气电路发生故障时才动作，以切断故障电路，对电路上的其他电器进行保护，这些电器被称为保护电器。在机床电路中，通过熔断器实现短路保护，通过热继电器实现过载保护，以及通过一些其他保护电器来保证电器与电动机的正常工作。

一、熔断器

1. 用途

熔断器俗称保险，在低压配电电路中主要作为短路和严重过载时的保护电器。它具有结构简单、体积小、重量轻、工作可靠、价格低廉等优点，所以在强电、弱电系统都得到广泛应用。

2. 结构及工作原理

熔断器主要由熔体和放置熔体的熔管（或熔座）组成。熔断器是串接在电路中，电路中的电流流过熔体，当电路正常工作时，熔体因电流的热效应而发热，但发热温度低于熔化温度，故熔体长期工作不熔断；当电路发生过载或短路时，电路中的电流大于熔体允许的正常发热电流，使熔体温度急剧上升，超过其熔点而熔断，从而分断电路，保护了用电电路和用电设备。熔体熔断后，更换上新熔体，电路可重新工作。

熔体是熔断器的主要部分，熔体的材料有两种，一种是由铅、锡合金制成的低熔点的材料，通常做成丝状（俗称保险丝），一般用在小电流电路中；另一种是由铜、银制成的高熔点的材料，通常用在大电流电路中。

熔管是熔体的保护外壳，在熔体熔断时兼有灭弧的作用。熔断器灭弧的方式大致有两种：一种是将融体装在一个密封绝缘管内，绝缘管由高强度材料制成，并且这种材料在电弧的高温下，能分解出大量的气体，使管内产生很高的压力，用以压缩电弧和增加电弧的电位梯度，以达到灭弧的目的；另一种是将熔体装在有绝缘砂填料（例如硅砂）的熔管内，在熔体断开电路产生电弧时，硅砂可以吸收电弧能量，金属蒸气可以散发到沙砾的缝隙中，使熔体很快冷却下来，从而达到灭弧的目的。

熔断器的熔体有一个额定的电流值，即熔体允许长期通过不使熔体熔断的电流。当通过熔体的电流大大超过额定电流时（一般为额定电流的 2 倍），熔体就熔断。

3. 熔断器的类型

熔断器主要有瓷插（插入）式、螺旋式和密封管式 3 种。机床电气电路中常用的是 RL1 系列螺旋式熔断器及 RC1 系列的瓷插式熔断器。

(1) 瓷插（插入）式熔断器

1）瓷插（插入）式熔断器由瓷盖、瓷底、动触点、静触点及熔丝组成。常用的 RC1 系列瓷插式熔断器的结构如图 2-26 所示。

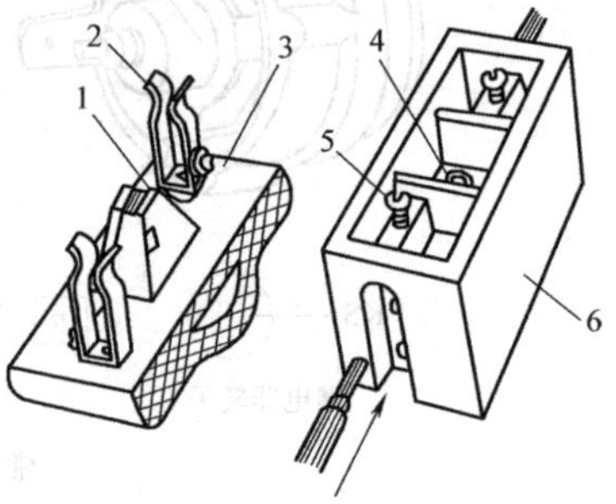

图 2-26 RC1 系列瓷插式熔断器

1—熔丝 2—动触头 3—瓷盖 4—空腔 5—静触头 6—瓷座

2）型号及含义。

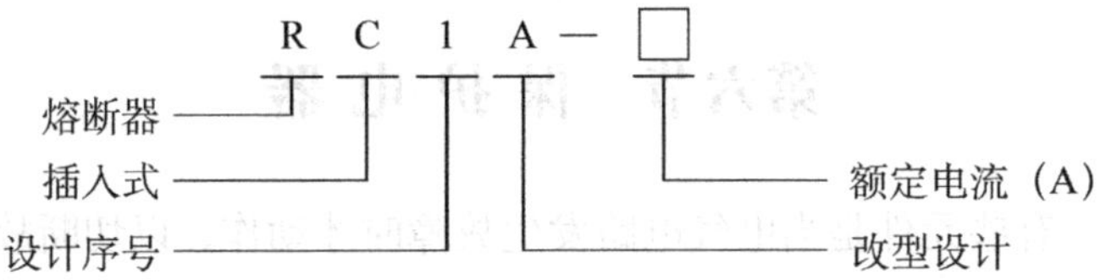

3）用途。RC1 系列熔断器价格便宜，更换方便，广泛用作照明和小功率电动机的短路保护。

4）安装与使用。瓷插式熔断器应垂直安装，安装时应保证熔体和夹头以及夹头和夹座接触良好。安装熔丝时，熔丝应在螺栓上沿顺时针方向缠绕，并压在垫圈下。拧紧螺钉的力应适当，以保证接触良好，同时注意不能损伤熔丝，以免减小熔体的截面积，产生局部发热而产生误动作。

(2) 螺旋式熔断器

1）螺旋式熔断器由瓷帽、熔断管、瓷套、上接线端、下接线端及瓷底座等组成。常用的 RL1 系列螺旋式熔断器的外形与结构如图 2-27 所示。

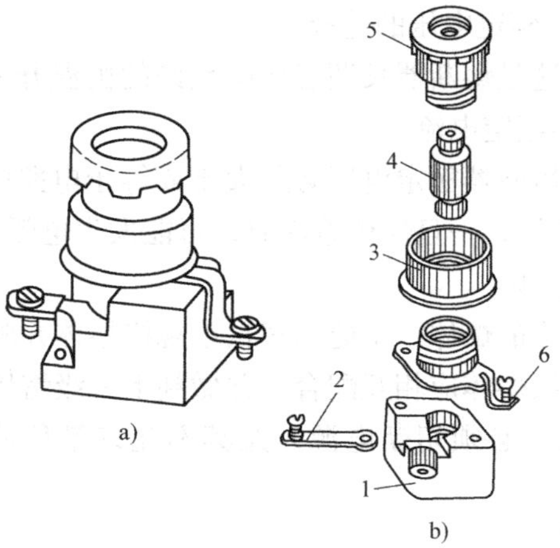

图 2-27　RL1 系列螺旋式熔断器的外形与结构

a）外形　b）结构

1—瓷座　2—下接线座　3—瓷套　4—熔断管　5—瓷帽　6—上接线座

2）型号及含义

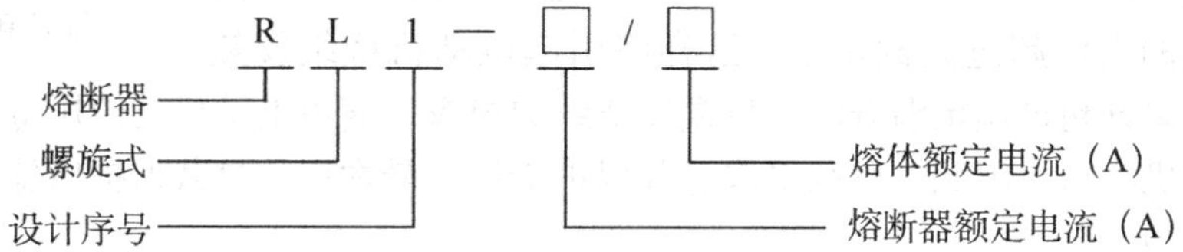

3）用途。RL1 系列螺旋式熔断器的断流能力大、体积小、更换熔体方便、安全可靠，在额定电压 500V、额定电流 200A 以下的交流电路或电动机控制电路中用作短路保护和严重过载保护。

4）安装与使用。RL1 系列螺旋式熔断器的熔断管内，除了装熔丝外，在熔丝周围填满了硅砂，用于熄灭电弧。熔断管一端有一个带颜色的小点称为熔断指示器，当熔丝熔断后，熔断指示器自动脱落。安装时将熔断管插入瓷帽内（注意熔断指示器应朝上，用于熔丝通断的指示），将瓷帽连同熔断管一起旋紧到瓷底座上，熔丝便接通电路。接线时，电源进线应接到下接线端，与用电设备的接线接到上接线端，这样当更换熔管时，旋出瓷帽将不带电，保证了安全。

4. 熔体和熔断器的选择

（1）熔体额定电流的选择

1）对变压器、电炉及照明等负载的短路保护，熔体的额定电流应稍大于电路负载的额定电流。

2）对一台电动机负载的短路保护，熔体的额定电流 I_{RN} 应大于或等于 1.5～2.5 倍的电动机的额定电流 I_N，即

$$I_{RN} \geqslant (1.5 \sim 2.5) I_N$$

3）对几台电动机负载同时工作的短路保护，熔体的额定电流 I_{RN} 应大于或等于最大功率的一台电动机的额定电流 I_{Nmax} 的 1.5～2.5 倍加上其余电动机额定电流的总和 $\sum I_N$，即

$$I_{RN} \geqslant (1.5 \sim 2.5)\ I_{Nmax} + \sum I_N$$

（2）熔断器额定电流、额定电压的选择

1）熔断器额定电流。这是熔断器长期工作所允许的由温升决定的电流值。该额定电流必须大于或等于所选熔体的额定电流。

2）熔断器额定电压。熔断器额定电压必须大于或等于电路的工作电压。如果熔断器的实际工作电压超过该额定电压，一旦熔体熔断时，可能发生电弧不能及时熄灭的现象。

5. 熔断器的使用注意事项

1）熔断器内要安装合格的熔体，不能用多根小规格熔体并联代替一根大规格熔体。

2）安装熔断器时，各级熔体应相互配合，并做到下一级熔体规格比上一级规格小。

3）更换熔体或熔管时，必须切断电源，尤其不允许带负荷操作，以免发生电弧灼伤。

6. 图形符号和文字符号

熔断器图形符号和文字符号如图 2-28 所示。

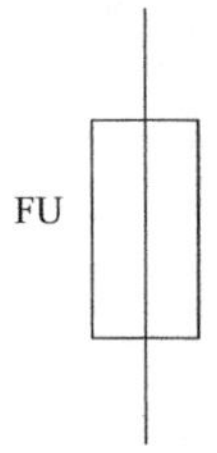

图 2-28 熔断器的图形符号和文字符号

二、热继电器

电动机在运行中，因堵转等原因使负载超过额定负载称为过载。短时过载是允许的，但如果长期过载、欠电压运行或断相运行等都可能使电动机的电流超过其额定值，这样将引起电动机绕组发热。当电动机绕组温升超过额定温升时，将损坏绕组的绝缘，缩短电动机的使用寿命，严重时甚至会烧毁电动机绕组。因此，必须采取过载保护措施。最常用的过载保护措施是利用热继电器进行过载保护。

1. 用途

热继电器通常作为电动机的过载保护元件。机床电气中常用 JR10、JR20 系列热继电器作过载保护。

2. 型号及含义

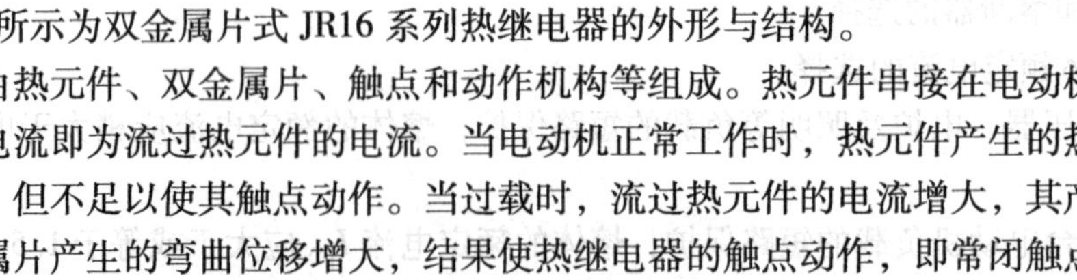

3. 结构及工作原理

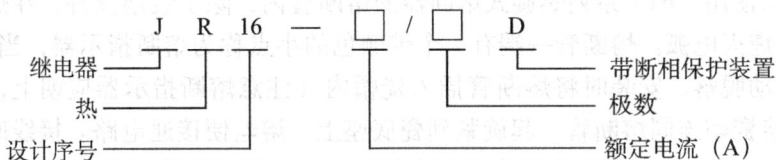

图 2-29 所示为双金属片式 JR16 系列热继电器的外形与结构。

它主要由热元件、双金属片、触点和动作机构等组成。热元件串接在电动机绕组中，电动机绕组的电流即为流过热元件的电流。当电动机正常工作时，热元件产生的热量虽然使双金属片弯曲，但不足以使其触点动作。当过载时，流过热元件的电流增大，其产生的热量增加，使双金属片产生的弯曲位移增大，结果使热继电器的触点动作，即常闭触点断开。因其常闭触点串接在电动机控制电路中，进而切断了电动机控制电路。

4. 热继电器的种类及选用

由于其热惯性，当电路短路时，热继电器不能立即动作切断电路，因此，不能用作短路保护，只用于过载保护。在电动机起动或短时过载时，热继电器也不会动作，这可以避免电动机不必要的停车。对于绕组为星形联结的三相笼型异步电动机，选择两相或三相结构的普通热继电器均可，而对于绕组为三角形联结的电动机，应选择带断相保护的热继电器。

热继电器的选择主要根据电动机的额定电流来确定热继电器的型号及热元件的额定电流等级。例如，电动机的额定电流为14.6A，额定电压为380V，应选用型号为JR16—20/3D的热继电器，其热元件额定电流应选择为16A。热继电器的电流调节范围为10～16A，这样就可以将热继电器的电流整定为14.6A。

5. 热继电器的图形符号及文字符号

热继电器的图形符号及文字符号如图2-30所示。

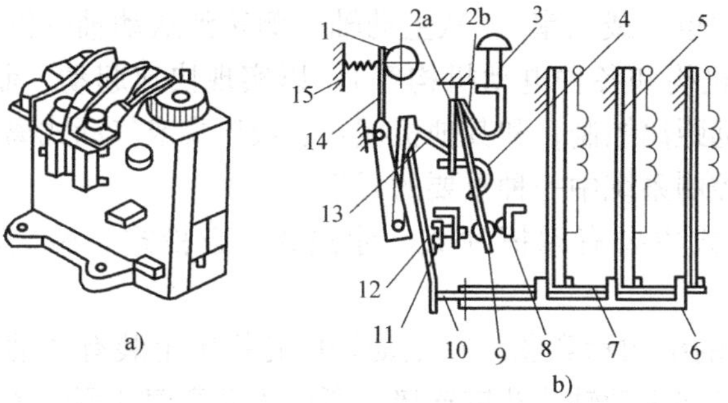

图2-29 双金属片式JR16系列热继电器的外形与结构
a）外形 b）结构
1—电流调节凸轮 2a、2b—片簧 3—手动复位按钮 4—弓簧
5—主双金属片 6—外导板 7—内导板 8—静触点 9—动触点 10—杠杆
11—复位调节螺钉 12—补偿双金属片 13—推杆 14—连杆 15—压簧

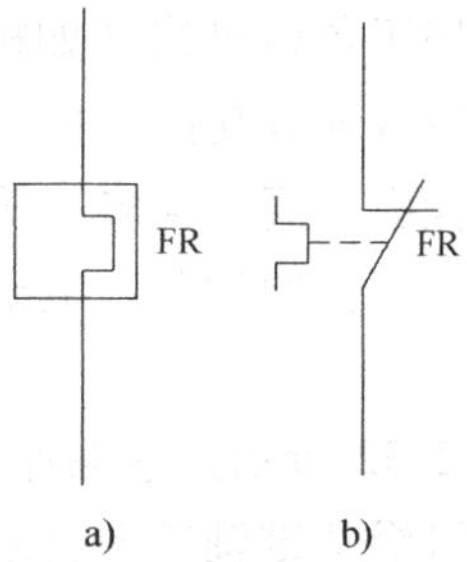

图2-30 热继电器符号
a）热元件 b）动断触点（常闭触点）

第七节 执行电器

一、电磁铁

电磁铁是利用电磁吸引力来操纵牵引机械装置，以完成预期的动作，或用于钢铁零件的吸持固定、铁磁物体的起重搬运等，因此它是将电能转化为机械能的一种低压电器。

电磁铁主要由铁心、衔铁、线圈和工作机构4部分组成。按线圈中通过电流的种类，电磁铁可分为交流电磁铁和直流电磁铁。

电磁铁的工作原理是：当线圈通电时，在铁心和衔铁间产生电磁吸力，衔铁动作吸合，同时衔铁带动其他工作机构动作；当线圈失电时，铁心和衔铁间失去电磁吸力，衔铁释放，同时衔铁带动其他工作机构恢复原位。

不同种类的电磁铁在电路图中的符号不同。常用电磁铁的图形符号和文字符号如图2-31所示。

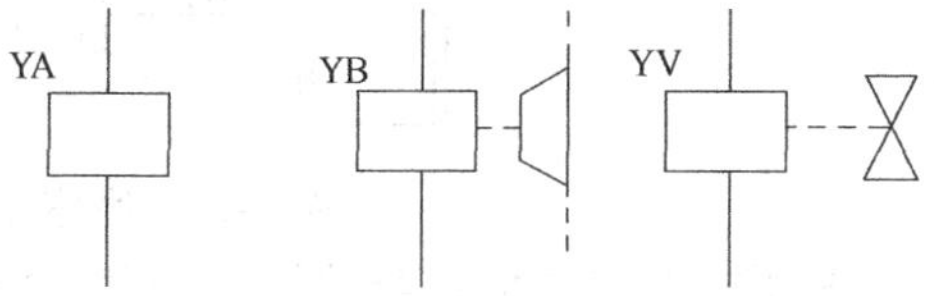

图2-31 电磁铁的图形符号和文字符号

1. 交流电磁铁

线圈中通以交流电的电磁铁称为交流电磁铁。交流电磁铁的种类很多，按电流相数分为单相、两相和三相；按线圈的额定电压分为220V和380V；按功能可分为牵引电磁铁、制动电磁铁和起重电磁铁。制动电磁铁按衔铁行程又分为长行程（大于10mm）和短行程（小于5mm）两种。

实验证明，交流电磁铁在开始吸合时电流最大，是衔铁吸合后的工作电流的几倍到十几倍。因此，交流电磁铁的衔铁若被卡住不能吸合时，线圈中的电流会很大，线圈会很快因发热而烧坏。交流电磁铁也不允许操作太频繁，以免线圈因不断受到起动电流的冲击而烧坏。

2. 直流电磁铁

线圈中通以直流电的电磁铁称为直流电磁铁。直流电磁铁的线圈通电时，因电压不变，在吸合过程中线圈中的电流也不会变，因此允许的操作频率较高。

二、电磁离合器

电磁离合器的作用是将执行机构的力矩（或功率），从主动轴一侧转到从动轴一侧。它广泛应用于各种机构（如机床中的传动机构和各种电动机构等），以实现快速起动、制动、正反转或调速等功能。由于它易于实现远距离控制，和其他机械式、液压式或气动式离合器相比，操纵要简单得多，所以它是自动控制系统中一种重要的元件。

按其工作原理分，电磁离合器的形式主要有摩擦片式、牙嵌式、磁粉式和感应转差式等。

图 2-32 所示为摩擦片式电磁离合器的结构示意图。在主动轴的花键轴上装有主动摩擦片，它可沿花键轴轴向自由移动，同时又与主动轴式花键连接，所以主动摩擦片可随主动轴一起旋转。从动摩擦片与主动摩擦片交替叠装，其外缘凸起部分卡在与从动齿轮固定在一起的套筒内，因此可随从动齿轮一起旋转。在主动和从动摩擦片未压紧之前，主动轴旋转时主动摩擦片转动，从动摩擦片不转动。

当电磁线圈通入直流电产生磁场后，在电磁吸力的作用下，主动摩擦片与衔铁克服弹簧力被吸向铁心，并将从动摩擦片紧紧压住，依靠主动摩擦片与从动摩擦片之间的摩擦力，使从动摩擦片随主轴旋转，同时又使套筒及从动齿轮随主动轴旋转，实现了力矩的传递。

当电磁离合器线圈断电后，装在主动和从动摩擦片之间的圈状弹簧使衔铁和摩擦片复位，离合器便失去传递力矩的作用。

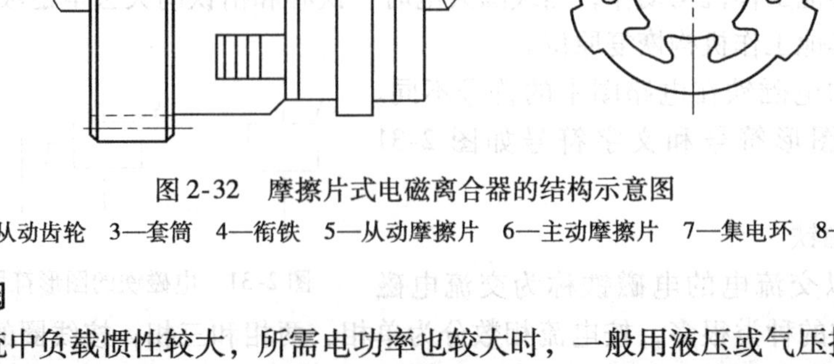

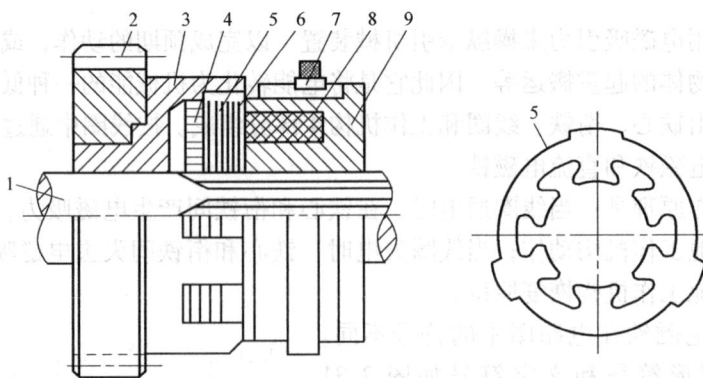

图 2-32　摩擦片式电磁离合器的结构示意图

1—主动轴　2—从动齿轮　3—套筒　4—衔铁　5—从动摩擦片　6—主动摩擦片　7—集电环　8—线圈　9—铁心

三、电磁阀

当控制系统中负载惯性较大，所需电功率也较大时，一般用液压或气压控制系统，而电磁阀是此系统的主要组成部分。电磁阀的基本结构一般是由吸入式电磁铁及液压阀（阀体、阀芯和油路系统等）两部分组成。其基本工作原理是：当电磁铁线圈通电或断电时，衔铁会吸合或释放，由于电磁铁的动铁心与液压阀的阀心连接，就会直接控制阀心位移，来实现油路的沟通、切断和方向变换，操纵各种机构动作如气缸的往返、油路系统的升压、卸荷和其他工作部件的顺序动作等。

电磁阀按衔铁工作腔是否有油液体可分为“干式”和“湿式”两种。交流电磁铁由于起动力矩较大，不需要专门的电源，且吸合、释放速度快，动作时间约为0.01～0.03s；其缺点是若电源电压下降15%以上，则电磁铁吸力明显减小，若衔铁不动作，干式电磁铁会在10～15min后烧坏线圈（湿式电磁铁为1～1.5h），且冲击及噪声较大，寿命低。因而，在实际使用中，交流电磁铁允许的切换频率一般为10次/min，不得超过30次/min。直流电磁铁工作可靠，吸合、释放动作时间约为0.05～0.08s，允许使用的切换频率较高，一般可达120次/min，最高可达300次/min，且冲击小、体积小、寿命长，但需要专门的直流电源，成本较高。

复习思考题

1. 什么是低压电器？低压电器按用途可分为哪几类？开关电器、熔断器、接触器、电磁铁分别属于哪一类低压电器？

2. 依据低压电器型号的组成形式，说明下列型号的含义：HZ10、RL1、JR16、JS7、JZ7、CJ20、LX19K。

3. 绘制开启式负荷开关的图形符号和文字符号。开启式负荷开关一般应用在哪里？在使用开启式负荷开关时需要注意哪些方面？

4. 封闭式负荷开关又称为什么？它通常应用在什么地方？与开启式负荷开关相比较，它有哪些优越性？

5. 说明HZ—10/3型号的意义？绘制出该低压电器的图形符号和文字符号，说明其用途。

6. 简述低压断路器的组成，绘制出其图形符号和文字符号，说明其用途。

7. 简述低压断路器的工作原理，说明使用该电器的注意事项。

8. 什么称为主令电器？主令电器通常包括哪些低压电器？

9. 绘制机床电路中起动按钮和停止按钮的图形符号和文字符号。

10. 简述行程开关的作用，绘制行程开关常开触头、常闭触头和复合触头的图形符号和文字符号。

11. 为什么说接近开关也是一种行程开关？接近开关有何特点？

12. 简述万能转换开关、主令控制器的用途。十字形转换开关属于哪种低压电器？它在哪些机床上应用？

13. 简述交流接触器的工作原理，绘制交流接触器主触头、辅助常开触头、辅助常闭触头和线圈的图形符号和文字符号。

14. 简述使用交流接触器的注意事项。

15. 什么是继电器？中间继电器与接触器有何异同？

16. 试述通电延时型空气阻尼式时间继电器的工作原理，并绘制其瞬时触点、延时触点和线圈的图形符号和文字符号。

17. 简述速度继电器的用途和工作原理。

18. 哪些电器属于保护电器？

19. 说明熔断器的用途和工作原理。如何选用熔断器？绘制其图形符号和文字符号。

20. 说明热继电器的用途和工作原理。如何选用热继电器？绘制其图形符号和文字符号。

21. 哪些电器属于执行电器？

22. 简述电磁铁的用途和工作原理。

23. 简述电磁离合器的用途和工作原理。

24. 简述电磁阀的用途和工作原理。

25. 在电动机主电路中装有熔断器时，还需要装热继电器吗？若装有热继电器，还需要装熔断器吗？在照明电路或电热电路为什么只需要装熔断器即可？

26. 若交流电磁线圈误接入直流电源，或直流电磁线圈误接入交流电源，会产生什么后果？

第三章　机床电气基本控制环节

本章应知

1. 电气图基本知识。
2. 电动机基本控制电路的组成及其电气图。

本章应会

1. 会识读、绘制电气原理图。
2. 会分析电动机正转、正反转等基本控制电路的工作原理。
3. 会分析实现电动机行程（或称位置）控制、顺序控制、时间控制等电气电路的工作原理。

第一节　电气图基本知识

低压电器是组成电动机基本控制电路的控制电器，而电动机基本控制电路又是组成各种机床及机械设备的基本控制环节。掌握了电动机基本控制环节，才能对复杂的机床电路进行分析，并能根据原理分析排除机床出现的故障。所有的机床电路都是用电气图来表示其工作原理及安装接线的，因此掌握电气图基本知识是学习机床电气控制的必备知识。

一、电气图的图形符号和文字符号

电气图如同机械图一样也是一种图形语言。它可正确表达电气技术人员的设计意图，用它可完成电气控制电路的安装、使用、调试、维修等任务。电气图绘制必须符合国家《电气技术用文件的编制》标准 GB/T 6988—2006 ~ 2008。

电气控制系统是由许多电气元件按照一定要求连接而成。每一个电气元件在机床电气图中不是以实物形式出现，而是按照国家标准规定的该元器件的符号加上具有特定意义的字母画出。机床电气控制系统中的每一个元器件都赋予一个特定的符号及特定意义的字母，这个特定的符号及特定意义的字母就是电气工程图中的图形符号和文字符号。

1. 电气图中的图形符号

图形符号是构成电气图的基本单元，是用来表示一个电气元件或电气设备的图形或标识。所有图形符号均按无电压、无外力作用的正常状态示出。电气图常用图形符号见附录。

2. 电气图中的文字符号

为了在图样上或技术说明中区分出元器件、部件、组件，除用图形符号表示外，还在图形符号旁标注相应的文字符号。文字符号由英文字母组合而成，当使用一个以上的相同类型的电器时，可在文字符号的后面加注阿拉伯数字序号来区分，如按钮的文字符号为 SB，若使用两个按钮，则文字符号分别为 SB1 和 SB2。常用低压电器的文字符号见附录。

机床电气图中，电气元器件的图形符号和文字符号以及接线端子标识等的使用和绘制应符合电气制图的国家标准。国家标准化管理委员会参照国际电工委员会的有关标准，制定了我国电气设备的国家标准，如标号为 GB/T 4728. 1 ~ 13—2005 ~ 2008 的《电气简图用图形符号》国家标准；标号为 GB/T 6988—2006 ~ 2008 的《电气技术用文件的编制》国家标准等。

二、机床电气图及其绘制原则

机床电气图常见有 3 种：电气控制原理图、电气安装图和电气接线图。

1. 电气控制原理图及其绘图原则

（1）电气控制原理图（简称电气原理图） 电气原理图是根据生产机械运动形式对电气控制系统提出的要求，采用国家标准规定的电气图形符号和文字符号，按照电气设备和电器的工作顺序，详细表示电路、设备或成套装置的全部基本组成和连接关系，而不考虑实际位置的一种简图。通过电气原理图可详细地了解电路及其工作原理，并可为安装、调试和故障检修提供必要的技术数据。

卧式车床的电气原理如图 3-1 所示。通过分析这个电气原理图我们可明了电路的组成、电路中各元件实现的功能及其连接情况。主电路对安装接线还提出了导线要求，而且为了读图方便，将图按实现的不同功能分成了几个功能区，并进行了标注，有助于理解电路的工作原理。

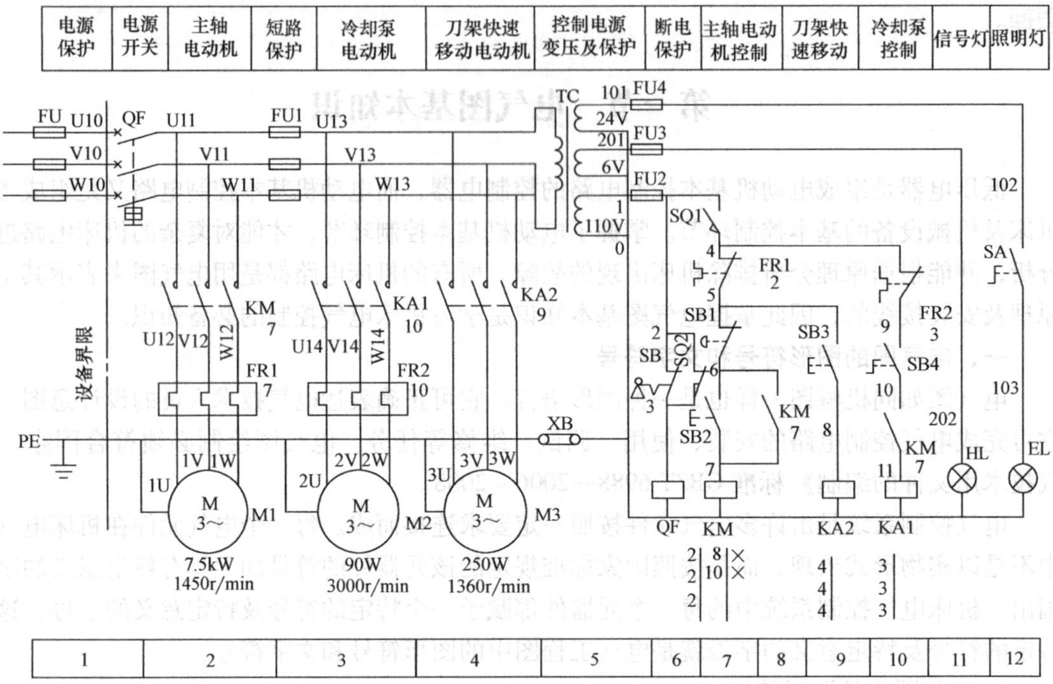

图 3-1 卧式车床的电气原理

（2）电气原理图的绘制原则 国家标准《电气技术用文件的编制》GB/T 6988.1 ~ 5—2006 ~ 2008 和《顺序功能表图用 GRAFCET 规范语言》GB/T 21654—2008 对于电气原理图的绘制做了指导性的规定。

1）图面布置。电气原理图一般分为主电路、控制电路和辅助电路。

主电路是从电源到电动机通过大电流的电路。主电路电流大小由负载功率大小决定。主电路可以由一台电动机组成，也可以由多台电动机组成。

控制电路是由继电器和接触器的线圈、继电器和接触器的触头以及控制按钮组成的电路。控制电路通过的电流较小，一般不超过 5A。控制电路通常跨接在两相电源线之间。

辅助电路通常包括照明电路、指示电路和信号电路。

绘图时主电路在图样的左侧，控制电路在图样的右侧。主电路和控制电路都要垂直画出，但主电路中的电源部分要水平布线，三相交流电源按相序 L1、L2、L3 自上而下依次画出，中性线 N 和保护地线 PE 依次画在相线之下；直流电源的正极画在上边，负极在下边画出，电源开关要水平画出。辅助电路通常在主电路和控制电路之间或图样适当位置画出，如图 3-1 所示。

2）电气元器件的绘制及状态。原理图中各电气元器件不画出实际外形图，均采用国家标准规定的图形符号和文字符号。同一电器的各部件可根据需要画在不同的地方，但需要用相同的文字符号给予标注。原理图中所有电器触头或触点，都按没有通电和没有外力作用时的开闭状态画出。如对于继电器触点、接触器的触头，按吸引线圈不通电状态画；控制器按手柄处于零位时的状态画；按钮、行程开关触头按不受外力作用的状态画出等。

3）画电气原理图时，应尽可能减少线条和避免线条交叉，对有直接电联系的交叉导线连接点，要用小黑圆点表示，如图 3-2 所示。

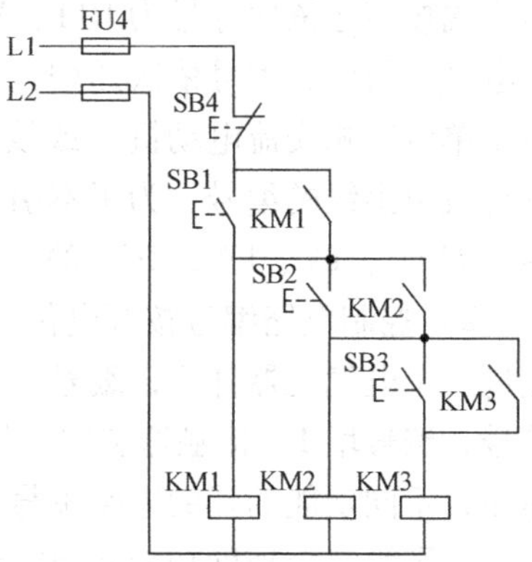

图 3-2　交叉导线的绘制

4）图面区域的划分（对于简单的电路此项可省略）。复杂电路或图面较大的电路图，为了便于检索和阅读电路，应将图面分成若干个区域（以下简称图区）。图区编号：行区（横向）用字母 A、B、C、…（英文字母）编号，编号通常写在图的左侧（也可省略不画）；列区（竖向）用数字 1、2、3、…（数字）编号，编号通常写在图的下方。电路图上的某部分电路或某个器件在原理图中的作用，必须用文字标明在功能栏（又称为用途栏）内，以利于理解全电路的工作原理。功能栏通常分布在列区的上方，如图 3-1 所示。

5）接触器、继电器触头位置的索引（对于简单的电路此项可省略）。在电路图中，接触器、继电器的线圈和触头是分开画的，为快速找到各触头的位置，通常采取索引的方法。

① 接触器触头位置的索引。在每个接触器线圈的文字符号下方画两条竖线，分成左、中、右三栏，把主触头所在图区号标在左边，辅助常开触头所在的图区号标在中间，辅助常闭触头所在的图区号标在右边，对备而未用的触头，在相应的栏中用“×”示出或不进行标注。表 3-1 为图 3-1 中接触器 KM 触头索引的解释。

② 继电器触点位置的索引。在每个继电器线圈的文字符号下方画一条竖线，分成左、右两栏，常开触头所在的图区号标在左边，常闭触点所在的图区号标在右边，对备而未用的触头，在相应的栏中用“×”示出或不进行标注。表 3-2 为图 3-1 中继电器 KA2 触点索引的解释。

表 3-1　接触器 KM 触头索引含义

栏目	左栏	中栏	右栏
触头类型	主触头所在图区号	辅助常开触头所在图区号	辅助常闭触头所在图区号
KM 2 ∣ 8 ∣ × 2 ∣ 10 ∣ × 2 ∣ ∣	表示 3 对主触头均在 2 号图区	表示 1 对辅助常开触头在 8 号图区，另 1 对辅助常开触头在 10 号图区	表示 2 对辅助常闭触头未用

表 3-2 继电器 KA2 触点索引的含义

栏目	左栏	右栏
触头类型	常开触头所在图区号	常闭触头所在图区号
KA2 4 4 4	表示 3 对常开触头均在 4 号图区	表示常闭触头未用

（3）电气原理图中的编号规则及技术数据的附注 电气原理图采用电路编号法，即对电气原理图中的各个接点用字母或者数字进行编号。编号规则如下：

1）主电路采用字母加数字编号。电源开关的进线端用 L1、L2、L3 标注，电源开关的出线端按相序依次标号为 U11、V11、W11，然后按从上至下，从左至右的顺序，每经过一个电气元器件，编号依次递增，如 U12 、V12、W12，U13、V13、W13 …，直至到电动机。对于单台三相交流电动机（或设备）的 3 根引出线按相序依次编号为 U、V、W。对于多台电动机引出线的编号，为了不引起误解和混淆，可在字母 U、V、W 前用不同的数字加以区别，如 1U、1V、1W，2U、2V、2W…，如图 3-1 所示。

2）控制电路编号按等电位原则从上至下、从左至右的顺序用阿拉伯数字依次编号，每经过一个电气元器件后，编号要依次递增。控制电路编号的起始数字是 1，每经过一个电气符号，编号增 1。接触器和继电器的线圈并联处通常用 0 号标注。辅助电路编号用 3 位数字标注，不同功能的辅助电路编号依次递增 100。若第一个辅助功能起始数字从 100 起头开始标注，则第二个辅助功能从 200 起头开始标注，其余以此类推。如照明编号从 101 开始，指示电路编号从 201 开始等。

3）技术数据的附注。在一张完整的电路图上，应标出下列技术数据：

① 表明各电源电路的电压值、极性或频率及相数。

② 标出熔断器熔体的额定电流值和热继电器的动作电流值范围及电流整定值。

③ 标出电动机的参数，如转速、极数、功率、型号等。

④ 标出导线的根数、直径、颜色、型号等。

2. 电气安装图

电气安装图又称电气布置图，它是根据电气元器件在控制板上的实际安装位置，采用简化的外形符号（如正方形、矩形、圆形等）绘制的一种简图，如图 3-3 所示。

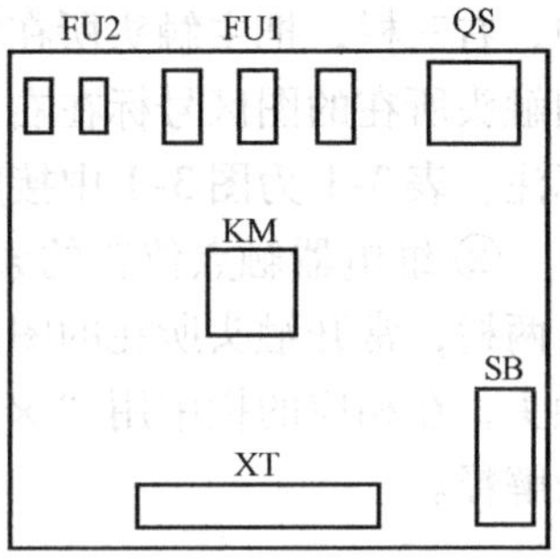

图 3-3 电气的安装

电气安装图不表达各电器的具体结构、作用、接线情况以及工作原理，主要用于电气元器件的布置和安装，且图中各电器的文字符号必须与电气原理图和电气接线图的标注一致。电气安装图为生产机械电气控制设备的制造、安装和维修提供必要的资料，是各种生产设备必须提供的技术资料图样。

电气元器件安装时分为集中安装和分散安装。集中安装就是把如接触器、继电器、熔断器、变压器、断路器、接线端子等低压元器件集中安装在一张板上，这样的板称为配电盘。电气元器件集中安装时，其安装图就是配电盘图。画配电盘图时各元器件用实线框表示，并在每个线框内或边上标上文字符号，清晰表达出元件位置，需给出必要的定位尺寸。有的电气元器件需要分散安装，如行程开关、按钮、电磁铁、制动器、液压阀、电动机等元件的安装。画分散元件安装图时，需把分散元件的安装母体用双点划线画出，把元器件用实线在安装位置上画出，标上文字符号，给出必要的安装尺寸。

3. 电气接线图（又称电气安装接线图）

电气接线图表示了电气设备和电气元器件的位置和配线方式，而不表示电气动作原理。电气接线图主要用于安装、接线和电路的检查维修和故障处理，是电气设备必须提供的一种技术资料，如图 3-4 所示。

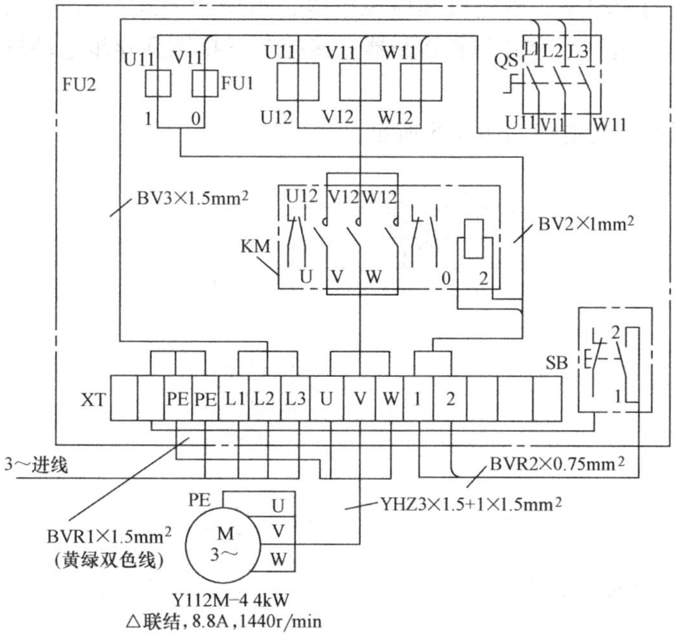

图 3-4　电气接线

绘制、识读接线图应遵循以下原则：

1）电气接线图中各电气元器件的位置同电气安装图一致，在电气接线图中需要把同一电气元器件的各部分用图形符号集中画在一个用点划线画的方框内，方框旁标注文字符号，并根据原理图的标号在各个图形符号的端子旁标上线号。接线图中电气元器件的文字符号以及端子的编号应与原理图一致，以便检查对照。接线图中应标明导线及穿线管的型号、规格和尺寸等。

2）画出配电盘外的各元器件，如电动机、按钮、行程开关等。配电盘内部电气元器件与配电盘外部电气元器件的连接，需要通过端子板（或称端子排）进行，端子板的端子也需标注出需要连接的端子号。配电盘外的各元器件也要依据原理图绘制出图形符号并标注文字符号和端子号。

3）接线图中的导线有单根导线，也有导线组和电缆等，可用连续线和中断线来表示。凡导线走向相同的导线可以合并成单线画出，当到达接线端子板或电气元器件的连接点时再分别画出。连接导线的型号、根数和规格及穿线管的尺寸应表示清楚。

总的来说，接线图应画的明确、清晰、容易检查接线有无遗漏。

在实际应用中，电气原理图、电气接线图和电气安装图要结合起来使用。

第二节　三相笼型异步电动机的正转控制电路

本节主要学习几种实现三相笼型异步电动机单向正转的控制电路，掌握电路的组成及电路的原理分析和不同控制电路所应用的场合。

一、手动正转控制电路

1. 电路应用

对于小型的三相冷却泵、砂轮机和电风扇等，可用封闭式负荷开关、开启式负荷开关(胶盖闸刀开关)，或是用组合开关和熔断器直接控制三相笼型异步电动机的起动和停止。

2. 电路图

电动机手动正转控制电路如图 3-5 所示。

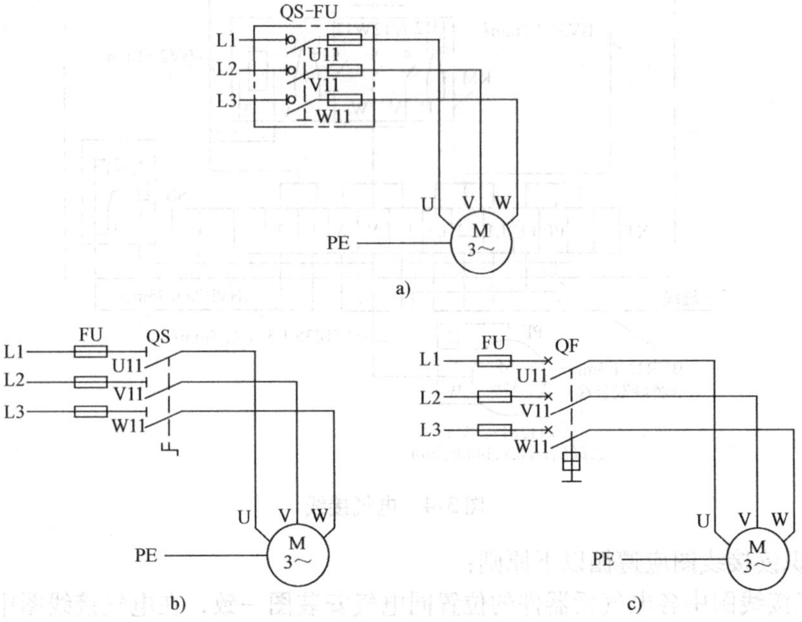

图 3-5　电动机手动正转控制电路

a）用封闭式负荷开关控制　b）用组合开关控制　c）用低压断路器控制

3. 电路特点

手动正转控制电路所用电器少、电路简单，但在需要对电动机频繁起动和停止的场合，此控制方式既不方便又不安全，且操作劳动强度大，不能实现自动控制，因此不能被广泛采用。

二、点动正转控制电路

1. 电路应用

点动控制多用于机床刀架、横梁、立柱的快速移动，也常用于机床的试车调整和对刀等场合。

2. 电路图

电动机点动正转控制的电气原理如图 3-6 所示。

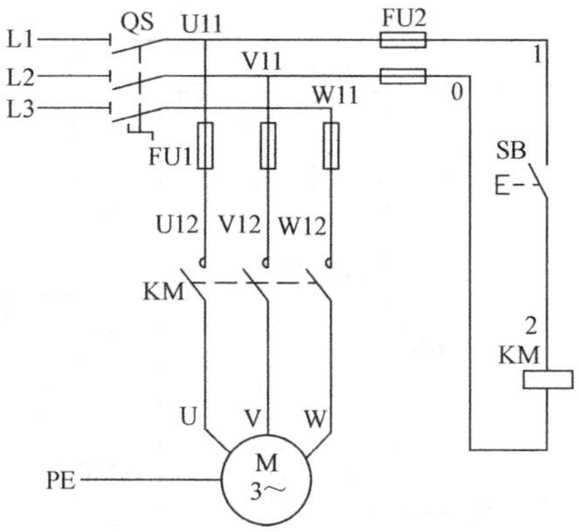

图 3-6　电动机点动正转控制的电气原理

3. 电路组成

点动正转控制电路所用元件及其用途见表 3-3。

表 3-3　点动正转控制电路所用元件及其用途

序号	元件名称	数量	用　途
1	组合开关 QS	1	电源开关
2	螺旋式熔断器 FU1	3	主电路的短路保护
3	螺旋式熔断器 FU2	2	控制电路的短路保护
4	交流接触器 KM	1	用接触器主触头实现对电动机的控制，具有失电压和欠电压保护
5	按钮 SB	1	实现对控制电路的控制
6	三相笼形异步电动机 M	1	将电能转换成动能

4. 原理分析

合上电源开关 QS→按下起动按钮 SB→交流接触器 KM 线圈得电→交流接触器 KM 主触头闭合→电动机 M 得电运转。

松开起动按钮 SB→交流接触器 KM 线圈失电→交流接触器 KM 主触头恢复断开→电动机 M 失电停转。

5. 电路特点

点动正转控制电路是用按钮、接触器来控制电动机运转的最简单的正转控制电路。所谓点动控制是指当按下起动按钮时，电动机能够得电运转；当松开按钮时，电动机就失电停转。

三、接触器自锁正转控制电路

1. 电路应用

在许多场合需要电动机起动后能够连续运转（即电动机的长动）。如果采用点动正转控制电路，需要操作人员的手一直按着按钮，显然这是不合理的，而采用接触器自锁正转控制电路很好的实现了电动机的长动控制。例如，中小型卧式车床的主轴电动机的控制通常采用的就是接触器自锁正转控制电路。

2. 电路图

接触器自锁正转控制的电气原理如图 3-7 所示。

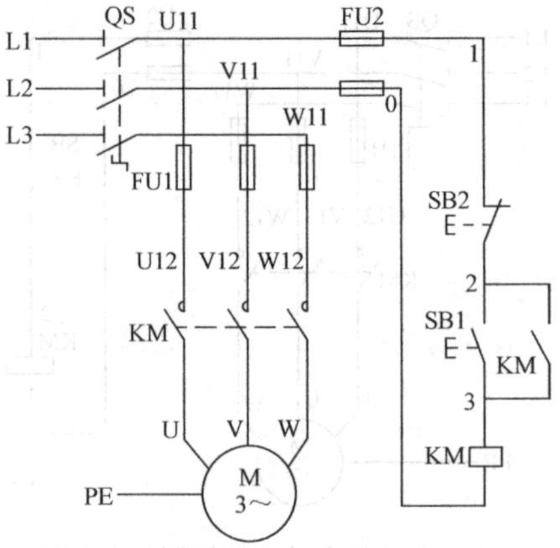

图 3-7　接触器自锁正转控制的电气原理

3. 电路组成

接触器自锁正转控制电路所用元件及其用途见表 3-4。

表 3-4　接触器自锁正转控制电路所用元件及其用途

序号	元件名称	数量	用　　途
1	组合开关 QS	1	电源开关
2	螺旋式熔断器 FU1	3	主电路的短路保护
3	螺旋式熔断器 FU2	2	控制电路的短路保护
4	交流接触器 KM	1	用接触器主触头实现对电动机的控制，具有失电压和欠电压保护
5	按钮 SB1	1	控制电路的起动按钮
6	按钮 SB2	1	控制电路的停止按钮
7	热继电器 FR	1	对电动机 M 实现过载保护
8	三相笼型异步电动机 M	1	将电能转换成动能

4. 原理分析

合上电源开关 QS → 按下起动按钮 SB1 → 交流接触器 KM 线圈得电

→ 交流接触器 KM 主触头闭合
→ 交流接触器 KM 常开自锁触头闭合 → 电动机 M 得电运转

按下停止按钮 SB2 → 交流接触器 KM 线圈失电 →

→ 接触器 KM 主触头恢复断开
→ 接触器 KM 常开自锁触头恢复断开 → 电动机 M 失电停转

5. 电路特点

所谓接触器自锁是指在起动按钮两端并联了一个接触器的辅助常开触头（称作自锁触头），当松开起动按钮时，依靠接触器的自锁触头可以实现对本身线圈的继续供电（即自锁功能）。接触器自锁正转控制电路不但能使电动机连续运转，而且还具有欠电压和失电压（或称零压）保护作用，同时电路要求有过载保护功能。

（1）欠电压保护　“欠电压”是指电路电压低于电动机应加的额定电压。欠电压保护是指当电路电压下降到某一数值时，接触器线圈两端的电压同样下降，接触器电磁吸力将小于复位弹簧的反作用力，衔铁被释放，带动主触头、辅助触头同时断开，自动切断主电路和控制电路，电动机失电停止，避免了电动机在欠电压下运行而损坏。

（2）零电压保护 零电压保护是指电动机在正常运行中，由于外界某种原因引起突然断电时，能自动切断电动机电源，而当重新供电时，电动机不能自行起动的保护。零电压保护避免了由于突然停电后，操作人员忘记切断电源，当来电后电动机能自行起动，而造成的设备及人身伤亡事故。

凡是接触器控制的电路均有欠电压保护和零电压保护作用。

（3）过载保护 “过载”是指当电动机在运行过程中，如果长期负载过大，或起动操作频繁，以及缺相运行等原因，都可能使电动机定子绕组中的电流过大，超过了其额定值。在过载的情况下，定子绕组因大电流而发热，若温度超过了电动机允许的温升，就会使电动机的绝缘老化而损坏，严重时会使电动机的定子绕组烧毁。因此，对于长期运行的电动机必须采取过载保护措施。过载保护是指当电动机出现过载时能自动切断电动机电源，使电动机停转的一种保护。最常用的过载保护是由热继电器实现的。将热继电器的热元件串接在电动机电路中，并将热继电器的常闭触头串接在接触器控制电路中，过载时，热继电器的热元件发热弯曲，通过动作机构使常闭触头分断，使接触器线圈失电，其主触头、自锁触头断开，电动机失电停转，达到了过载保护的目的。电路如图 3-8 所示。

四、电动机点动与长动混合正转控制电路

1. 电路应用

机床设备在日常工作时，一般需要电动机处在连续运转状态，但在试车或调整刀具与工件的相对位置时，又需要对电动机进行点动控制，实现这种机械要求就需要采用点动与长动混合正转控制电路。

2. 电路图

电动机点动与长动混合正转控制的电气原理如图 3-9 所示。

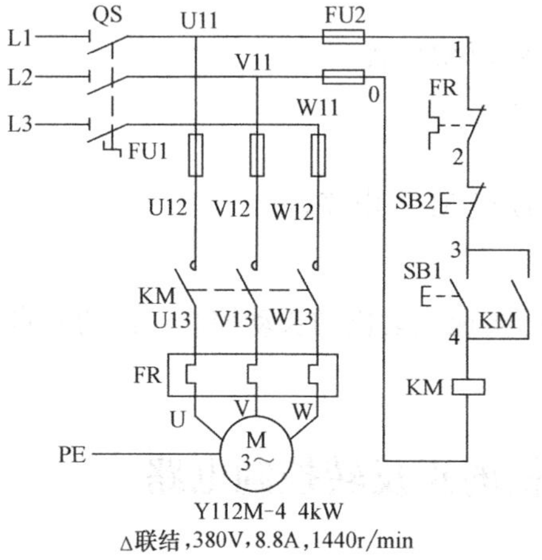

图 3-8 带过载保护的接触器自锁正转控制的电气原理

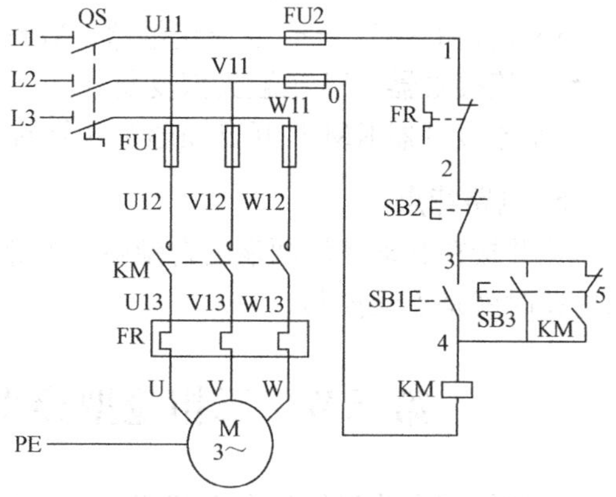

图 3-9 电动机点动与长动混合正转控制的电气原理

3. 电路组成

电动机点动与长动混合正转控制电路所用元件及其用途见表 3-5。

表 3-5　电动机点动与长动混合正转控制电路所用元件及其用途

序号	元件名称	数量	用　途
1	组合开关 QS	1	电源开关
2	螺旋式熔断器 FU1	3	主电路的短路保护
3	螺旋式熔断器 FU2	2	控制电路的短路保护
4	交流接触器 KM	1	用接触器主触头实现对电动机的控制，具有失电压和欠电压保护
5	按钮 SB2	1	控制电路的停止按钮
6	按钮 SB1	1	长动控制电路的起动按钮
7	按钮 SB3	1	点动控制电路的起动按钮
8	热继电器 FR	1	对电动机 M 实现过载保护
9	三相笼型异步电动机 M	1	将电能转换成动能

4. 原理分析

(1) 长动控制

合上电源开关 QS → 按下长动起动按钮 SB1 → 交流接触器 KM 线圈得电 →

→ 交流接触器 KM 主触头闭合
→ 交流接触器 KM 常开自锁接头闭合 → 电动机 M 得电连续运转

按下停止按钮 SB2 → 交流接触器 KM 线圈失电 →

→ 交流接触器 KM 主触头恢复断开
→ 交流接触器 KM 常开自锁触头恢复断开 → 电动机 M 失电停转

(2) 点动控制

按下点动控制按钮 SB3 → 按钮 SB3 常闭触头断开 → 切断自锁电路
→ 按钮 SB3 常开触头闭合 → 交流接触器 KM 线圈得电 →

→ 交流接触器 KM 主触头闭合
→ 交流接触器 KM 常开自锁触头闭合 → 电动机 M 点动正转

松开按钮 SB3 → 交流接触器 KM 线圈失电 →

→ 交流接触器 KM 主触头恢复断开
→ 交流接触器 KM 常开自锁触头恢复断开 → 电动机 M 失电停转

5. 电路特点

当并接在起动按钮两端的自锁触头电路接通时可实现电动机的长动控制，而切断自锁触头电路时就是点动控制。

第三节　三相笼型异步电动机的正反转控制电路

正转控制电路只能使电动机朝一个方向旋转，带动生产机械的运动部件朝一个方向运动，而许多生产机械往往要求运动部件能向正、反两个方向运动。如机床工作台的前进与后退、万能铣床主轴的正转与反转、起重机的上升与下降等，这些生产机械要求电动机能实现正反转的控制。

当改变通入电动机定子绕组的三相电源的相序（即把接入电动机的三相电源进线中的

任意两相进行对调接线)，就可以实现电动机的反转。

一、倒顺开关实现的正反转控制电路

1. 电路应用

倒顺开关是一种组合开关，利用开关组合的不同位置来改变通入电动机的电源相序，从而实现对电动机的正反转控制。该电路一般用于控制额定电流在10A以下，功率在3kW以下的小功率电动机。例如，万能铣床主轴电动机的正反转控制就是采用倒顺开关实现的。

2. 电路图

倒顺开关实现的正反转控制电路的电气原理如图3-10所示。

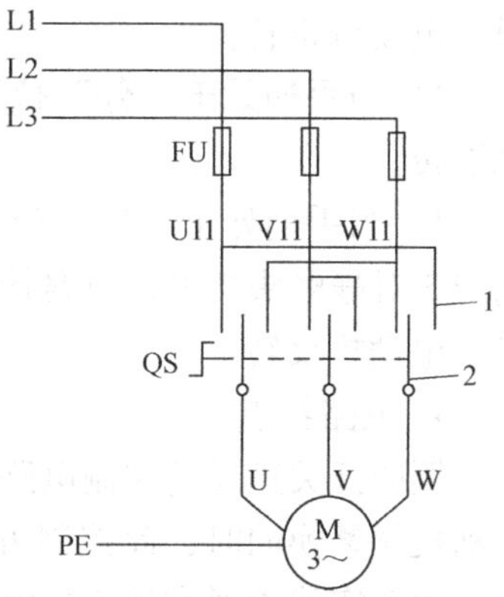

图3-10　倒顺开关实现的正反转控制电路的电气原理

3. 电路的工作原理

倒顺开关也称作可逆转换开关。HZ3—132型倒顺开关有6块形状不同的动触头（图3-11中为I_1、I_2、I_3和II_1、II_2、II_3），其中I_1、I_2、I_3和II_1为一种形状，II_2和II_3为一种形状，I_1、I_2、I_3为一组，II_1、II_2、II_3为另一组。

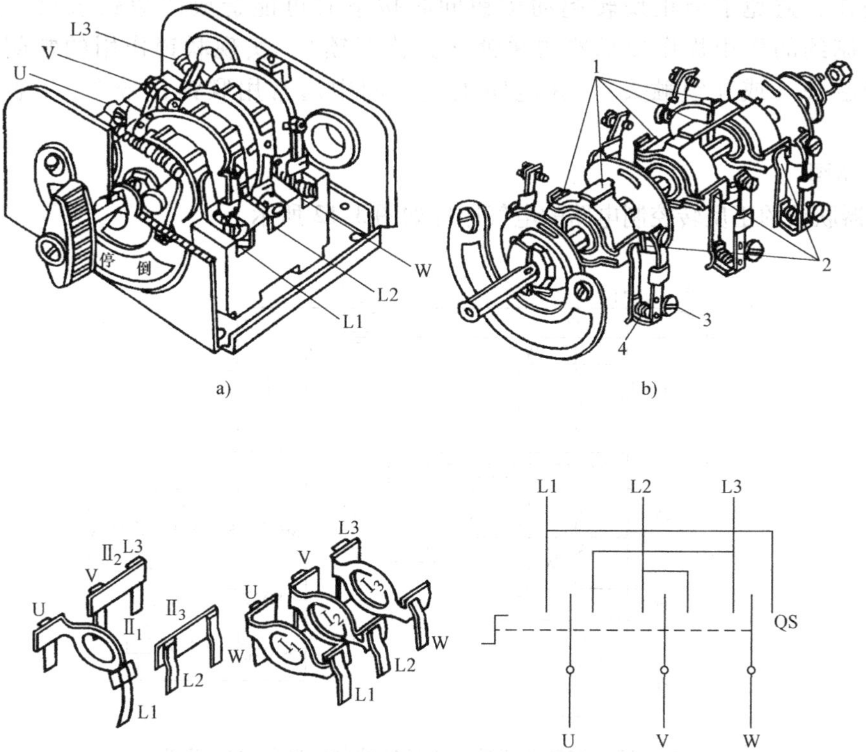

图3-11　HZ3—132型倒顺开关的结构及符号

a）外形　b）结构　c）触头　d）符号

1—动触头　2—静触头　3—调节螺钉　4—触头压力弹簧

电路的工作原理如下：

1）当手柄处于“顺”位置时，手柄带动转轴，使第一组的 3 块动触头 I_1、I_2、I_3 分别与三对静触头接触，电路接通，三相电源接入电动机的定子绕组，电源相序为 L1—L2—L3，电动机正转。

2）当手柄处于“停”位置时，开关的两组动触片都不与静触头接触，电路不通，电动机不转。

3）当手柄处于“倒”位置时，手柄带动转轴，使第二组的 3 块动触片 II_1、II_2、II_3 分别与 3 对静触头接触，电路接通，三相电源接入电动机的定子绕组，电源相序为 L3—L2—L1，电动机反转。

4. 电路特点

倒顺开关正反转控制电路所用电器少，电路简单，但它是一种手动控制电路，在需要对电动机频繁换向时，此控制方式既不方便又不安全，且操作劳动强度大，因此不被广泛采用。生产实践中通常采用接触器控制的正反转电路。

二、接触器联锁的正反转控制电路

所谓接触器联锁是指在正、反转控制电路中分别串接了对方接触器的一对常闭辅助触头，这样，当一个接触器得电动作时，通过其常闭辅助触头使另一个接触器不能得电动作，避免了当正反转起动按钮同时按下时可能造成的短路事故。接触器间这种相互制约的作用称作接触器的联锁（又称互锁），实现联锁作用的常闭辅助触头称为联锁触头（或互锁触头）。在电路主电路图中通常用联锁符号“▽”表示接触器间有联锁。

1. 电路图

接触器联锁的正反转控制电路的电气原理如图 3-12 所示。

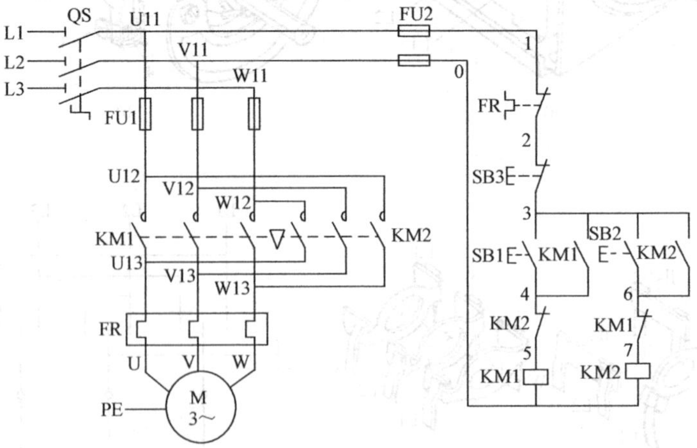

图 3-12 接触器联锁的正反转控制电路的电气原理

2. 电路组成

接触器联锁正反转控制电路所用元件及其用途见表 3-6。

表 3-6　接触器联锁正反转控制电路所用元件及其用途

序号	元件名称	数量	用　途
1	组合开关 QS	1	电源开关
2	螺旋式熔断器 FU1	3	主电路的短路保护
3	螺旋式熔断器 FU2	2	控制电路的短路保护
4	交流接触器 KM1	1	用 KM1 主触头实现对电动机的正转控制
5	交流接触器 KM2	1	用 KM2 主触头实现对电动机的反转控制
6	按钮 SB3	1	控制电路的停止按钮
7	按钮 SB1	1	正转的起动控制按钮
8	按钮 SB2	1	反转的起动控制按钮
9	热继电器 FR	1	对电动机 M 实现过载保护
10	三相笼型异步电动机 M	1	将电能转换成动能

3. 原理分析

（1）正转控制

合上电源开关 QS → 按下正转起动按钮 SB1 → 交流接触器 KM1 线圈得电 →

→ 交流接触器 KM1 主触头闭合
→ 交流接触器 KM1 常开自锁触头闭合 → 电动机 M 得电正转连续运转
→ 交流接触器 KM1 常闭联锁触头断开 → 对交流接触器 KM2 实现联锁

按下停止按钮 SB3 → 交流接触器 KM1 线圈失电 →

→ 交流接触器 KM1 主触头恢复断开
→ 交流接触器 KM1 常开自锁触头恢复断开 → 电动机 M 失电停转
→ 交流接触器 KM1 常闭联锁触头恢复闭合 → 为交流接触器 KM2 线圈得电做好准备

（2）反转控制

按下反转起动按钮 SB2 → 交流接触器 KM2 线圈得电 →

→ 交流接触器 KM2 主触头闭合
→ 交流接触器 KM2 常开自锁触头闭合 → 电动机 M 得电反转连续运转
→ 交流接触器 KM2 常闭联锁触头断开 → 对交流接触器 KM1 实现联锁

按下停止按钮 SB3 → 交流接触器 KM2 线圈失电 →

→ 交流接触器 KM2 主触头恢复断开
→ 交流接触器 KM2 常开自锁触头恢复断开 → 电动机 M 失电停转
→ 交流接触器 KM2 常闭联锁触头恢复闭合 → 为交流接触器 KM1 线圈得电做好准备

4. 电路特点

接触器联锁的正反转控制电路的优点是工作安全可靠，防止了短路事故的发生；缺点是操作不便，因为当电动机从正转切换到反转时，必须先按下停止按钮后，才能按反转起动按钮，否则由于接触器的联锁作用不能实现反转。为了克服此电路的不足，可采用一种按钮和接触器双重联锁的正反转控制电路，此电路既安全又操作方便。

三、按钮和接触器双重联锁的正反转控制电路

按钮联锁是指正、反转控制的起动按钮采用的是两个复合按钮，两个复合按钮的常闭触头分别串接到对方的控制电路中，从而当按下正转起动按钮后，其常开触头闭合，控制正转电路得电，同时其常闭触头断开，使反转电路不能得电。这种利用按钮的常开、常闭触头在电路中实现相互制约的接法称为按钮的联锁（又称按钮的互锁）。

1. 电路图

按钮和接触器双重联锁的正反转控制电路的电气原理如图 3-13 所示。

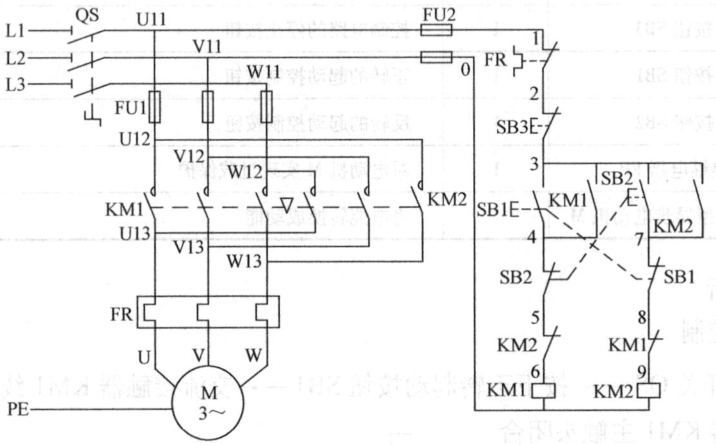

图 3-13　按钮和接触器双重联锁的正反转控制电路的电气原理

2. 电路组成

按钮和接触器双重联锁的正反转控制电路所用元件及其用途见表 3-7。

表 3-7　按钮和接触器双重联锁的正反转控制电路所用元件及其用途

序号	元件名称	数量	用　途
1	组合开关 QS	1	电源开关
2	螺旋式熔断器 FU1	3	主电路的短路保护
3	螺旋式熔断器 FU2	2	控制电路的短路保护
4	交流接触器 KM1	1	用 KM1 主触头实现对电动机的正转控制
5	交流接触器 KM2	1	用 KM2 主触头实现对电动机的反转控制
6	按钮 SB3	1	控制电路的停止按钮
7	按钮 SB1	1	正转的控制按钮
8	按钮 SB2	1	反转的控制按钮
9	热继电器 FR	1	对电动机 M 实现过载保护
10	三相笼型异步电动机 M	1	将电能转换成动能

3. 原理分析

（1）正转控制

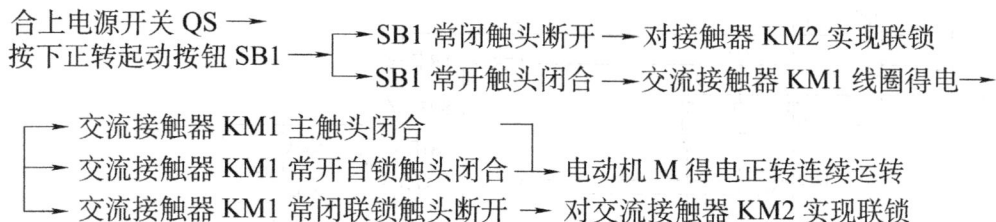

合上电源开关 QS →
按下正转起动按钮 SB1 → SB1 常闭触头断开 → 对接触器 KM2 实现联锁
　　　　　　　　　　　→ SB1 常开触头闭合 → 交流接触器 KM1 线圈得电→

→ 交流接触器 KM1 主触头闭合
→ 交流接触器 KM1 常开自锁触头闭合 → 电动机 M 得电正转连续运转
→ 交流接触器 KM1 常闭联锁触头断开 → 对交流接触器 KM2 实现联锁

（2）反转控制

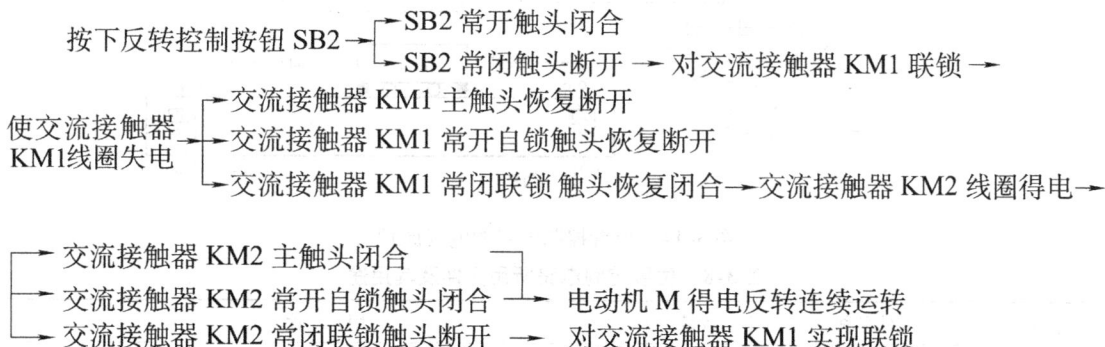

按下反转控制按钮 SB2 → SB2 常开触头闭合
　　　　　　　　　　　→ SB2 常闭触头断开 → 对交流接触器 KM1 联锁 →

使交流接触器 KM1线圈失电 → 交流接触器 KM1 主触头恢复断开
　　　　　　　　　　　　→ 交流接触器 KM1 常开自锁触头恢复断开
　　　　　　　　　　　　→ 交流接触器 KM1 常闭联锁触头恢复闭合→交流接触器 KM2 线圈得电→

→ 交流接触器 KM2 主触头闭合
→ 交流接触器 KM2 常开自锁触头闭合 → 电动机 M 得电反转连续运转
→ 交流接触器 KM2 常闭联锁触头断开 → 对交流接触器 KM1 实现联锁

（3）停止控制

按下停止按钮 SB3 →交流接触器 KM1，KM2 线圈均失电→ 电动机 M 失电停止运行

4. 电路特点

仅有按钮联锁，当电路中的接触器触头发生熔焊时，会造成短路现象；而只有接触器联锁操作时会不方便。将按钮联锁和接触器联锁相结合实现的正反转控制电路，操作方便又安全可靠且反转迅速，因此被广泛应用。

第四节　位置控制与工作台自动往返循环控制电路

一、位置控制

在生产过程中，一些生产机械运动部件的行程或位置要受到限制，或者需要其运动部件在一定范围内自动往返循环等。如在摇臂钻床、万能铣床、镗床、桥式起重机及各种自动半自动控制机床设备中就经常遇到这种控制要求。实现这种控制要求所依靠的主要电器是位置开关（或称为行程开关、限位开关）。位置开关是一种将机械信号转换为电气信号，以控制运动部件位置或行程的自动控制电器。

位置控制就是利用生产机械运动部件上的挡铁与位置开关碰撞，使其触头动作，来接通或断开电路，以实现对生产机械运动部件的位置或行程的自动控制。

二、位置控制电路（又称行程控制或限位控制电路）

1. 电路图

位置控制电路的电气原理如图 3-14 所示。

2. 电路组成

位置控制电路所用元件及其用途见表 3-8。

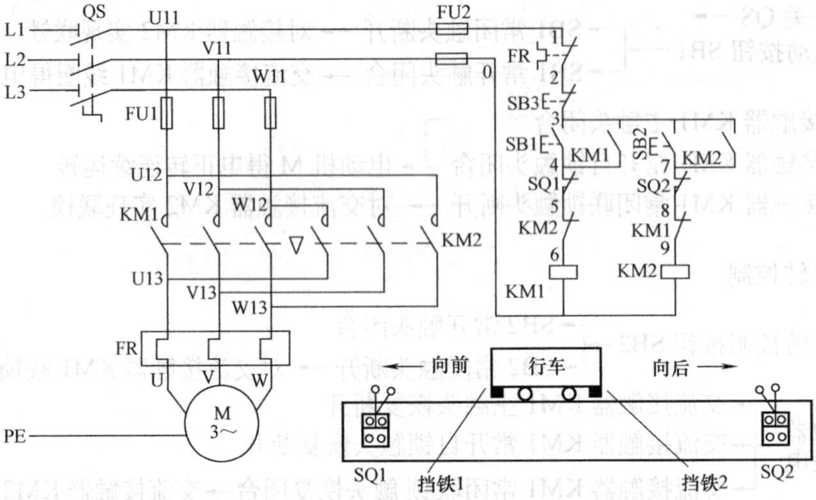

图 3-14 位置控制电路的电气原理

表 3-8 位置控制电路所用元件及其用途

序号	元件名称	数量	用途
1	组合开关 QS	1	电源开关
2	螺旋式熔断器 FU1	3	主电路的短路保护
3	螺旋式熔断器 FU2	2	控制电路的短路保护
4	交流接触器 KM1	1	用 KM1 主触头实现对电动机的正转控制（工作台前进）
5	交流接触器 KM2	1	用 KM2 主触头实现对电动机的反转控制（工作台后退）
6	按钮 SB3	1	控制电路的停止按钮
7	按钮 SB1	1	正转（工作台前进）的控制按钮
8	按钮 SB3	1	反转（工作台后退）的控制按钮
9	行程开关 SQ1	1	正转（工作台前进）的限位开关
10	行程开关 SQ2	1	反转（工作台后退）的限位开关
11	热继电器 FR	1	对电动机 M 实现过载保护
12	三相笼型异步电动机 M	1	将电能转换成动能

3. 原理分析

（1）正转（行车向前运动）控制

合上电源开关 SQ → 按下正转起动按钮 SB1 → SB1 常开触头闭合 → 交流接触器 KM1 线圈得电 →

- → 交流接触器 KM1 主触头闭合
- → 交流接触器 KM1 常开自锁触头闭合 → 电动机 M 得电正转连续运转(行车向前) →
- → 交流接触器 KM1 常闭联锁触头断开 → 对交流接触器 KM2 实现联锁

当行车挡铁碰撞到位置开关 SQ1 → SQ1 常闭触头断开 → 交流接触器 KM1 线圈失电 →

- → 交流接触器 KM1 主触头恢复断开
- → 交流接触器 KM1 常开自锁触头恢复断开 → 电动机 M 停转（正转限位）
- → 交流接触器 KM1 常闭联锁触头恢复闭合 → 为交流接触器 KM2 通电做好准备

（2）反转（行车向后运动）控制

按下反转起动按钮 SB2 ⟶ SB2 常开触头闭合 ⟶ 交流接触器 KM2 线圈得电 ⟶

→ 交流接触器 KM2 主触头闭合
→ 交流接触器 KM2 常开自锁触头闭合 ⟶ 电动机 M 反转(行车向后)
→ 交流接触器 KM2 常闭联锁触头断开 ⟶ 对交流接触器 KM1 实现联锁

当行车挡铁碰撞到位置开关SQ2 ⟶ SQ2常闭触头断开 ⟶ 交流接触器KM2线圈失电 ⟶

→ 交流接触器 KM2 主触头恢复断开
→ 交流接触器 KM2 常开自锁触头恢复断开 ⟶ 电动机 M 停转(反转限位)
→ 交流接触器 KM1 常闭联锁触头恢复闭合 ⟶ 为交流接触器 KM1 通电做好准备

（3）停止控制

按下停止按钮 SB3 ⟶ 交流接触器 KM1、KM2 线圈均失电 ⟶ 电动机 M 不得电停止运行(行车停止运动)。

4. 电路特点

本电路可实现对运动部件的位置或行程进行控制，改变运动部件的位置或行程的大小，可通过移动位置开关的安装位置来调节。

三、工作台自动往返循环控制电路

机床工作台运动通常采用的就是位置控制电路，有些生产机械还要求工作台在一定的行程内能自动往返运动，以便实现对工件的连续加工，提高生产效率。

1. 工作台自动往返控制电路图

自动往返循环控制电路的原理如图 3-15 所示。

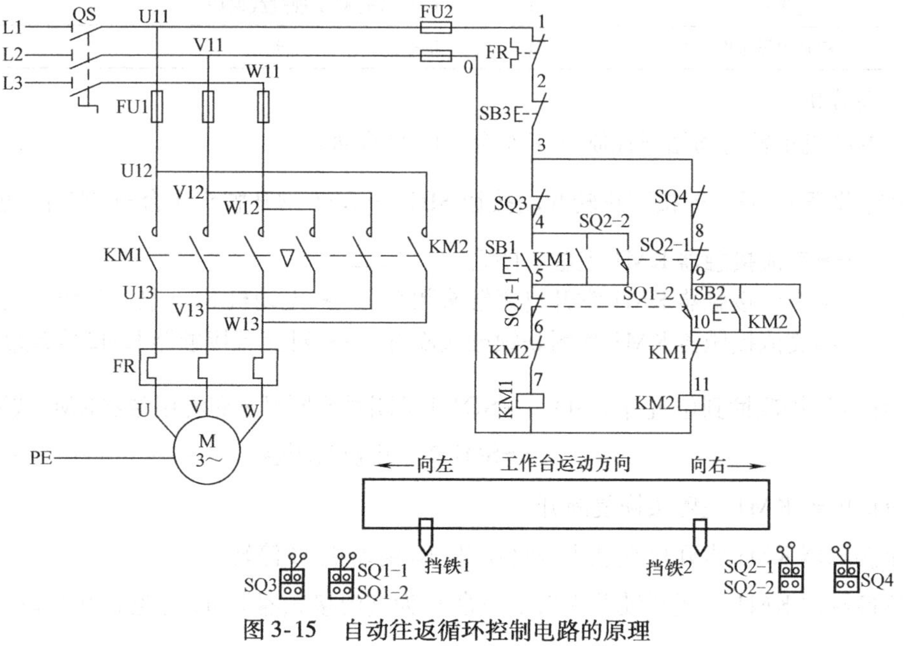

图 3-15 自动往返循环控制电路的原理

图3-15右下方是工作台运动示意图。工作台的两头终点处各安装两个位置开关SQ1、SQ3和SQ2、SQ4。位置开关SQ1和SQ2被用来实现工作台的自动往返；SQ3和SQ4被用来实现工作台两端的终端保护（即限位保护）。这4个位置开关的常闭触头分别串联在正转控制电路和反转控制电路中，且SQ1和SQ2这两个位置开关的常开触头分别并联在正转起动按钮和反转起动按钮两端。工作台前后各装有挡铁1和挡铁2，挡铁每一次碰上工作台的位置开关后，工作台都停止前进并反向运行。工作台的往返行程可通过移动挡铁在工作台的位置来调节，也可通过移动位置开关SQ1、SQ3和SQ2、SQ4的安装位置来调节。

2. 电路组成

自动往返循环控制电路所用元件及用途见表3-9。

表3-9 自动往返循环控制电路所用元件及其用途

序号	元件名称	数量	用途
1	组合开关QS	1	电源开关
2	螺旋式熔断器FU1	3	主电路的短路保护
3	螺旋式熔断器FU2	2	控制电路的短路保护
4	交流接触器KM1	1	用KM1主触头实现对电动机的正转控制（工作台前进）
5	交流接触器KM2	1	用KM2主触头实现对电动机的反转控制（工作台后退）
6	按钮SB3	1	控制电路的停止按钮
7	按钮SB1	1	正转（工作台向左）的起动按钮
8	按钮SB2	1	反转（工作台向右）的起动按钮
9	行程开关SQ1	1	正转（工作台向左）的限位开关
10	行程开关SQ2	1	反转（工作台向右）的限位开关
11	行程开关SQ3	1	正转双重限位开关
12	行程开关SQ4	1	反转双重限位开关
13	热继电器FR	1	对电动机M实现过载保护
14	三相笼型异步电动机M	1	将电能转换成动能

3. 原理分析

（1）电动机正转起动循环控制（工作台先向左移动）

合上电源开关QS → 按下正转起动按钮SB1 → SB1常开触头闭合 → 交流接触器KM1线圈得电 →
- 交流接触器KM1主触头闭合 ┐
- 交流接触器KM1常开自锁触头闭合 ┘→ 电动机M正转（工作台向左移动）
- 交流接触器KM1常闭联锁触头断开 → 对交流接触器KM2实现联锁

当工作台挡铁碰撞到位置开关SQ1 →
- SQ1-1常闭触头断开 → 交流接触器KM1线圈失电 →
  - 交流接触器KM1主触头恢复断开 ┐
  - 交流接触器KM1常开自锁触头恢复断开 ┘→ 电动机M停转
  - 交流接触器KM1常闭联锁触头恢复闭合 → 为交流接触器KM2通电做好准备 →
- SQ1-2常开触头闭合 →

→交流接触器KM2线圈得电 → 交流接触器KM2主触头闭合；交流接触器KM2常开自锁触头闭合 → 电动机M反转（工作台向左移动）；交流接触器KM2常闭联锁触头断开 → 对交流接触器KM1实现联锁

当工作台挡铁碰撞到位置开关SQ2 → SQ2-1常闭触头断开 → 交流接触器KM2线圈失电 →；SQ2-2常开触头闭合

→ 交流接触器KM2主触头恢复断开；交流接触器KM2常开自锁触头恢复断开 → 电动机M停转（反转限位）；交流接触器KM1常闭联锁触头恢复闭合 → 为交流接触器KM1通电做好准备

→ 交流接触器KM1线圈得电（实现自动循环）

（2）电动机反转起动循环控制（工作台先向右移动）　当按下反转控制按钮SB2时实现反转控制，原理分析同上。

（3）停止控制

按下停止按钮SB3 → 交流接触器KM1、KM2线圈均失电 → 电动机M不得电停止运行。

（4）超限位控制　位置开关SQ3和SQ4安装在工作台往复运动的极限位置。当工作台向左或向右移动过程中，因位置开关SQ1或SQ2失灵造成未切断电路，工作台继续沿原方向移动时，位置开关SQ3或SQ4继续起限位作用。当工作台挡铁碰撞到位置开关SQ3或SQ4时切断电路，保护工作台，以免造成事故。

第五节　顺序控制与多地控制电路

一、顺序控制及电路

1. 顺序控制

在装有多台电动机的生产机械上，各台电动机所起的作用是不同的，有时需要按一定的顺序先后起动或停止，才能保证操作过程的合理和工作的安全可靠。例如，X62W型万能铣床要求主轴电动机起动后，进给电动机才能起动；M7120型平面磨床的冷却泵电动机要求当砂轮电动机起动后才能起动。像这种要求几台电动机的起动或停止必须按一定的先后顺序来进行的控制方式称作电动机的顺序控制。

2. 顺序控制电路

（1）主电路实现顺序控制的电路

1）电路原理图。主电路实现顺序控制的工作原理如图3-16所示。

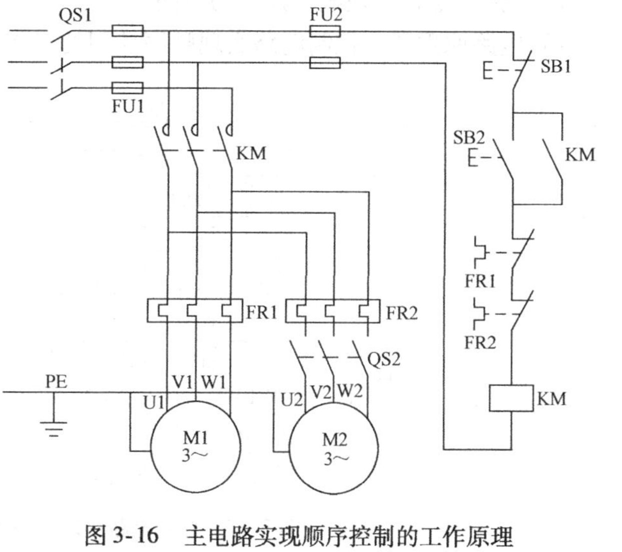

图3-16　主电路实现顺序控制的工作原理

2）电路组成。主电路实现顺序控制电路所用元件及其用途见表3-10。

表3-10　主电路实现顺序控制电路所用元件及其用途

序号	元件名称	数量	用　途
1	组合开关 QS1	1	电源开关
2	组合开关 QS2	3	电动机 M2 的起动开关
3	螺旋式熔断器 FU1	2	主电路的短路保护
4	螺旋式熔断器 FU2	1	控制电路的短路保护
5	交流接触器 KM	1	用 KM 主触头实现对主电路的控制，具有失电压和欠电压保护
6	按钮 SB1	1	控制电路的停止按钮
7	按钮 SB2	1	控制电路起动按钮
8	热继电器 FR1	1	对电动机 M1 实现过载保护
9	热继电器 FR2	1	对电动机 M2 实现过载保护
10	三相笼型异步电动机 M1	1	将电能转换成动能
11	三相笼型异步电动机 M2	1	将电能转换成动能

3）原理分析。

合上电源开关 QS1→按下起动按钮 SB2→SB2常开触头闭合→交流接触器KM线圈得电

→ ┌→交流接触器 KM 主触头闭合
　 └→交流接触器 KM 常开自锁触头闭合 ┘→电动机 M1 得电连续运转→合上组合开关 QS2

→电动机 M2 得电连续运转。

按下停止按钮SB1→交流接触器KM线圈失电→ ┌→交流接触器KM常开自锁触头恢复断开
　　　　　　　　　　　　　　　　　　　　 └→交流接触器KM主触头恢复断开→

→电动机 M1、M2 都停转

（2）控制电路实现顺序控制的电路

1）电路原理图。控制电路实现顺序控制的工作原理如图3-17所示。

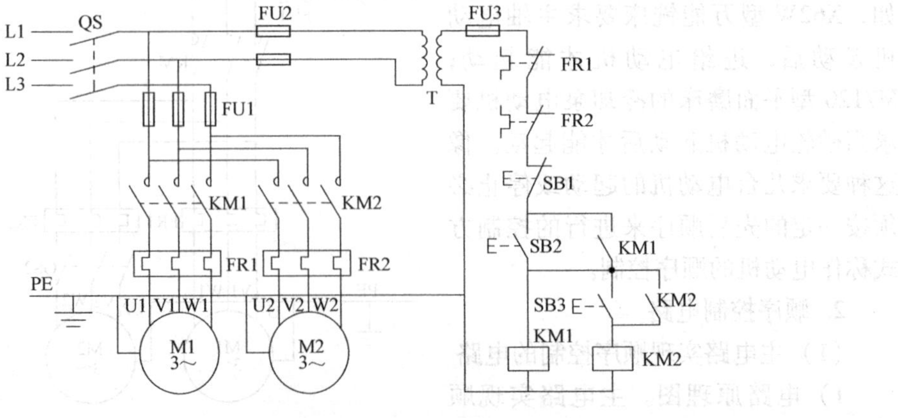

图3-17　控制电路实现顺序控制的工作原理

2）电路组成。控制电路实现顺序控制电路所用元件及其用途见表 3-11。

表 3-11　控制电路实现顺序控制电路所用元件及其用途

序号	元件名称	数量	用　途
1	组合开关 QS	1	电源开关
2	螺旋式熔断器 FU1	1	主电路的短路保护
3	螺旋式熔断器 FU2	3	控制电路的短路保护
4	交流接触器 KM1	2	用 KM1 主触头实现对电动机 M1 主电路的控制
5	交流接触器 KM2	1	用 KM1 主触头实现对电动机 M2 主电路的控制
6	按钮 SB1	1	控制电路的停止按钮
7	按钮 SB2	1	电动机 M1 控制电路起动按钮
8	按钮 SB3	1	电动机 M2 控制电路起动按钮
9	热继电器 FR1	1	对电动机 M1 实现过载保护
10	热继电器 FR2	1	对电动机 M2 实现过载保护
11	三相笼型异步电动机 M1	1	将电能转换成动能
12	三相笼型异步电动机 M2	1	将电能转换成动能

3）原理分析

合上电源开关 QS → 按下起动按钮 SB2 → 交流接触器 KM1 线圈得电 →

→ 交流接触器 KM1 主触头闭合 → 电动机 M1 得电连续运转
→ 交流接触器 KM1 常开自锁触头闭合 → 为交流接触器 KM2 得电做好准备 →

→ 按下起动按钮 SB3 → 交流接触器 KM2 线圈得电 →
→ 交流接触器 KM2 主触头闭合 ┐
→ 交流接触器 KM2 常开自锁触头闭合 ┘ → 电动机 M2 得电连续运转

按下停止按钮 SB1 → 交流接触器 KM1、KM2 线圈都失电 → 电动机 M1、M2 都停转。

二、多地控制及其电路

1. 多地控制

能实现在两地或多地对同一台电动机进行控制的控制方式称作电动机的多地控制。实现的方法是把放在不同地方的两个或多个起动按钮进行并接，并把停止按钮进行串接，就可以实现两地或多地控制，达到操作方便的目的。

2. 两地控制电路

两地控制的接触器自锁正转控制的工作原理如图 3-18 所示。

图 3-18 中，SB11、SB12 为安装在甲地的起动按钮和停止按钮；SB21、SB22 为安装在乙地的起动按钮和停止按钮。

电路的特点是：两地的起动按钮 SB11 、SB21 要并接在一起；停止按钮 SB12 、SB22 要串接在一起。这样就可以分别在甲乙两地起动和停止同一台电动机。

对三地或多地控制，只要把各地的起动按钮并接，停止按钮串接就可以实现。

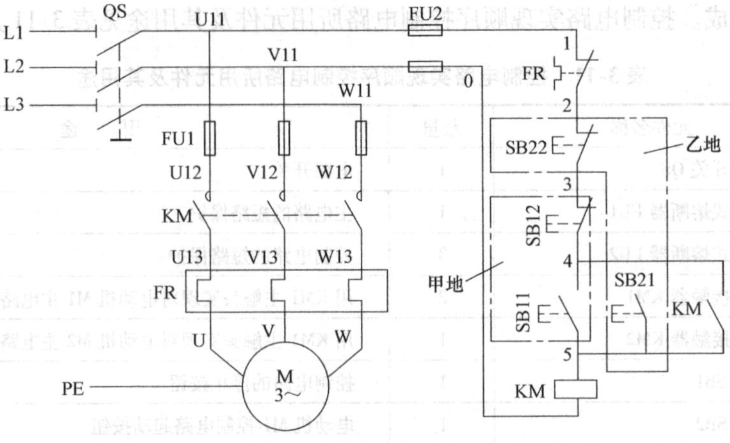

图 3-18　两地控制的接触器自锁正转控制的工作原理

第六节　电动机的延时控制电路

一、延时控制

在电气自动控制系统中，以时间原则控制的电气电路应用的比较广泛。这种电气控制电路可以根据电动机需要运行的时间，利用时间继电器来控制电动机的运行状态。

根据计时起点的不同，可将电气控制电路分为通电延时控制和断电延时控制两类。通电延时控制和断电延时控制的对比见表 3-12。

表 3-12　通电延时控制和断电延时控制的对比

延时控制类型	通电延时控制	断电延时控制
所用的时间继电器及其图形符号	采用通电延时型时间继电器 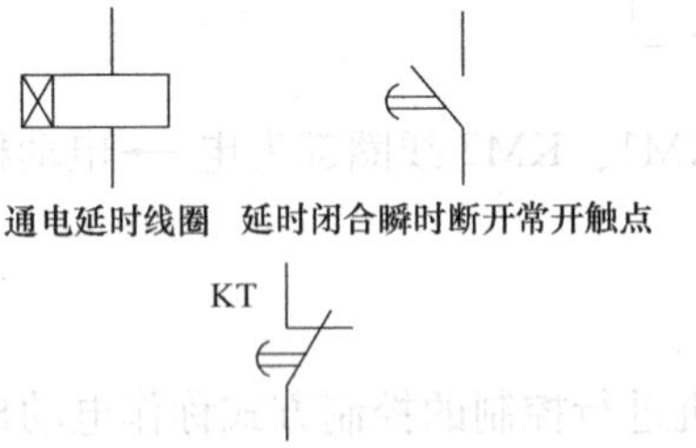	采用断电延时型时间继电器 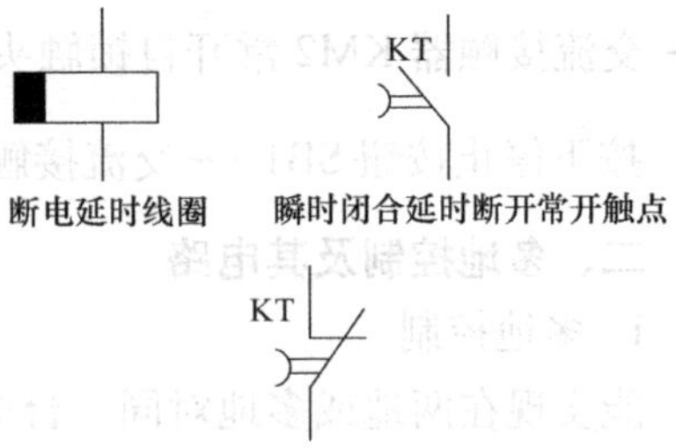
时间继电器线圈通断电后触头动作情况	时间继电器线圈通电后，瞬时触点动作（常闭触头断开，常开触头闭合），延时触点不动作并保持原状，直到计时结束延时触点才动作（延时常开触点闭合，延时常闭触点断开）并保持，直到时间继电器线圈断电后，所有的触点瞬时恢复原来的状态	时间继电器线圈通电后，瞬时触点动作（常闭触点断开，常开触点闭合），延时触点也动作（延时常开触点闭合，延时常闭触点断开）并保持，直到时间继电器线圈断电，瞬时触点动作恢复原来的状态，延时触点保持原动作状态，当计时结束后，延时触点才动作（延时常开触点恢复断开，延时常闭触点恢复闭合）

（续）

延时控制类型	通电延时控制	断电延时控制
计时起始时间及延时触点动作情况	从时间继电器线圈通电的瞬间开始计时，此时延时触点不动作并保持原状，当计时结束后，延时触点开始动作，即延时常开触点闭合，延时常闭触点断开	从时间继电器线圈断电的瞬间开始计时，此时延时触点保持原动作状态，当计时结束后，延时触点开始动作，即延时常开触点恢复断开，延时常闭触点恢复闭合

二、用时间继电器实现的笼型异步电动机Y－△减压起动自动控制电路

前面讲的电路都是控制笼型异步电动机直接起动的控制电路。对于功率较大的笼型异步电动机若直接起动，会因其起动电流较大（为额定电流的4～7倍），造成电动机绝缘损坏或烧毁电动机的故障。因此，为了降低起动电流，电动机常采用减压起动的方法。笼型异步电动机的Y－△减压起动是广泛应用的减压起动控制电路。图3-19所示为用时间继电器实现的笼型异步电动机Y－△减压起动自动控制电路。

1. 控制要求

电动机起动时将定子绕组接成Y联结，这样加到定子绕组的电压为额定电压的$1/\sqrt{3}$倍，降低了电源电压和起动电流；待电动机起动后，再把定子绕组接成△联结，这时加到定子绕组的电压为额定电压，电动机全压运行。用时间继电器控制Y联结减压起动的时间，并自动完成定子绕组Y－△联结的切换。

2. 电气原理图

用时间继电器实现的Y－△减压起动自动控制电路如图3-19所示。

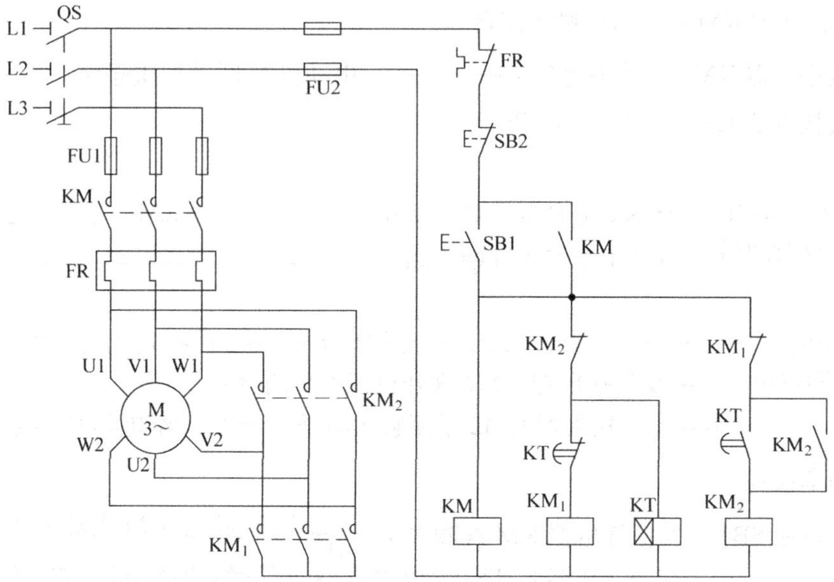

图3-19　用时间继电器实现的Y－△减压起动自动控制电路

3. 电路组成

Y－△减压起动自动控制电路所用元件及其用途见表3-13。

表 3-13 Y－△减压起动自动控制电路所用元件及其用途

序号	元件名称	数量	用途
1	组合开关 QS	1	电源开关
2	螺旋式熔断器 FU1	3	主电路的短路保护
3	螺旋式熔断器 FU2	2	控制电路的短路保护
4	交流接触器 KM	1	用 KM 主触头实现对主电路的控制
5	交流接触器 KM1	1	KM1 主触头闭合使电动机 M 的定子绕组Y联结
6	交流接触器 KM2	1	KM1 主触头闭合使电动机 M 的定子绕组△联结
7	按钮 SB1	1	控制电路起动按钮
8	按钮 SB2	1	控制电路停止按钮
9	热继电器 FR	1	对电动机 M 实现过载保护
10	时间继电器 KT	1	控制Y联结减压起动时间，并自动切换Y－△控制电路
11	三相笼型异步电动机 M	1	将电能转换成动能

4. 原理分析

（1）起动控制

合上电源开关 QS1 ⟶ 按下起动按钮 SB1 ⟶ 交流接触器 KM 线圈得电 ⟶；交流接触器 KM1 线圈得电 ⟶；时间继电器 KT 线圈得电 ⟶

⟶ 交流接触器 KM 主触头闭合；交流接触器 KM 常开自锁触头闭合

⟶ 交流接触器 KM1 主触头闭合 ⟶ 电动机 Y 联结减压起动；交流接触器 KM1 常闭触头断开

⟶ KT 线圈得电后开始计时，Δt时间后 ⟶ KT 延时常闭触头断开 ⟶ 交流接触器 KM1 线圈失电 ⟶；KT 延时常开触头闭合

⟶ 交流接触器 KM2 线圈得电 ⟶ 交流接触器 KM2 主触头闭合 ⟶ 电动机△联结运行；交流接触器 KM2 常开自锁触头闭合；交流接触器 KM2 常闭触头断开 ⟶ 时间继电器 KT 线圈失电

（2）停车控制

按下停止按钮 SB1 ⟶ 交流接触器 KM 线圈失电；交流接触器 KM2 线圈失电 ⟶ 交流接触器KM 主触头恢复断开；交流接触器KM2 主触头恢复断开 ⟶

⟶ 电动机 M 失电停转

三、根据控制要求设计延时电路

1. 控制要求

某料场有两条传送带，分别由两台三相笼型异步电动机拖动。电动机的额定功率为5.5kW，其控制要求如下：

1）在拖动第一条传送带的电动机 M1 先起动后，经过一段时间 Δt_1 后，拖动第二条传送带的电动机 M2 自动起动。

2）要求电动机 M2 停车后，再经过一段时间 Δt_2，电动机 M1 自动停车。

2. 电气原理图

延时控制电路电气原理如图 3-20 所示。

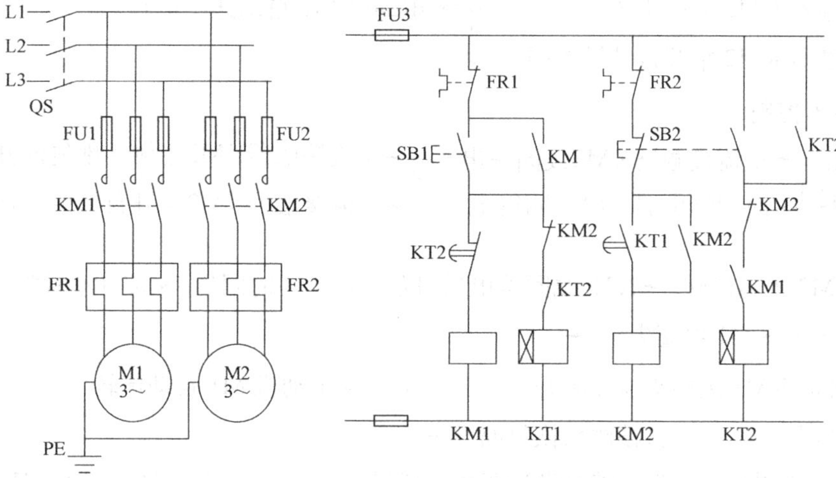

图 3-20 延时控制电路电气原理

3. 电路组成

延时控制电路所用元件及其用途见表 3-14。

表 3-14 延时控制电路所用元件及其用途

序号	元件名称	数量	用 途
1	组合开关 QS	1	电源开关
2	螺旋式熔断器 FU1	3	M1 主电路的短路保护
3	螺旋式熔断器 FU2	3	M2 主电路的短路保护
4	螺旋式熔断器 FU3	2	控制电路的短路保护
5	交流接触器 KM1	1	用 KM1 主触头实现对 M1 主电路的控制
6	交流接触器 KM2	1	用 KM2 主触头实现对 M2 主电路的控制
7	按钮 SB2	1	控制电路的停止按钮
8	按钮 SB1	1	控制电路起动按钮
9	热继电器 FR1	1	对电动机 M1 实现过载保护
10	热继电器 FR2	1	对电动机 M2 实现过载保护
11	时间继电器 KT1	1	控制时间 Δt_1，并自动起动 KM2 电路
12	时间继电器 KT2	1	控制时间 Δt_2，并自动停止电路
13	三相笼型异步电动机 M1	1	将电能转换成动能，拖动第一条传送带运行
14	三相笼型异步电动机 M2	1	将电能转换成动能，拖动第二条传送带运行

4. 原理分析

（1）起动控制

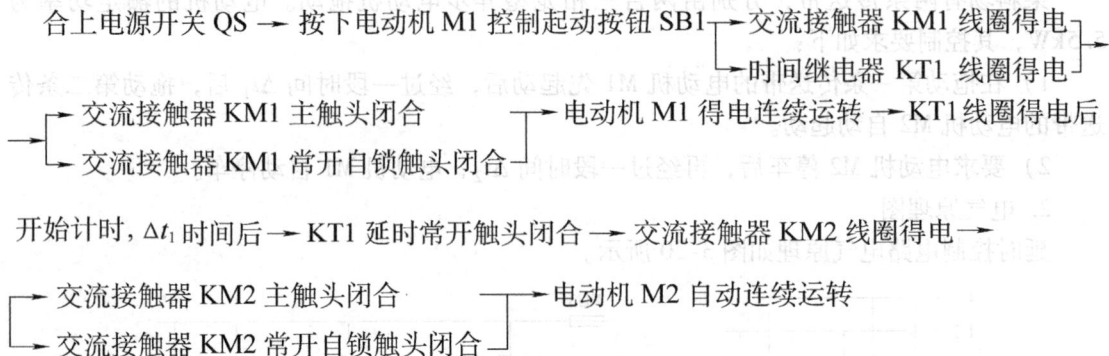

合上电源开关 QS → 按下电动机 M1 控制起动按钮 SB1 → 交流接触器 KM1 线圈得电、时间继电器 KT1 线圈得电 →

→ 交流接触器 KM1 主触头闭合、交流接触器 KM1 常开自锁触头闭合 → 电动机 M1 得电连续运转 → KT1 线圈得电后

开始计时，Δt_1 时间后 → KT1 延时常开触头闭合 → 交流接触器 KM2 线圈得电 →

→ 交流接触器 KM2 主触头闭合、交流接触器 KM2 常开自锁触头闭合 → 电动机 M2 自动连续运转

（2）停车控制

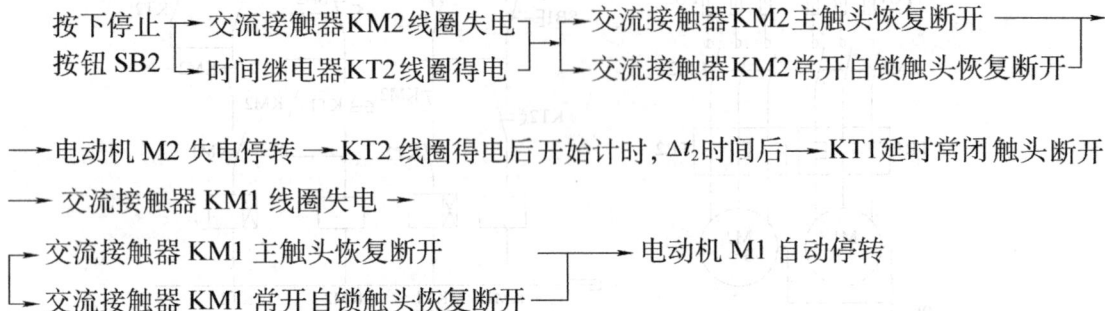

按下停止按钮 SB2 → 交流接触器KM2线圈失电、时间继电器KT2线圈得电 → 交流接触器KM2主触头恢复断开、交流接触器KM2常开自锁触头恢复断开 →

→ 电动机 M2 失电停转 → KT2 线圈得电后开始计时，Δt_2时间后 → KT1延时常闭触头断开

→ 交流接触器 KM1 线圈失电 →

→ 交流接触器 KM1 主触头恢复断开、交流接触器 KM1 常开自锁触头恢复断开 → 电动机 M1 自动停转

这里需要说明的是：为了满足设计要求，所设计的控制电路不是唯一的，但不同的控制电路都能满足同一控制要求，通过比较，选择出功能完善、优化的控制电路即可。

复习思考题

1. 什么是电气控制原理图？绘制电气原理图应遵循的原则是什么？

2. 电气安装图的作用是什么？如何绘制？

3. 电气接线图的作用是什么？绘制电气接线图应遵循的原则是什么？

4. 在电动机具有过载保护的正转控制电路中，哪一个元器件具有短路保护的作用？哪一个元器件具有过载保护的作用？哪一个元器件具有失电压、欠电压保护的作用？

5. 绘制按钮和接触器双重联锁正反转控制电路，并分析其工作原理。

6. 何为接触器的自锁触头？何为接触器的互锁触头？

7. 什么是电动机的位置控制？绘制工作台自动往返控制电路，并分析其工作原理。

8. 设计电气控制原理图。控制要求：两台电动机，一台电动机起动后，另一台电动机才能起动，两台电动机可分别停止；两台电动机均有过载保护和短路保护。

9. 按下列要求设计用按钮和接触器实现的控制电路：

1）能同时控制两台电动机同时起动和停止。

2）能分别控制两台电动机的起动和停止。

10. 按下列要求设计控制一台电动机的控制电路：

1）能分别控制电动机点动、长动和停止。

2）当按下停止按钮后要延时 10s 后才能停机。

11. 试分析图 3-21 电动机丫-△减压起动控制电路的工作原理。

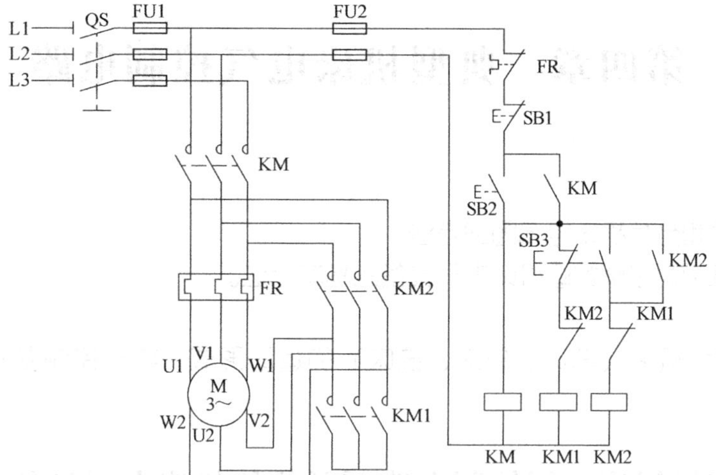

图 3-21　电动机丫-△减压起动控制电路

12. 试分析图 3-22 所示电动机能耗制动控制电路的工作原理。

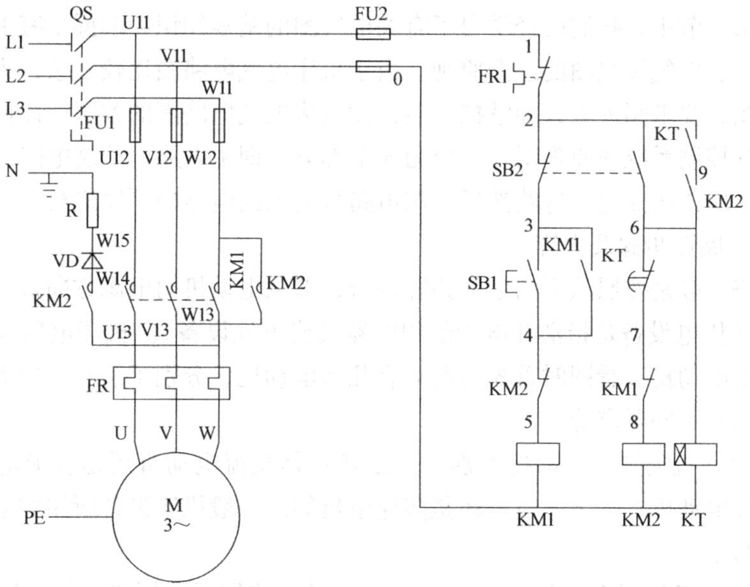

图 3-22　电动机能耗制动控制电路的工作原理

13. 按下列要求设计电气原理图：

1）电动机 M1 起动后 20s，电动机 M2 才能起动。

2）电动机 M2 起动后 10s，电动机 M1 自动停止运转，再过 10s 电动机 M2 也停止运转。

第四章　典型机床电气控制电路

本章应知

1. 学习阅读和分析机床电气图的方法。

2. 通过本章学习了解维修机床电气设备的基本方法。

本章应会

掌握几种典型机床（车床、钻床、铣床）的运动形式，电气控制要求，会分析机床电路。

第一节　识读机床电气控制电路图及维修机床电气设备的基本方法

一、阅读和分析机床电气图的方法

在第三章第一节中，我们已经学习了有关电气图的基本知识，掌握了有关绘制电气原理图、电气安装图、电气接线图的绘图原则。由于机床电气电路图比较复杂，为了正确阅读和分析机床电路图，要求阅读者必须掌握一些识读机床电气电路图的方法，以便快速、准确地识图。机床电气控制系统的原理图主要分为3个部分，即主电路、控制电路、辅助电路，在分析原理图时，应该按照先主电路然后控制电路最后辅助电路的顺序进行。

1. 主电路的阅读步骤及内容

阅读主电路一般是按照从下向上的路径进行，即从电动机向电源方向进行，看清主电路中的用电设备（用电设备是指消耗电能的用电器具或电气设备）。机床电气控制系统中的用电设备主要是指电动机。看图时首先要看清有几台电动机，分别了解它们的类别、用途、接线方式、运行及其不同要求等。

（1）搞清电动机类别　电动机类别主要是指：是交流电动机还是直流电动机；是异步电动机还是同步电动机；是单速电机还是多速电机等。一般机床设备所用的电动机以三相笼形异步电动机为主。

（2）明确电动机的用途　明确电动机在机床当中的作用，例如：是主轴电机还是进给电机；是液压泵电机还是冷却泵电机等。

（3）了解电动机绕组的联结方式　电动机的绕组有星形（Y）联结方式、三角形（△）联结方式、双星形（YY）联结方式等。

（4）清楚电动机的运行要求　运行要求是指电动机的起动、运行、调速、制动等要求。

1）电动机的起动。主要看电动机是直接起动还是降压起动，一般10kW以下的电动机可以采取直接起动方法，10kW以上的电动机，要根据变压器的功率决定是否采取减压起动。减压起动有手动和自动两种：手动一般用调压器调节电动机定子绕组上的供电电压；自动是指定子串电阻或串电抗器减压起动、自耦变压器减压起动、Y/△减压起动等。

2）电动机的运行。是看电动机是单向运行还是可逆运行，是连续还是点动运行。

3）电动机的调速。是看电动机是无级调速还是有级调速，通用机床中一般都采用有级调速。无级调速一般采用变频器，调速效果好，但成本较高；有级调速常采用在电动机定子绕组上串电阻或电抗器的方法，或利用多速电动机进行调速。

4）电动机的制动。主要看机床是采取机械制动还是采取电气制动。机械制动主要有电磁抱闸、制动离合器、制动电磁铁3种形式。电气制动常采用的有反接制动和能耗制动。

（5）搞清用电设备是用什么电气元器件控制的　控制用电设备的方法很多，有的直接用开关、断路器控制，有的用各种起动器控制，有的用接触器或继电器控制。

（6）了解主电路中所用的控制电器及保护电器　控制电器是指除接触器触头外，如电源开关（转换开关及断路器）、万能转换开关等。保护电器是指短路保护器件及过载保护器件，如断路器中电磁脱扣器及热过载脱扣器、熔断器、热继电器、过电流继电器和欠电压继电器等。

2. 控制电路阅读步骤及内容

控制电路比主电路复杂，阅读时一般是按从上到下、从左到右的顺序，并结合电路图给出的注释读图。

（1）了解控制电路的电源　首先了解电源引入方式：是从主电路直接引入还是通过变压器；是直流电还是交流电；电压等级是多少等。

（2）了解公共电路的保护措施　公共电路指的是每条支路都通过的电路，了解该电路上短路、过载、欠电压、过电流等保护措施情况。

（3）了解电动机之间的控制逻辑关系　有的机床有好几台电动机。电动机的运行存在着逻辑关系，如X62W型铣床主轴电动机不起动，进给电动机就不能起动，所以要了解清楚电动机控制的逻辑关系。

（4）了解除接触器、时间继电器线圈之外的其他元器件线圈的作用　机床电器中除了接触器、时间继电器电磁元件外，还有像离合器、电磁铁、制动器、电磁阀等电磁元件，要搞清它们在电路中的作用。

3. 辅助电路阅读步骤及内容

1）辅助电路包括电源显示，工作状态显示，照明和故障报警等部分。它们大多由控制电路中的元件来控制，因此在分析时要对照控制电路进行分析。

2）要了解照明、电源显示等辅助电路所用的电源。了解电源引入方式是从主电路或是从控制电路引入还是通过变压器引入；是直流电还是交流电供电；电压等级是多少，是否是安全电压等。

二、机床电气设备检修时的测试工具

1. 试电笔

试电笔是检验导线、电器和电气设备是否带电的一种电工常用测试工具。试电笔有钢笔式和旋具式两种。试电笔外形与结构如图4-1所示。

试电笔内装有氖泡和限流电阻，当用试电笔测试带电体时，电流经带电体、电笔的限流电阻和氖泡、人体到大地形成通电回路，只要带电体与大地之间的电位差超过60V时，电笔中的氖管就会发光。低压试电笔的测试电压范围为60～500V。使用试电笔时，应以手指

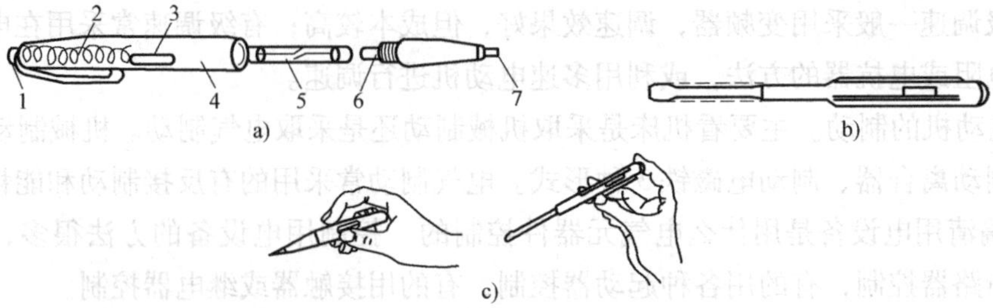

图4-1 试电笔外形与结构

a）笔式 b）旋具式 c）试电笔的正确握法

1—笔尾的金属体 2—弹簧 3—小窗 4—笔身 5—氖管 6—电阻 7—笔尖的金属体

触及笔尾的金属体，使氖管小窗背光朝向自己。

用试电笔检查故障时，在主电路从电源侧顺次往负载侧进行；在控制电路中从电源往线圈方向进行（在检测分析中应注意电源从线圈的另一端返回的可能）。

试电笔仅需很小的电流就能使氖管发亮，一般绝缘不好而产生的漏电流及处在强电场附近都能使氖泡发亮，这些情况要与所测电路是否确定有电加以区别。

试电笔除可用来测试相线（火线）和中性线（地线）之外，还有下列用途：

（1）区别电压的高低 测试时可以根据氖管发亮的强弱程度来估计电压的高低。

（2）区别直流电与交流电 交流电通过试电笔时，氖管里的两个极同时发亮；直流电通过试电笔时，氖管里两个电极只有一个发亮。

（3）区别直流电的正负极 把试电笔连接在直流电路的正负极之间，氖管发亮的一端即为直流电的负极。

（4）检查相线碰壳 用试电笔触及电气设备的壳体，若氖管发亮，则是相线碰壳且壳体的安全接地或安全接零不好。

2. 试灯

试灯又称“校灯”，通常用带有接线的白炽灯（灯泡）作试灯。利用试灯可检查电路的电压是否正常，电路有否断路或接触不良等故障。使用试灯时要注意灯泡的电压与被测部位的电压相符，电压过高会烧坏灯泡，电压过低时灯泡不亮。一般用于查找断路故障时，使用较小功率的灯泡为宜，而查找接触不良的故障时，宜采用较大功率的灯泡（150～200W），这样可根据灯泡的亮、暗程度来分析故障情况。一般检查220V电路时，用一只220V灯泡；检查380V的电路时，可用两只220V的灯泡串联。

3. 万用表

万用表可以测量交、直流电压及直流电流和电阻，有的万用表还可以测量交流电流、电感、电容等。

使用万用表时应注意的事项如下：

1）使用前应先检查指针是否在零位，如不在零位，应旋转调零旋钮，使指针指示在零位。测量电阻之前，应将被测电阻的电源切断，然后将选择开关旋至“Ω”挡内，将两支表棒短接，指针应向右偏转，调节调零旋钮使指针指向“0Ω”。如短接表棒，指针调不到

“0Ω”时，说明表内电池电压不足，应调换新电池。

2）根据测量对象，将选择开关旋至相应的位置。特别要注意在测量电压时，不得将选择开关置于电流或电阻挡，否则将会损坏仪表的表头。

3）测量电压或电流时，应先估计一下被测量的数值大小，将量程选择开关旋至相应的位置。如果事先估计不出，可先用最大的量程逐步向小量程调试，以减小测量误差。

4）红表棒的另一端插在“+”号插孔内，黑表棒的另一端插在“-”号插孔。测量直流时，红表棒接被测电源的正极，黑表棒接电源的负极。测量交流时，表棒可以接电源任意极。

5）测量直流电时，应先弄清被测电路的极性，如果不清楚的话，可先用最大量程触试一下，观察指针的偏转方向，来判断极性。

6）万用表用毕后，应将选择开关置于交流电压的量程最高的一挡，可避免下次使用时，由于不注意直接测量电压而损坏仪表。当电表长期搁置不用时，应将表内电池取出，防止因电池腐蚀而影响表内其他零件。

三、检修机床电气故障的步骤

1. 故障调查

（1）问　机床发生故障后，首先应向操作者了解故障发生的前后情况，再根据电气设备的工作原理来分析发生故障的原因。一般询问的内容有：故障发生在开车前、开车后，还是发生在运行中；是运行中自行停车，还是发现异常情况后由操作者停下来的；发生故障时，机床工作在什么工作顺序，按动了哪个按钮，扳动了哪个开关；故障发生前后，设备有无异常现象（如响声、气味、冒烟或冒火等）；以前是否发生过类似的故障，是怎样处理的等。

（2）看　看熔断器内熔丝是否熔断，其他电气元件有无烧坏、发热、断线，导线连接螺钉有否松动，电动机的转速是否正常。

（3）听　听电动机、变压器和有些电气元件在运行中声音是否正常，可以帮助寻找故障的部位。

（4）摸　电动机、变压器和电气元件的线圈发生故障时，温度显著上升，可切断电源后用手去触摸。

2. 用逻辑分析法确定并缩小故障范围

检修简单的电气控制电路时，对每个电气元件、每根导线逐一进行检查，一般能很快找到故障点。但对复杂的电路而言，往往有上百个元件，成千条连线，若采取逐一检查的方法，不仅需耗费大量的时间，而且也容易漏查。在这种情况下，若根据电气原理图，采用逻辑分析法，对故障现象作具体分析，划出可疑范围，提高维修的针对性，就可以收到准而快的效果。

3. 断电检查

检查前先断开机床总电源，然后根据故障可能产生的部位，逐步找出故障点。检查时，应先检查电源线进线处有无碰伤而引起的电源接地、短路等现象，查螺旋式熔断器的熔断指示器是否跳出，热继电器是否动作。然后，检查电器外部有无损坏，连接导线有无断路、松动，绝缘有否过热或烧焦。

4. 通电检查

作断电检查仍未找到故障时，可对电气设备作通电检查。在通电检查时要尽量使电动机和其所传动的机械部分脱开，将控制器和转换开关置于零位，行程开关还原到正常位置，再进行通电检查。在通电时，必须注意人身和设备的安全；要遵守安全操作规程，不得随意触动带电部分；要尽可能切断电动机主电路电源，只在控制电路带电的情况下进行检查；如需电动机运转，则应使电动机在空载下运行，以避免机械的运动部分发生误动作和碰撞；要暂时隔断有故障的主电路，以免故障扩大，并预先充分估计到局部电路动作后可能发生的不良后果。

四、机床电气故障的检修方法

为了更准确地检查机床电气故障，通常用测量法来确定故障点。测量法是维修电工用来准确确定故障点的一种行之有效的检查方法。常用的测试工具和仪表有校验灯、试电笔、万用表、钳形电流表、绝缘电阻表等，主要通过对电路进行带电或断电时的有关参数如电压、电阻、电流等的测量，来判断电气元件的好坏、设备的绝缘情况以及电路的通断情况。随着科学技术的发展，测量手段也在不断地更新。

在用测量法检查故障点时，一定要保证各种测量工具和仪表完好，使用方法正确，还要注意防止感应电、回路电及其他并联支路的影响，以免产生误判断。下面就几种常用的、简便的检修方法给予介绍。

1. 试电笔检修法

试电笔检修断路故障的方法如图4-2所示。

检修时，接通电源并按下起动按钮SB2，用试电笔依次测试1、2、3、4、5、6、7各点，测量到哪一点试电笔不亮即为断路处。

用试电笔测试断路故障应注意：

1）有一端接地的220V电路中，测量时应从电源侧开始依次测量，并注意观察试电笔的亮度，防止由于外部电场、泄漏电流造成氖管发亮而误认为电路没有断路。

2）当检查380V且有变压器的控制电路中的熔断器是否熔断时，防止由于电源通过另一相熔断器和变压器的一次线圈回到已熔断的熔断器的出现端，造成熔断器没有熔断的假象。

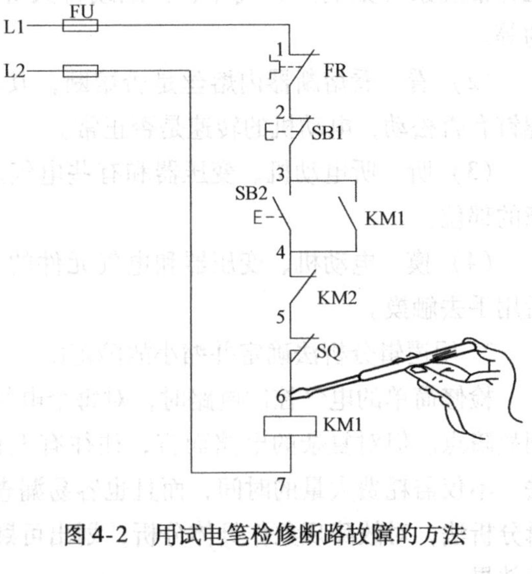

图4-2　用试电笔检修断路故障的方法

2. 试灯检修法

检修时，接通电源并按下起动按钮SB2，将试灯一端接0号线端子上，另一端依次接1、2、3、4、5、6逐点测试，测量到哪一点试灯不亮，则亮端与不亮端之间即为断路处。如当试灯接在2号线时，灯亮；而当试灯接在3号线时，灯不亮，则说明2号线与3号线之间的常闭按钮 SB1 断路，如图 4-3 所示。

用试灯检修故障应注意：

1）试灯检修故障时，要注意灯泡的电压与被测部位的电压相符，被测电压过高会烧坏灯泡，被测电压过低时灯泡不亮。一般检查 220V 电路时，用一只额定电压为 220V 的灯泡为试灯即可；检查 380V 的电路时，可用两只 220V 的灯泡串联做成试灯。

2）用试灯检查故障时，还应注意灯泡的功率，一般查找断路故障时使用小功率（10～60W）的灯泡为宜，而查找接触不良而引起的故障时，应用较大功率（150～200W）的灯泡。

3. 万用表检修法

（1）电压测量法　检查时把万用表的选择开关旋到交流电压“V～”挡位上，并根据被测电压选择相应的量程，测 380V 电压选择 500V 量程。

1）电压的分阶测量法。电压的分阶测量法如图 4-4 所示。这种测量方法像台阶一样，所以称为分阶测量法。

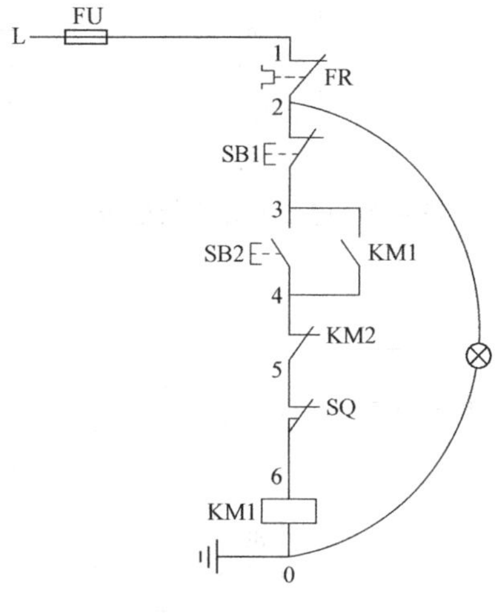

图 4-3　试灯检修故障法

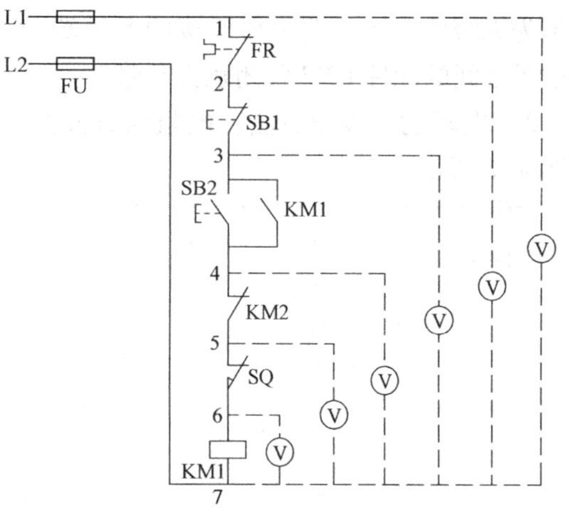

图 4-4　电压的分阶测量法

检查时，接通电源并按下起动按钮 SB2，首先用万用表测量 1、7 两点间的电压，若电路正常，电压应为 380V；然后按住起动按钮 SB2 不放，同时将黑表棒接到 7 号线上，红色表棒依次接到 2、3、4、5、6 标号端子上，分别测量 7—2、7—3、7—4、7—5、7—6 各点之间的电压，电路正常情况下，各点的电压值均为 380V。如测到 7—5 之间的电压为 380V，测到 7—6 之间无电压（电压为 0），则说明行程开关 SQ 的常闭触头（5—6 之间）断路。

2）电压的分段测量法。电压的分段测量法如图 4-5 所示。

检查时，首先接通电源并用万用表测试 1—7 两点电压，若电压值为 380V，说明 L1 和 L2 之间的电源电压正常。

电压的分段测试法是将红、黑两根表棒逐段测量相邻两标点 1—2、2—3、3—4、4—5、5—6、6—7 间的电压。如电路正常，除 6—7 两点间的电压为 380V 外，其他任何相邻两点间的电压值均为零。

如按下起动按钮 SB2，接触器 KM1 不吸合，说明发生断路故障，此时可用电压表逐段测试各相邻两点间的电压。如测量到某相邻两点间的电压为 380V 时，说明这两点间有断路故障。

（2）电阻测量法　检查时把万用表的选择开关旋到电阻挡“R×1k”的量程位上。

1）电阻的分阶测量法。电阻的分阶测量法如图4-6所示。

接通电源并按下起动按钮SB2，若接触器KM1不吸合，说明该电气回路有断路故障。

用万用表的电阻挡检测前应先断开电源，然后按下SB2不放，先测量1—7两点间的电阻，如电阻值为无穷大，说明1—7之间的电路断路。然后分阶测量1—2、1—3、1—4、1—5、1—6各点间电阻值。若电路正常，则该两点间的电阻值为“0”；当测量到某标号间的电阻值为无穷大，则说明表棒所接的前端元件或连接导线断路。如当测量1—4之间的阻值为“0”，而1—5之间的阻值为无穷大，则说明表棒所接的5号端子与4号端子之间的元件KM2常闭触头断路。

2）电阻的分段测量法。电阻的分段测量法如图4-7所示。

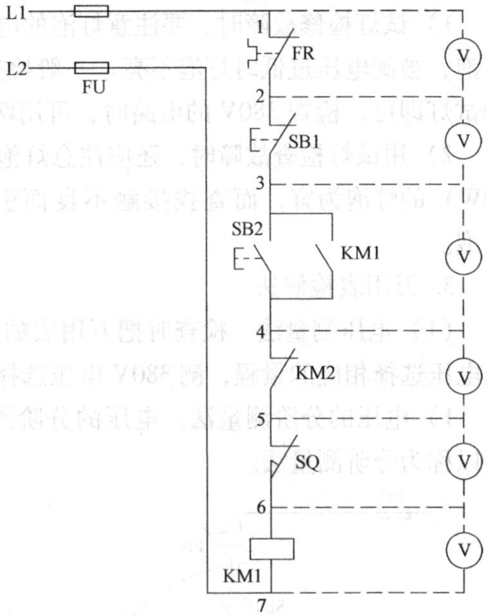

图4-5　电压的分段测量法

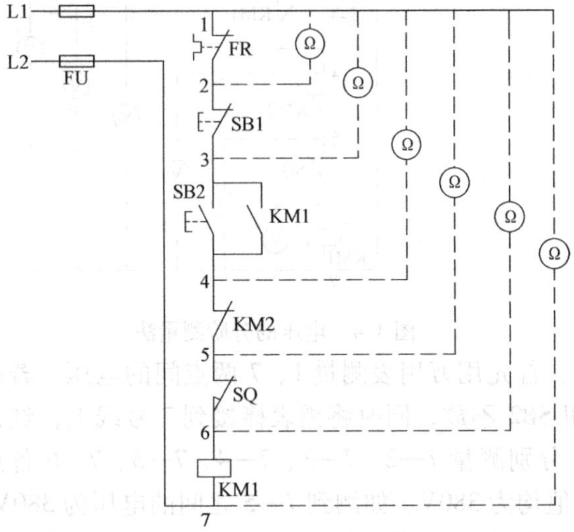

图4-6　电阻的分阶测量法

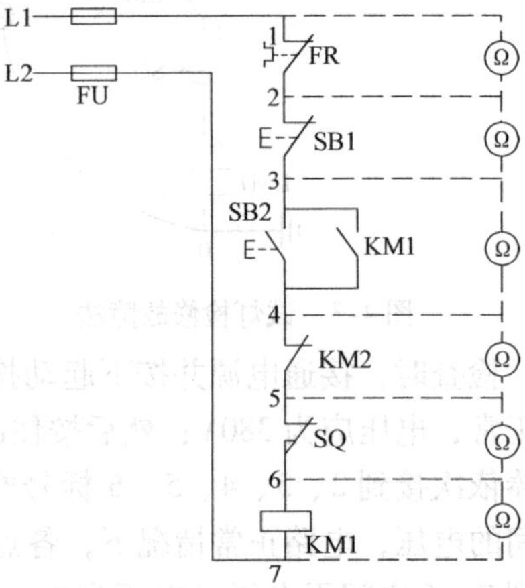

图4-7　电阻的分段测量法

检查时，先切断电源，按下起动按钮SB2，然后依次逐段测量相邻两标号点1—2、2—3、3—4、4—5、5—6间的电阻。如测得某两点的电阻为无穷大，说明这两点间的触头或连接导线断路。例如当测得2—3两点间电阻为无穷大时，说明停止按钮SB1损坏或连接SB1的导线断路。

电阻测量法的优点是安全，缺点是测得的电阻值不准确时，容易造成判断错误。为此应注意以下几点：

① 用电阻测量法检查故障时一定要断开电源。

② 如被测的电路与其他电路并联时，必须将该电路与其他电路断开，否则所测得的电阻值不准确的。

③ 测量高电阻值的电器元件时，把万用表的选择开关旋转至合适的电阻挡。

4. 短接检修法

短接检修法是用一根绝缘良好的导线，把所怀疑的断路部位短接，如短接过程中，电路被接通，就说明短接处为断路。

（1）局部短接法　局部短接法检查断路故障如图 4-8 所示。

按下起动按钮 SB2 时，接触器 KM1 不吸合，说明该电路有断路故障。检查时先用万用表电压挡测量 1—7 两点间电压值。若电压正常，可按下起动按钮 SB2 不放，然后用一根绝缘良好的导线，分别短接 1—2、2—3、3—4、4—5、5—6。当短接到某两点时，接触器 KM1 吸合，说明断路故障就在这两点之间。

（2）长短接法　用长短接法检修断路故障如图 4-9 所示。

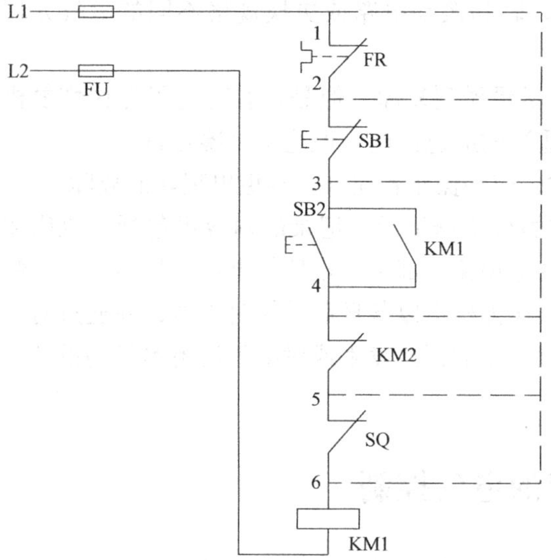

图 4-8　局部短接法检修故障

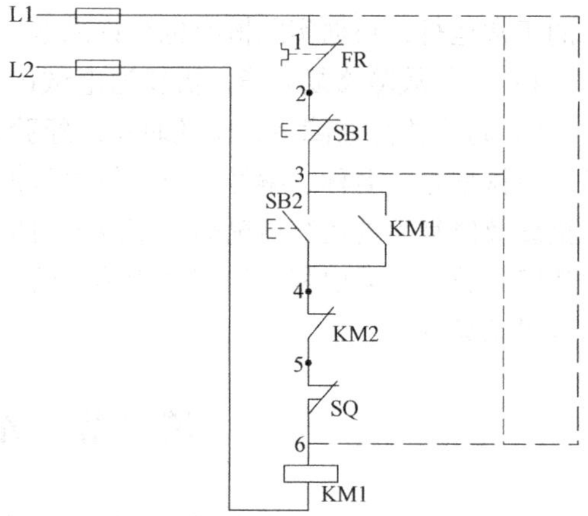

图 4-9　长短接法检修断路故障

长短接法是指一次短接两个或多个触头来检查断路故障的方法。例如当 FR 的常闭触头和 SB1 的常闭触头同时接触不良，用上述局部短接法短接 1—2 点，按下起动按钮 SB2，KM1 仍然不会吸合，故可能会造成判断错误。采用长短接法将 1—6 短接，如 KM1 吸合，说明 1—6 段电路中有断路故障，然后再短接 1—3 和 3—6。若短接 1—3 时，按下 SB2 后，KM1 吸合，说明故障在 1—3 段范围内，再用局部短路法短接 1—2 和 2—3，很快能将断路故障排除。

短接法检查断路故障时应注意以下几点：

1）短接法是用手拿绝缘导线带电操作的，所以一定要注意安全，避免触电事故发生。

2）短接法只适用于检查压降极小的导线和触头之间的断路故障。对于压降较大的电器，如电阻、接触器和继电器的线圈等断路故障，不能采用短接法，否则会出现短路故障。

3）对于机床的某些要害部位，必须在保障电气设备或机械部位不会出现事故的情况下才能使用短接法。

以上所述检查分析电气设备故障的方法，应根据故障的性质和具体情况灵活选用。断电检查多采用电阻法，通电检查多采用电压法。各种方法可交叉使用，以便迅速有效地找出故障点。

五、机床电气故障修复及注意事项

当找出电气设备的故障点后，就要着手进行修复、试运转、记录等，然后交付使用，但必须注意如下事项：

1）在找出故障点和修复故障时，应注意不能把找出的故障点作为寻找故障的终点，还必须进一步分析查明产生故障的根本原因。例如，在处理某台电动机因过载烧毁的事故时，决不能认为将烧毁的电动机重新修复或换上一台同型号的新电动机就算完事，而应进一步查明电动机过载的原因，到底是因负载过重，还是电动机选择不当如功率过小所致，因为两者都将导致电动机过载。所以在处理故障时，修复故障应在找出故障原因并排除之后进行。

2）找出故障点后，一定要针对不同故障情况和部位相应采取正确的修复方法，不要轻易采用更换电气元器件和补线等方法，更不允许轻易改动电路或更换规格不同的电气元器件，以防止产生人为故障。

3）在故障点的修理工作中，一般情况下应尽量做到复原。但是，有时为了尽快恢复机床的正常运行，根据实际情况也允许采取一些适当的应急措施，但绝不可凑合行事。

4）电气故障修复完毕，需要通电试运行时，应和操作者配合，避免出现新的故障。

5）每次排除故障后，应及时总结经验，并做好维修记录。记录的内容可包括：机床型号、机械型号、名称、编号、故障发生日期、故障现象、部位、损坏的电器、故障原因、修复措施及修复后的运行情况等。记录的目的是：作为档案以备日后维修时参考，并通过对历次故障的分析，采取相应的有效措施，防止类似事故的再次发生或对电气设备本身的设计提出改进意见等。

第二节　车床的电气控制

车床是一种应用极为广泛的金属切削机床。车床按照主轴的位置分为卧式车床和立式车床两种。卧式车床的主轴与导轨相平行，它能够车削外圆、内圆、端面、螺纹以及倒角、切断和割槽等，并可以装上钻头或铰刀进行钻孔和铰孔等加工。立式车床的主轴垂直布置，并有一个直径很大的圆工作台供装夹工件用，主要用于加工径向尺寸大、轴向尺寸相对较小的大型和重型零件，如各种机架、机壳、盘、轮类零件。下面以卧式车床 CA6140 为例讲解其构造、运动形式，并了解机床控制要求以及分析其电气控制电路。

一、CA6140 型卧式车床的型号、构造及运动形式

1. CA6140 型卧式车床型号的意义

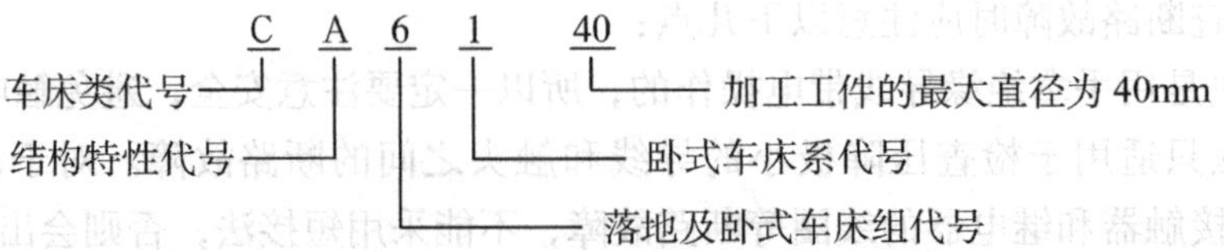

2. CA6140 型卧式车床的主要结构

CA6140 型卧式车床主要由床身、主轴箱、进给箱、溜板箱、刀架、丝杠、光杠、尾架等部分组成。其外形如图 4-10 所示。

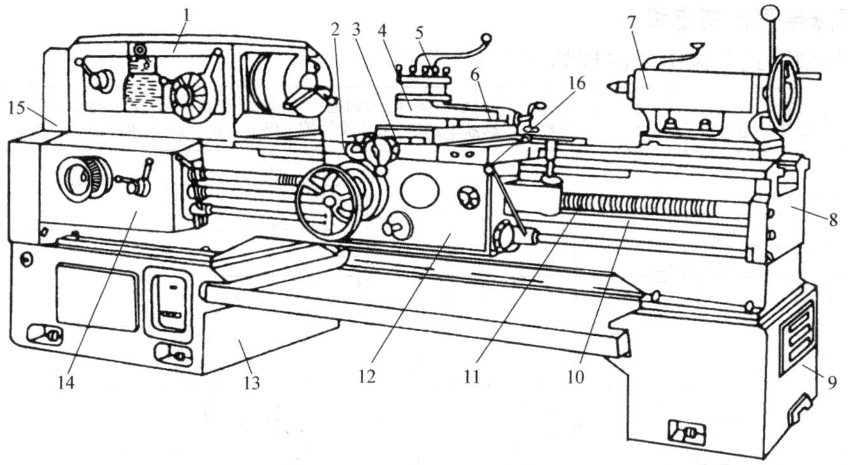

图 4-10　CA6140 型卧式车床外形

1—主轴箱　2—纵溜板　3—横溜板　4—转盘　5—方刀架　6—小溜板　7—尾架　8—床身　9—右床座　10—光杠　11—丝杠　12—溜板箱　13—左床座　14—进给箱　15—挂轮架　16—操纵手柄

3. 运动形式

车床的切削运动形式包括主运动、进给运动、辅助运动 3 种形式。

（1）车床的主运动　它是指工件的旋转运动（主轴通过卡盘或顶尖带动工件进行旋转）。主轴的旋转是由主轴电动机经传动机构拖动的。车削加工时，根据加工工件的材料性质、车刀材料及几何形状、工件直径、加工方式及冷却条件的不同，要求主轴在一定的范围内变速。另外，为了加工螺纹等工件，还要求主轴能够正反转。

（2）车床的进给运动　它是刀架带动刀具的横向或纵向的直线运动。刀架的进给运动也是由主轴电动机拖动的，其运动方式有手动和自动两种。在进行螺纹加工时，工件的旋转速度与刀架的进给速度之间应有严格的比例关系，因此，车床刀架的横向或纵向的两个方向进给运动是由主轴箱输出轴经交换齿轮箱、进给箱、光杠传入溜板箱而获得的。

（3）车床的辅助运动　它是指车床上切削运动以外的其他一切必需的运动，如刀架的快速移动、尾座的纵向移动、工件的夹紧与放松等。

二、CA6140 型卧式车床电气控制要求

1）主轴拖动电动机选用三相笼型异步电动机，为了保证主运动与进给运动之间的严格比例关系，只采用一台电动机来拖动。主轴的调速通常采用齿轮变速器与主轴电动机的连接来实现的，属于机械有级调速。CA6140 型车床的主轴正转速度有 24 种（10 ~ 1400r/min），反转速度有 12 种（14 ~ 1580r/min）。

2）车削螺纹时，要求主轴有正转和反转运动。主轴的正反转是采用多片摩擦离合器的机械方法来实现的。

3）主轴电动机的起动、停止采用按钮操作。

4）车削加工时，刀具及工件都可能产生高温，需要进行冷却。为此应该配有冷却泵电动机，使冷却液循环进行冷却，且要求在主轴电动机起动后，冷却泵电动机才能起动，而当主轴电动机停止时，冷却泵电动机应立即停止。

5）必须有过载、短路、欠电压、失电压保护措施。

6）具有安全的局部照明装置。

三、机床电气控制电路

CA6140 型卧式车床电气原理如图 4-11 所示。

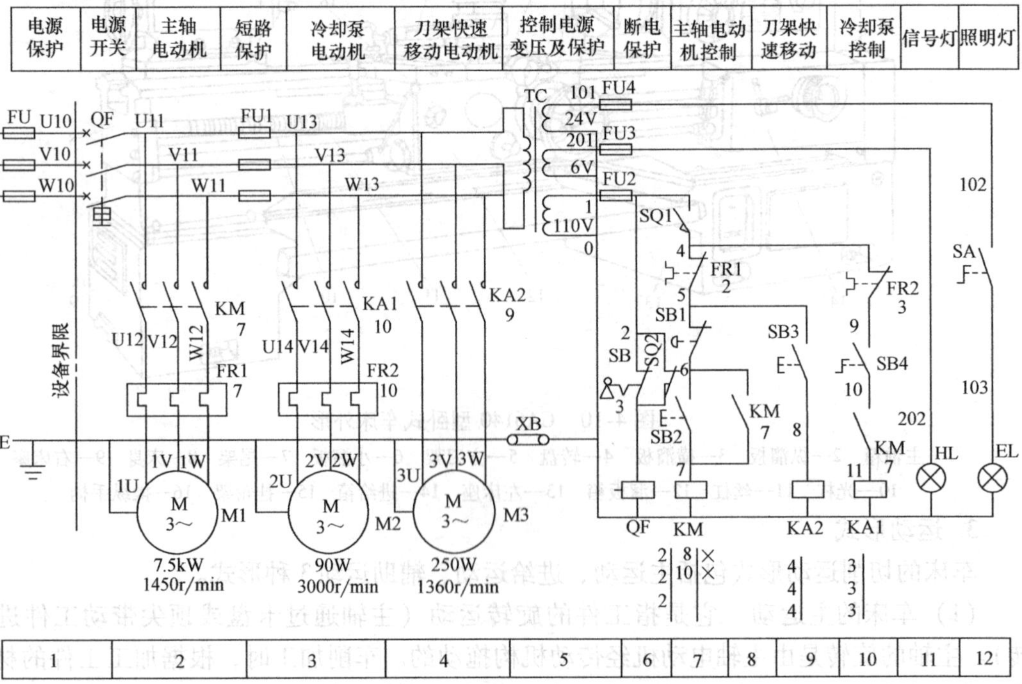

图 4-11　CA6140 型卧式车床电气原理

四、电路组成

CA6140 型卧式车床电气元件明细表见表 4-1。

表 4-1　CA6140 型卧式车床电气元件明细表

代号	名称	型号及规格	数量	用途	备注
M1	主轴电动机	Y132M—4—B3，7.5kW，1450r/min	1	主传动用	
M2	冷却泵电动机	AOB—25，90W，3000r/min	1	输送冷却液用	
M3	快速移动电动机	AOS5634，250W，1360r/min	1	溜板快速移动用	
FR1	热继电器	JR16—20/3D，15.4A	1	M1 的过载保护	
FR2	热继电器	JR16—20/3D，0.32A	1	M2 的过载保护	
KM	交流接触器	CJ0—20B，线圈电压 110V	1	控制 M1	
KA1	中间继电器	JZ7—44，线圈电压 110V	1	控制 M2	
KA2	中间继电器	JZ7—44，线圈电压 110V	1	控制 M3	
SB1	按钮	LAY3—01ZS/1	1	停止 M1	
SB2	按钮	LAY3—10/3.11	1	起动 M1	
SB3	按钮	LA9	1	起动 M3	
SB4	旋钮开关	LAY3—10X/2	1	控制 M2	
SQ1、SQ2	位置开关	JWM6—11	2	断电保护	门限保护

（续）

代号	名称	型号及规格	数量	用途	备注
HL	信号灯	ZSD—0，6V	1	电源信号显示	
QF	断路器	AM2—40，20A	1	三相电源引入	
TC	控制变压器	JBK2—100，380V/110V/24V/6V	1	控制电路、辅助电路电源引入	110V，50V·A 24V，45V·A

五、机床电路分析

1. 主电路分析

1）主电路共有3台电动机：M1为主轴电动机，带动主轴旋转和刀架作进给运动；M2为冷却泵电动机，用以输送切削液；M3为刀架快速移动电动机。将钥匙开关SB向右旋转，再扳动断路器QF将三相电源引入。

2）主轴电动机M1由接触器KM控制，热继电器FR1作其过载保护，熔断器FU作其短路保护，接触器KM作失电压和欠电压保护。

3）冷却泵电动机M2由中间继电器KA1控制，热继电器FR2作为它的过载保护。

4）刀架快速移动电动机M3由中间继电器KA2控制，由于是点动控制，故未设过载保护。FU1作为冷却泵电动机M2、快速移动电动机M3和控制变压器TC的短路保护。

2. 控制电路分析

控制电路的电源由控制变压器TC二次侧输出的110V电压提供。在正常工作时，位置开关SQ1的常开触头闭合。打开床头皮带罩后，SQ1断开，切断控制电路电源，以确保人身安全。钥匙开关SB和位置开关SQ2在正常工作时是断开的，QF线圈不通电，断路器QF能合闸。打开配电盘壁龛门时，SQ2闭合，QF线圈获电，断路器QF自动断开。

（1）主轴电动机M1的控制

1) M1起动：

按下SB2→KM线圈得电→
- KM的自锁触头（8区）闭合 ┐
- KM主触头（2区）闭合 ┴→ 主轴电动机M1起动运转
- KM常开辅助触头（10区）闭合，为KM1得电作准备

2) M1停止：

按下SB1 → KM线圈失电 → KM主触头复位断开 → M1失电停转

（2）冷却泵电动机M2的控制　由于主轴电动机M1和冷却泵电动机M2在控制电路中采用顺序控制，所以只有当主轴电动机M1起动后，即KM常开触头（10区）闭合，合上旋钮开关SB4，冷却泵电动机M2才可能起动。当M1停止运行时，M2自行停止。

（3）刀架快速移动电动机M3的控制

刀架快速移动电动机M3的起动是由安装在进给操作手柄顶端的按钮SB3控制，它与中间继电器KA2组成点动控制电路。刀架移动方向（前、后、左、右）的改变，是由进给操作手柄配合机械装置实现的。如需要快速移动，按下SB3即可。

3. 照明、信号电路分析

控制变压器TC的二次侧分别输出24V和6V电压，作为车床低压照明灯和信号灯的电源。EL作为车床的低压照明灯，由开关SA控制；HL为电源信号灯。它们分别由FU4和FU3作为短路保护。

六、常见故障分析

1. 主轴电动机 M1 不能起动

1）按起动按钮 SB2 后，接触器 KM 没吸合，主轴电动机 M1 不能起动，故障的原因必定在控制电路中，可依次检查熔断器 FU2，热继电器 FR1 的常闭触头，停止按钮 SB1，起动按钮 SB2 和接触器 KM 的线圈是否断路。

2）按起动按钮 SB2 后，接触器 KM 吸合，但主轴电动机 M1 不能起动，故障的原因必定在主电路中，可依次检查接触器 KM 的主触头，热继电器 FR1 的热元件接线端及三相电动机的接线端。

2. 主轴电动机 M1 不能停车

这类故障的原因多数是因接触器 KM 的铁心极面上的油污使上下铁心不能释放或 KM 的主触头发生熔焊，或停止按钮 SB1 的常闭触头短路所致。

3. 刀架快速移动电动机 M3 不能起动

按点动按钮 SB3，中间继电器 KA2 没吸合，则故障必定在控制电路中，这时可用万用表进行分阶电压测量法，依次检查点动按钮 SB3 及中间继电器 KA2 的线圈是否断路。

第三节　摇臂钻床的电气控制

钻床是一种用途广泛的孔加工机床，它主要用于钻削精度要求不高的孔，另外还可以用来扩孔、铰孔、镗孔以及攻螺纹等。钻床的结构形式很多，有立式钻床、卧式钻床、台式钻床、深孔钻床等。摇臂钻床是一种立式钻床，它适用于单件或批量生产中带有多孔的大型零件的孔加工。下面以 Z3050 型摇臂钻床为例进行分析。

一、Z3050 型摇臂钻床的主要结构及运动形式

1. 型号意义

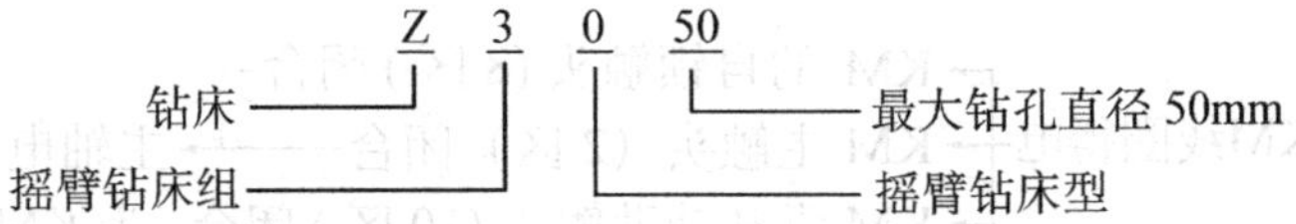

2. Z3050 型摇臂钻床的主要结构

Z3050 型摇臂钻床的外形如图 4-12 所示。

Z3050 型摇臂钻床主要由底座、内立柱、外立柱、摇臂、主轴箱、主轴和工作台等组成。内立柱固定在底座上，在它外面套着空心的外立柱。外立柱可绕着内立柱回转 360°，摇臂一端的套筒部分与外立柱滑动配合，借助于丝杆，摇臂可沿外立柱上下移动，但两者不能作相对转动，所以摇臂与外立柱是一起相对内立柱回转的。

主轴箱是一个复合的部件，它包括主轴及主轴旋转和主轴进给的全部传动、变速和操作机构。主轴箱安装于摇臂的水平导轨上，可通过手轮操作使它沿着摇臂的水平导轨作径向移

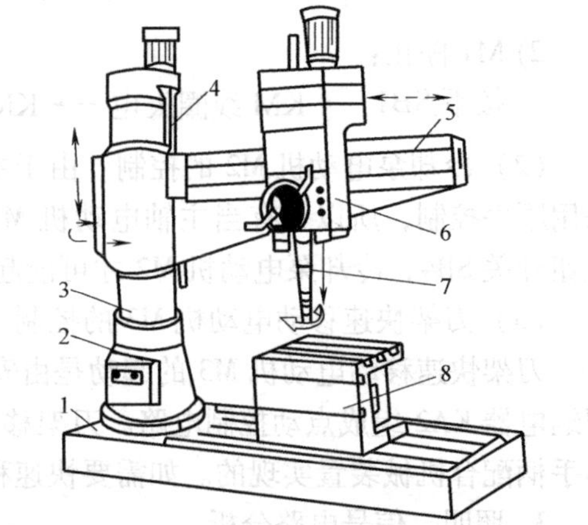

图 4-12　Z3050 型摇臂钻床的外形
1—底座　2—外立柱　3—内立柱　4—摇臂升降丝杠
5—摇臂　6—主轴箱　7—主轴　8—工作台

动。加工时，可利用夹紧机构将外立柱紧固在内立柱上，摇臂紧固在外立柱上，主轴箱紧固在摇臂导轨上，然后进行钻削加工。

3. Z3050 型摇臂钻床的运动形式

摇臂钻床的运动形式包括主运动、进给运动和辅助运动 3 种形式。

（1）主运动　它是指主轴带动钻头的旋转运动，由主轴电动机（M1）驱动。

（2）进给运动　它是指钻头的上下运动。摇臂升降由摇臂升降电动机（M2）驱动。

（3）辅助运动　它是指主轴箱沿摇臂的水平移动、摇臂沿外立柱的上下移动以及摇臂与外立柱一起相对内立柱的回转运动。

二、Z3050 型摇臂钻床电气控制要求

1）主轴由主轴电动机（M1）驱动。主轴电动机（M1）正反转是由正反转摩擦离合器来实现的，通过操纵安装在主轴箱下端的操纵手柄、手轮，能实现主轴正反转、停车（制动）、变速、进给、空挡等控制主轴转速和进给量。只要求主轴电动机（M1）能单相正转。

2）摇臂上升、下降是由摇臂升降电动机（M2）正、反转实现的，因此要求电动机 M2 能双向起动，同时为了设备安全，应具有限位保护。

3）机床加工时，对主轴箱、摇臂及内、外立柱的夹紧由液压泵电动机（M3）作动力，它是采用液压驱动的菱形块夹紧机构实现夹紧、放松功能的，要求液压泵电动机能双向旋转。

4）钻削加工时，需要对刀具及工件进行冷却，由冷却泵电动机（M4）拖动冷却泵输送切削液，要求冷却泵电动机（M4）单向起动。

5）摇臂采用自动夹紧和放松控制，要保证摇臂在放松状态下进行升降并有夹紧、放松指示。

三、Z3050 型摇臂钻床电气控制电路

Z3050 型摇臂钻床电气控制电路见图 4-13。

四、Z3050 型摇臂钻床电气控制电路组成

Z3050 型摇臂钻床的电气元件明细表见表 4-2。

五、机床电路原理分析

1. 主电路分析

1）Z3050 型摇臂钻床共有由 4 台电动机，除冷却泵电动机采用断路器直接起动外，其余的 3 台电动机均采用接触器控制起动。

2）M1 是主轴电动机，由交流接触器 KM1 控制，只要求单方向旋转，主轴的正、反转由机械手柄操作。M1 装在主轴箱顶部，拖动主轴及进给传动系统运转。用热继电器 FR1 作过载保护，短路保护由断路器 QF1 中的电磁脱扣装置来完成。

3）M2 为摇臂升降电动机，装于立柱顶部，用交流接触器 KM2 和 KM3 控制，能实现正反转控制。因该电动机是短时间工作，故不设过载保护。

4）M3 为液压泵电动机，用交流接触器 KM4 和 KM5 控制，能实现正反转控制，用热继电器 FR2 作过载保护。该电动机的主要作用是拖动液压泵供给液压装置液压油，实现摇臂和立柱的夹紧和放松。M2 和 M3 电动机的短路保护共用断路器 QF3 中的电磁脱扣装置来完成。

5）M4 为冷却泵电动机，功率很小，由断路器 QF2 直接控制起动和停止，故不设过载保护，只能单方向运转。

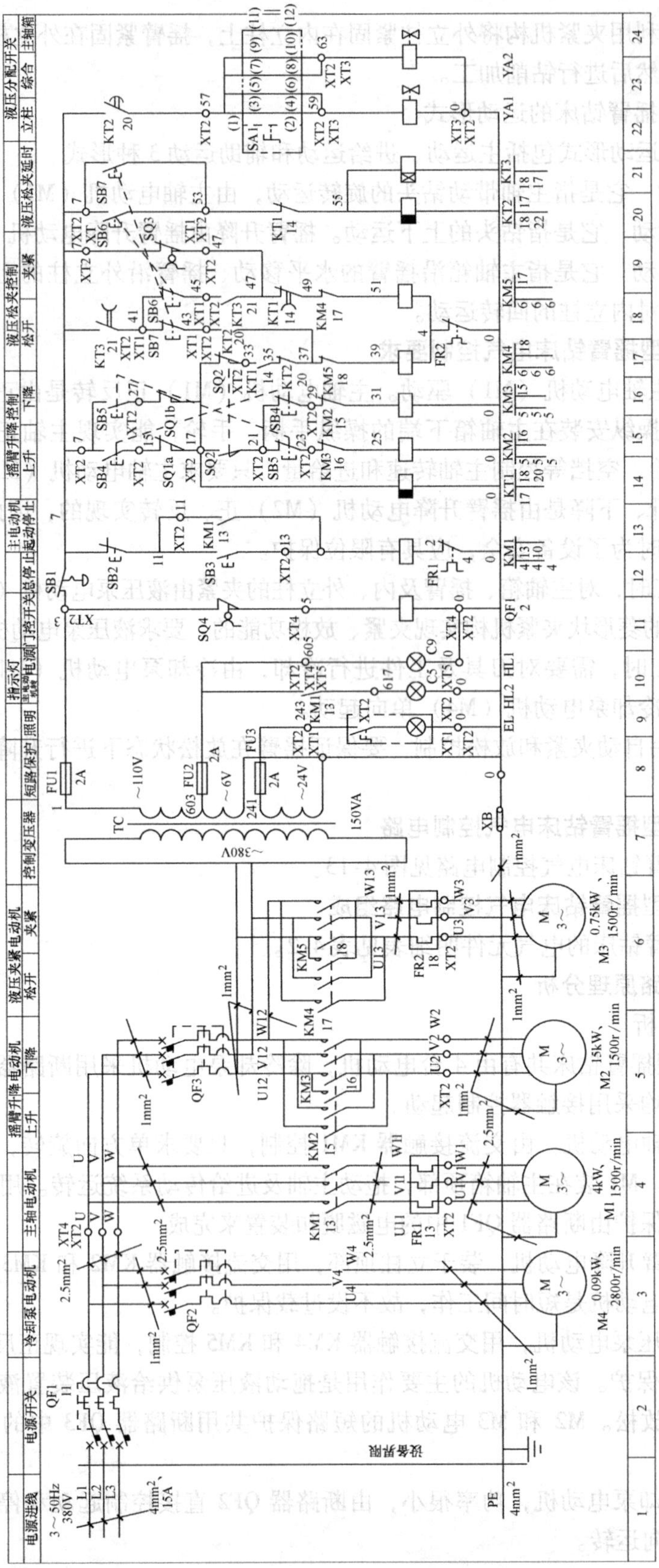

图4-13 Z3050型摇臂钻床电气控制电路

表 4-2　Z3050 型摇臂钻床的电气元件明细表

代号	名称	型号	规格	数量	用　途
M1	主轴电动机	Y112M—4	4kW，1440r/min	1	驱动主轴及进给
M2	摇臂升降电动机	Y90L—4	1.5kW，1400r/min	1	驱动摇臂升降
M3	液压泵电动机	Y802—4	0.75kW，1390r/min	1	驱动液压系统
M4	冷却泵电动机	AOB—25	90W，2800r/min	1	驱动冷却泵
KM1	交流接触器	CJ0—20B	线圈电压 110V	1	控制主轴电动机
KM2 ~ KM5	交流接触器	CJ0—10B	线圈电压 110V	4	控制 M2、M3 正反转
FU1 ~ FU3	熔断器	BZ—001A	2A	3	控制指示照明电路的短路保护
KT1，KT2	时间继电器	JJSK2—4	线圈电压 110V	2	
KT3	时间继电器	JJSK2—2	线圈电压 110V	1	
FR1	热继电器	JR0—20/3D	6.8 ~ 11A	1	M1 过载保护
FR2	热继电器	JR0—20/3D	1.5 ~ 2.4A	1	M3 过载保护
QF1	低压断路器	DZ5—20/330FSH	10A	1	总电源开关
QF2	低压断路器	DZ5—20/330H	0.3 ~ 0.45A	1	M4 控制开关
QF3	低压断路器	DZ5—20/330H	6.5A	1	M2 M3 电源开关
YA1，YA2	交流电磁铁	MFJ1—3	线圈电压 110V	2	液压分配
TC	控制变压器	BK—150	380/110—24—6V	1	控制指示照明电路的供电
SB1	按钮	LAY3—11ZS/1	红色	1	总停止开关
SB2	按钮	LAY3—11		1	主轴电动机停止开关
SB3	按钮	LAY3—11D	绿色	1	主轴电动机起动开关
SB4	按钮	LAY3—11		1	控制摇臂上升
SB5	按钮	LAY3—11		1	控制摇臂下降
SB6	按钮	LAY3—11		1	液压松开控制
SB7	按钮	LAY3—11		1	液压夹紧控制
SQ1	组合开关	HZ4—22		1	摇臂升降限位
SQ2，SQ3	位置开关	LX5—11		2	摇臂松紧限位
SQ4	门控开关	JWM6—11		1	门控
SA1	万能转换开关	LW6—2/8071		1	液压分配开关
HL1	信号灯	XD1	白色 6V	1	电源指示
HL2	指示灯	XD1	6V	1	主轴指示
EL	照明灯	JC—25	40W，24V	1	机床照明

6）机床采用 380V、50Hz 三相交流电源供电，并有保护接地措施。

7）机床除冷却泵电动机 M4 和摇臂升降电动机 M2 是安装在固定部分外，其他电气设备均安装在回转部分上。由于本机床内外柱未装设汇流环，故在使用时，不要总是沿着一个方向连续转动摇臂，以免发生事故。

2. 控制及照明、指示电路分析

控制、照明和指示电路均由控制变压器 TC 降压后供电，电压分别为 110V、24V 及 6V。

（1）开车前的准备工作　为了保证操作安全，本钻床具有“开门断电”功能，由门控开关 SQ4 实现控制。开车前应将立柱下部及摇臂后部的电门盖关好，方能接通电源。合上总电源开关 QF1 和电源开关 QF3，则电源指示灯 HL1 灯亮，表示机床的电气电路已进入带电状态。

（2）主轴电动机 M1 的控制　按起动按钮 SB3，接触器 KM1 吸合并自锁，主轴电动机 M1 得电起动，同时 M1 旋转指示灯 HL2 亮。停车时，按下停止按钮 SB2，接触器 KM1 释放，主轴电动机 M1 停止旋转，M1 旋转指示灯 HL2 熄灭。

（3）摇臂升降控制

1）摇臂松开和摇臂上升（或下降）控制。按下摇臂上升按钮 SB4（或下降按钮 SB5），时间继电器 KT1 得电吸合，其瞬时动作的常开触点闭合，使接触器 KM4 的线圈得电并吸合，液压泵电动机 M3 得电正向旋转，供给液压油。液压油经分配阀体进入“摇臂松开油腔”，推动活塞和菱形块，使摇臂松开。同时，活塞杆通过弹簧片压下位置开关 SQ2，SQ2 的常闭触头断开使 KM4 失电释放，液压泵电动机 M3 停转；SQ2 常开触头闭合使 KM2（或 KM3）得电吸合，使摇臂升降电动机 M2 正转（或反转），带动摇臂上升（或下降）。如果摇臂没有松开，SQ2 的常开触头不能闭合，KM2（或 KM3）就不能吸合，摇臂就不会上升（或下降）。

2）摇臂夹紧控制。当摇臂上升（或下降）到所需位置时，松开按钮 SB4（或 SB5），则接触器 KM2（或 KM3）和时间继电器 KT1 同时断电释放，M2 停止旋转，摇臂停止上升（或下降）。由于 KT1 为断电延时型（KT1 的主要作用是控制接触器 KM5 的吸合时间，当升降电动机停止运转后，再夹紧摇臂。KT1 的延时时间视需要而定，通常整定时间为 1 ~ 3s），在 KT1 释放经过 1 ~ 3s 延时后，其延时闭合的常闭触点恢复闭合，使接触器 KM5 吸合，液压泵电动机 M3 得电反向旋转。此时，液压油从相反方向经分配阀体进入“摇臂夹紧油腔”，向相反反向推动活塞和菱形块，使摇臂夹紧。同时，活塞杆通过弹簧片压下位置开关 SQ3，SQ3 的常闭触头断开使 KM5 断电释放，液压泵电动机 M3 停止旋转，完成了摇臂松开→上升（或下降）→夹紧的整套动作控制。

3）摇臂的自动夹紧是由位置开关 SQ3 来控制的。如果液压夹紧系统出现故障而不能自动夹紧摇臂，或者由于 SQ3 调整不当，在摇臂夹紧后不能使 SQ3 的常闭触头断开，都会使液压泵电动机 M3 长时间处于过载运行状态，造成损坏。为了防止损坏 M3，电路中使用了热继电器 FR2 进行保护，其整定值应根据 M3 的额定电流来调整。

4）摇臂升降的超程限位保护。它是利用组合开关 SQ1a 和 SQ1b 来作为摇臂升降的超程限位保护的。当摇臂上升到极限位置时，压下 SQ1a，使 SQ1a 断开，接触器 KM2 断电释放，升降电动机 M2 停止旋转，摇臂停止上升；当摇臂下降到极限位置时，压下 SQ1b，使 SQ1b 断开，接触器 KM3 断电释放，升降电动机 M2 停止旋转，摇臂停止下降。

（4）立柱和主轴箱的松开或夹紧控制　立柱和主轴箱松开或夹紧是同时进行的，也可以单独进行。由转换开关 SA1 和复合按钮 SB6 及复合按钮 SB7 进行控制。SA1 有 3 个位置，扳到中间位置时，立柱和主轴箱松开或夹紧是同时进行；扳到左边位置时，立柱松开或夹紧；扳到右边位置时，主轴箱松开或夹紧。SB6 是松开控制按钮，SB7 是夹紧控制按钮。

1）立柱和主轴箱同时松开（或夹紧）控制。将 SA1 扳到中间位置，按下松开按钮 SB6（或夹紧按钮 SB7），时间继电器 KT2 和 KT3 同时得电，KT2 的延时断开的常开触点瞬时闭合，电磁铁 YA1、YA2 得电吸合；KT3 延时闭合的常开触点经 1～3s 延时后闭合，使接触器 KM4（或 KM5）得电吸合，液压泵电动机 M3 得电正向（或反向）旋转，供出的液压油进入立柱和主轴箱的松开（或夹紧）油腔，使立柱和主轴箱同时松开（或夹紧）。

2）立柱和主轴箱单独松开（或夹紧）控制。工作原理同上述控制相似，可自行分析。

（5）冷却泵电动机 M4 的控制

扳动断路器 QF2，就可以接通或切断电源，操纵冷却泵电动机 M4 的工作或停止。

（6）照明、指示电路分析　照明、指示电路的电源由控制变压器 TC 降压后提供 24V 或 6V 的电压，由熔断器 FU3、FU2 作短路保护。EL 是照明灯，HL1 是电源指示灯，HL2 是主轴指示灯。

六、常见故障分析

1. 所有电动机都不能起动

当发现该机床的所有电动机都不能正常起动时，一般可以断定故障发生在电气电路的公共部分。可按下述步骤来检查：

1）由于冷却泵电动机 M4 是由断路器 QF2 直接控制起动和停止，如果合上断路器 QF1、QF2，电动机 M4 不能起动，主要检查三相电源是否引入，或三相电源有否缺相现象，检查断路器 QF1、QF2 是否有掉闸现象。

2）若冷却泵电动机 M4 能起动，则说明电源没有问题，主要检查控制电路的公共部分，如检查控制变压器 TC 的一、二次绕组的电压是否正常，如一次绕组的电压不正常，则应检查变压器的接线是否松动；如果一次侧绕组两端的电压正常，而二次侧绕组电压不正常，则应检查变压器输出 110V 端绕组是否断路或短路，同时应检查熔断器 FU1 的熔体是否熔断，总停止按钮是否有问题。

2. 主轴电动机 M1 的故障

（1）主轴电动机 M1 不能起动　若接触器 KM1 已获电吸合，但主轴电动机 M1 仍不能起动旋转，可检查接触器 KM1 的 3 副主触头接触是否正常，连接电动机的导线有否脱落或松动。若接触器 KM1 不动作，则首先检查熔断器 FU1 的熔体是否熔断，然后检查热继电器 FR1 是否动作，其常闭触点的接触是否良好，停止按钮 SB1 的触头接触是否良好，接触器 KM1 的线圈接线头有否松脱。

（2）主轴电动机 M1 不能停止　故障多半是由于接触器 KM1 的主触头发生熔焊所造成的。这时应立即切断三相电源，检修接触器 KM1 的主触头。

3. 摇臂上升和下降电路的故障

1）摇臂不能升降。主要检查位置开关 SQ2 是否动作，如果 SQ2 不动作，是由于 SQ2 的安装位置移动或 SQ2 本身已损坏。有时液压系统发生故障使摇臂放松不够，也造成 SQ2 不动作。可见 SQ2 的位置很重要，排除故障时，应配合机械、液压调整好 SQ2 位置并紧固。

2）检修中还要注意三相电源的进线相序应符合升降运动的规定，不能接反，否则会发生上升和下降方向颠倒、电动机开停失灵、限位开关不起作用等后果。

4. 立柱、主轴箱不能夹紧或松开

立柱、主轴箱不能夹紧或松开的可能原因是油路堵塞或是接触器 KM4 或 KM5 不能吸合所致。应检查按钮SB6或SB7的接线情况，触头接触是否良好；或是接触器KM4或KM5的联锁常闭触头接触是否良好。当接触器KM4或KM5能吸合而电动机M3不能运转，应主要检查接触器KM4或KM5的主触头是否接触良好。当电动机M3能运转，而立柱、主轴箱仍不能夹紧或松开时可排除是电气方面的故障，应检修油路等问题。

第四节 M7120型平面磨床的电气控制

磨床是用砂轮的周边或端面进行机械加工的精密机床。根据用途不同，可分为外圆磨床、内圆磨床、平面磨床、无心磨床及一些专用磨床，如齿轮磨床、螺纹磨床等。

平面磨床是用砂轮磨削加工各种零件平面的机床。M7120型平面磨床是平面磨床中使用较为普遍的一种，它的磨削精度高，加工表面较光洁，且操作方便，适用于磨削精密零件和各种工具。

一、M7120型平面磨床的主要结构及运动形式

1. M7120型平面磨床的主要结构

M7120型平面磨床的外形如图4-14所示。

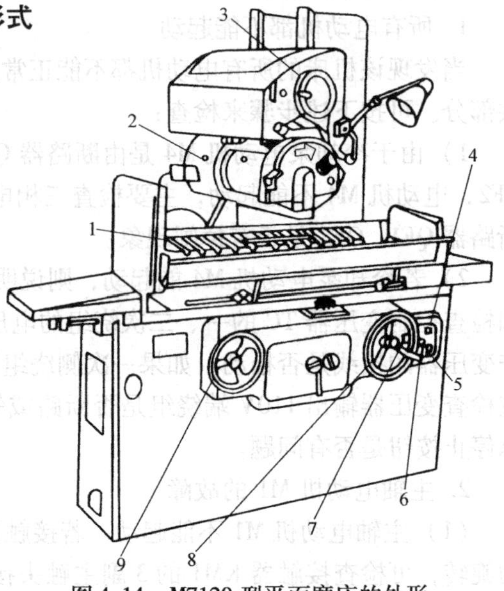

图4-14 M7120型平面磨床的外形

1—电磁吸盘 2—磨头 3—磨头横向进给手轮 4—砂轮起动按钮 5—停止按钮 6—电磁吸盘按钮 7—液压泵电动机起动、停止按钮 8—磨头垂直进给手轮 9—工作台移动手轮

2. M7120型平面磨床的运动形式

M7120型平面磨床共有4台电动机，即砂轮电动机、砂轮升降电动机、液压泵电动机和冷却泵电动机。砂轮电动机直接带动砂轮旋转，对工件进行磨削加工。在M7120型平面磨床中，砂轮并不要求调速，所以通常采用笼型异步电动机来拖动，这是平面磨床的主运动。砂轮升降电动机使砂轮在立柱导轨上作垂直运动，用以调整砂轮与工件之间的位置。液压泵电动机拖动液压泵，经液压传动装置实现工作台的往复运动。液压传动较平稳，能实现无级调速，换向时惯性小，换向平稳。冷却泵电动机带动冷却泵供给砂轮和工件切削液，同时利用切削液带走磨削下来的铁屑。

二、M7120型平面磨床的电气控制要求

1）M7120型平面磨床要求有4台电动机，其中M1是液压泵电动机，实现工作台的往复运动；M2是砂轮电动机，带动砂轮旋转磨削加工工件；M3是冷却泵电动机，为砂轮磨削工件时输送切削液；M4是砂轮升降电动机，用以调整砂轮与工件的位置。

2）对4台电动机的工作要求是：M1、M2和M3只需正转控制；M4需要正反转控制；冷却泵电动机M3需要在M2运转后才能运转。

3）对4台电动机要求有短路、欠电压和失电压保护；M1、M2和M3 3台电动机要有过载保护。

4）用电磁吸盘固定加工工件。电磁吸盘是固定加工工件的一种夹具，它是利用导体通电产生磁场来吸牢铁磁材料工件的。与机械夹紧装置相比较，电磁吸盘具有夹紧迅速、不损

伤工件、工作效率高、一次能吸牢若干个小工件及工件在加工中发热可以自由伸缩等优点。电磁吸盘在平面磨床中用得十分广泛。在电磁吸盘控制电路中要求有放电保护，通常采用 *RC* 放电电路进行保护。

三、M7120 型平面磨床的电气控制电路

M7120 型平面磨床的电气控制电路如图 4-15 所示。

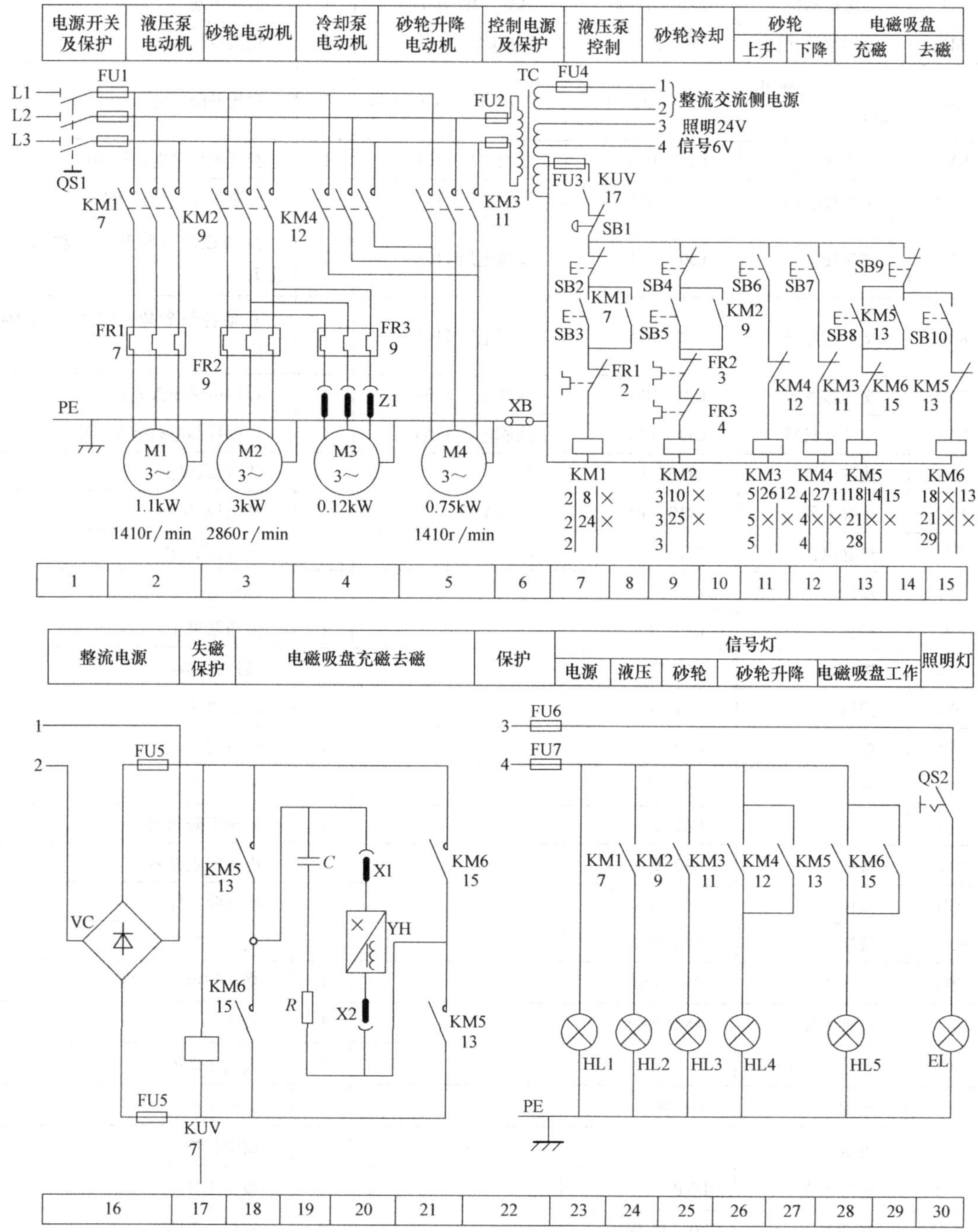

图 4-15　M7120 型平面磨床电气控制电路

四、M7120型平面磨床电气控制电路组成

M7120型平面磨床的电气元件明细表见表4-3。

表4-3 M7120型平面磨床的电气元件明细表

代号	元件名称	型号	规格	件数	作用
M1	液压泵电动机	J02—21—4	1.1kW，1410r/min	1	液压泵传动
M2	砂轮电动机	J02—31—2	3kW，2860r/min	1	砂轮传动
M3	冷却泵电动机	PB—25A	0.12kW	1	供给冷却液
M4	砂轮升降电动机	J03—801—4	0.75kW，1410r/min	1	砂轮升降传动
KM1	交流接触器	CJ0—10A	线圈电压110V	1	控制液压泵电动机M1
KM2	交流接触器	CJ0—10A	线圈电压110V	1	控制砂轮电动机M2
KM3	交流接触器	CJ0—10A	线圈电压110V	1	点动控制砂轮升降电动机M4上升
KM4	交流接触器	CJ0—10A	线圈电压110V	1	点动控制砂轮升降电动机M4下降
KM5	交流接触器	CJ0—10A	线圈电压110V	1	控制电磁吸盘充磁
KM6	交流接触器	CJ0—10A	线圈电压110V	1	点动控制电磁吸盘去磁
FR1	热继电器	JR10—10	2.71A	1	M1过载保护
FR2	热继电器	JR10—10	6.18A	1	M2过载保护
FR3	热继电器	JR10—10	0.47A	1	M3过载保护
SB1	按钮	LA2型		1	总停
SB2	按钮	LA2型		1	液压泵停止
SB3	按钮	LA2型		1	液压泵起动
SB4	按钮	LA2型		1	砂轮停止
SB5	按钮	LA2型		1	砂轮起动
SB6	按钮	LA2型		1	砂轮上升起动
SB7	按钮	LA2型		1	砂轮下降起动
SB8	按钮	LA2型		1	电磁吸盘充磁
SB9	按钮	LA2型		1	电磁吸盘停止充磁
SB10	按钮	LA2型		1	电磁吸盘去磁
TC	变压器	BK—150		1	降压作用，提供低压电源
VC	硅整流器	4X2CZ1 1C		1	整流
KUV	欠电压继电器			1	欠电压保护
R	电阻	GF型		1	放电保护
C	电容			1	放电保护
YH	电磁吸盘	HDXP		1	吸持工件
X1、X2	接插器	CY0—36型		2	连接电磁吸盘

（续）

代号	元件名称	型号	规格	件数	作　用
Z1	接插器	CY0—26 型		1	连接 M3
FU1	熔断器	RL1		1	总线路短路保护
FU2	熔断器	RL1			变压器输入端短路保护
FU3	熔断器	RL1		1	控制电路短路保护
FU4	熔断器	RL1		1	变压器输出端短路保护
FU5	熔断器	RL1		1	整流电路短路保护
FU6	熔断器	RL1		1	照明电路短路保护
FU7	熔断器	BCF		1	指示灯电路短路保护
QS1	转换开关	HZ1		1	电源总开关
QS2	工作台照明灯开关			1	低压照明开关
HL1 ~ HL5	指示灯			5	指示电路工作状况
EL	工作台照明灯			1	加工时照明

五、机床电路原理分析

机床电路主要包括主电路、控制电路、电磁工作台控制电路及照明与指示灯电路 4 部分。

1. 主电路分析

（1）液压泵电动机（M1）　通过接触器 KM1 的主触头实现单向正转控制。

（2）砂轮电动机（M2）　通过接触器 KM2 的主触头实现单向正转控制。

（3）冷却泵电动机（M3）　当砂轮电动机（M2）得电运转后，冷却泵电动机（M3）才能通过插接器得电单向正转运行。

（4）砂轮升降电动机（M4）　通过接触器 KM3 和 KM4 的主触头实现正反转控制。

（5）主电路的短路保护　主电路的短路保护用熔断器 FU1 实现。热继电器 FR1 对液压泵电动机（M1）进行过载保护，热继电器 FR2 对砂轮电动机（M2）进行过载保护；热继电器 FR3 对冷却泵电动机（M3）进行过载保护。砂轮升降电动机（M4）因为是点动短时控制，不需要过载保护。

2. 控制电路分析

（1）液压泵电动机 M1 的控制　当电源电压正常时，欠电压继电器 KUV 的线圈（17 区）得电吸合，其常开触点 KUV（7 区）闭合，然后按下液压泵起动按钮 SB3，接触器 KM1 线圈获电，其 3 副主触头闭合，液压泵电动机 M1 得电运转，同时 KM1 的自锁触头也闭合。若按下液压泵停止按钮 SB2，接触器 KM1 线圈断电释放，电动机 M1 断电停转。

（2）砂轮电动机 M2 及冷却泵电动机 M3 的控制　按下砂轮起动按扭 SB5，接触器 KM2 线圈获电吸合，砂轮电动机 M2 得电运转。由于冷却泵电动机 M3 通过插接器 Z1 和 M2 联动控制，所以 M3 与 M2 同时得电运转。当按下砂轮停止按钮 SB4 时，接触器 KM2 线圈断电释放，M2 与 M3 同时断电停转。

（3）砂轮升降电动机 M4 的控制　因为砂轮升降是短时运转，所以采用点动控制。当按下点动按钮 SB6，接触器 KM3 线圈获电吸合，电动机 M4 得电正转，砂轮上升。当砂轮上升到所需的位置时，松开点动按钮 SB6，KM3 线圈断电释放，电动机 M4 停转，砂轮停止上升。当按下点动按钮 SB7 时，接触器 KM4 线圈获电吸合，电动机 M4 得电反转，砂轮下降。当砂轮下降到所需的位置时，松开按钮 SB7，KM4 线圈断电释放，电动机 M4 停转，砂轮停止下降。为了防止电动机 M4 的正反转电路同时接通，故在控制电路中采用接触器联锁控制。

3. 电磁吸盘控制电路分析

电磁吸盘的工作电路包括整流装置、控制装置和保护装置 3 个部分。在图4-15 M7120 型平面磨床电气控制电路中，YH 就是电磁吸盘。电磁吸盘的结构如图 4-16 所示。

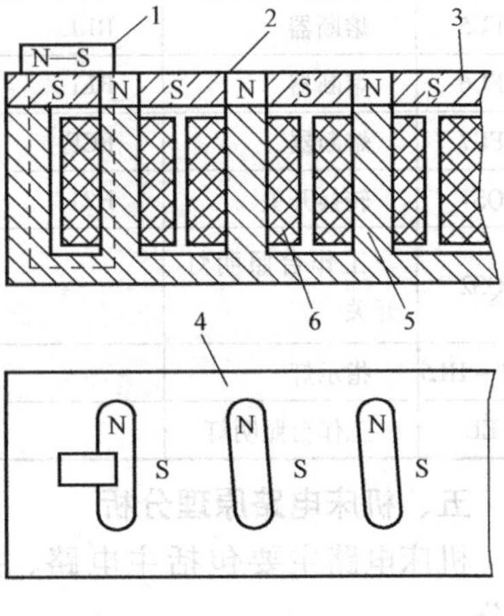

图 4-16 电磁吸盘的结构

1—工件 2—绝磁材料 3—工作台

4—盖板 5—心体 6—线圈

电磁吸盘的外壳是钢制的箱体，中部有凸起的心体，心体上面绕有线圈。吸盘的盖板用钢板制成，钢制盖板用隔磁材料如铅锡合金等隔成若干个小块，当线圈通以直流电时，吸盘的心体就被磁化，产生磁场，工件就会被牢牢地吸住。

（1）整流装置　由整流变压器 TC 和单相桥式整流器 VC 组成，提供约 110V 直流电源。单相桥式整流器一般用硅整流器或硒整流器。

（2）控制装置　它由充磁控制电路和去磁控制电路组成。充磁控制电路由充磁起动按钮 SB8、接触器 KM5 自锁触头、接触器 KM6 常闭触头和接触器 KM5 线圈组成；去磁控制电路由去磁起动按钮 SB10、接触器 KM5 常闭触头和接触器 KM6 线圈组成；按钮 SB9 为电磁工作台控制电路总的停止按钮。

当需要使电磁吸盘具有吸力时，只需操作控制电路中的充磁起动按钮 SB8，充磁过程如下：

按下充磁起动按钮SB8 → KM5线圈得电 →
- → KM5 的自锁触头闭合
- → KM5 主触头闭合 → YH 工作（吸牢工件）
- → KM5 联锁触头断开

充磁电流的回路如下：

VC 正极 → FU5 → KM6 主触头 → X2（插接件）→ YH → X2 → KM6 主触头 → FU5 → VC 负极

加工完毕，需将工件取下时，先按电磁工作台控制电路总的停止按钮 SB9，KM5 线圈失电，KM5 主触头断开，切断电磁吸盘 YH 的直流电源。但由于吸盘和工件都有剩磁，这就会使取下工件时造成困难，同时工件上也不允许有剩磁，为此，在取下工件前，需对吸盘和工件进行去磁。去磁的方法是向吸盘线圈中通入一个反向电流以消除其剩磁。

去磁过程如下：

按下去磁起动按钮SB10→KM6线圈获电→
- → KM6自锁触头闭合
- → KM6主触头闭合 → YH及工件去磁
- → KM6联锁触头断开

去磁电流的回路如下：

VC 正极 → FU5 → KM6 主触头 → X2（插接件）→ YH → X2 → KM6 主触头 → FU5 → VC 负极

若去磁时间太长，将使电磁吸盘反向磁化，因此，接触器 KM6 的控制电路需采用点动控制。

（3）保护装置　它是由放电电阻 *R* 和放电电容 *C* 以及欠电压继电器 KUV 组成。电阻 *R* 和电容 *C* 的作用是：由于电磁吸盘线圈是一个大电感，在电磁吸盘工作时，线圈中储存着大量磁场能量，当电磁吸盘在脱离电源的瞬间，吸盘的两端会产生很大的自感电动势，若没有放电电路，将使吸盘线圈的绝缘及其他电器损坏，故用此电阻和电容组成放电回路，使电磁吸盘断电瞬间线圈中所储存的能量通过 *R* 和 *C* 进行放电。欠电压继电器 KUV 的作用是：在加工过程中，若电源电压不足，则电磁吸盘的吸力也就不足，会导致工件因失去足够的吸力而被高速旋转的砂轮碰击飞出，造成严重事故。因此，在电路中设置了欠电压继电器 KUV，将其线圈并联在电磁吸盘的工作电路中，而将其常开触点串联在液压泵电动机 M1 的控制电路中。当电源电压不足或断电时，欠电压继电器 KUV 便释放，其常开触点断开，切断控制电路，使液压泵电动机 M1 和砂轮电动机 M2 停转，保证了安全；同时，若在开车前因整流器件损坏而没有直流电源，或电源电压太低，欠电压继电器 KUV 都不会动作，其常开触点处于断开状态，接触器 KM1（或 KM2）线圈断电，这时虽按 SB3，液压泵电动机 M1 也不能起动，防止产生工件未被吸牢而开动工作台将工件抛出去的危险。

4. 照明与指示灯电路

在电气原理图中，EL 为照明灯，其工作电压为 24V，由变压器 TC 供电；QS2 为照明开关；HL1、HL2、HL3、HL4 和 HL5 为指示灯，其工作电压为 6V，也由变压器 TC 供电。5 个指示灯的作用如下：

HL1 亮，表示控制电路的电源正常；不亮，表示电源有故障。

HL2 亮，表示液压泵电动机 M1 处于运转状态，工作台正在进行往复运动；不亮，表示 M1 停转。

HL3 亮，表示砂轮电动机 M2 及冷却泵电动机 M3 处于运转状态；不亮，表示 M2 停转。

HL4 亮，表示砂轮升降电动机 M4 处于工作状态；不亮，表示 M4 停转。

HL5 亮，表示电磁吸盘 YH 处于工作状态（充磁或去磁）；不亮，表示电磁吸盘未工作。

六、常见故障分析

M7120 型平面磨床常见故障有：

（1）砂轮升降电动机正反向均不能起动　故障原因一般是主电路熔断器 FU1 熔断，检查方法与 CA6140 车床类似，其次是由接触器 KM3 或 KM4 的主触头接触不良引起的。

（2）砂轮只能上升不能下降　首先检查点动按钮 SB7 的连接线是否脱落，其次检查接触器 KM4 线圈是否断开，接头是否脱落，主触头接触是否良好，接触器 KM3 联锁触头接触是否良好。

（3）电磁吸盘没吸力　首先检查主电路熔断器 FU1 及电磁吸盘电路熔断器 FU5 的熔体是否熔断，再检查插接器 X1、X2 触头接触是否良好。检查 X1、X2 触头接触是否良好的方法是用万用表直流电压挡测量 X1、X2 两触头是否有电压。如上述检查均未发现故障，则可检查电磁吸盘线圈的两个出线头。当吸盘密封不好时，切削液的浸蚀使绝缘损坏，造成两个出线线头间短路或断路。当线头间形成短路时，若不及时检修，就有可能使整流器和整流变压器烧毁，所以电磁吸盘线圈重绕修复后，不仅其本身的绝缘要处理好，安装后还要密封，以防切削液的浸蚀。

（4）电磁吸盘吸力不足　产生该现象的原因有：

1）交流电源电压低，导致直流电压相应地下降，以致吸力不足。检查时，用万用表测量整流器 VC 的输出端电压是否大于 110V（空载时直流输出电压为 130～140V，带负载时不低于 110V）。另外，接触器 KM5 主触头和插接器 X1、X2 触头接触不良也会造成吸力不足。

2）整流电路的故障。电路中整流器 VC 是由 4 个桥臂组成，若整流器是由硅二极管组成的，那么，每臂就是一只硅二极管。在早期的产品中，有用硒整流器的，这种整流器的每臂由一组同向串联的硒片组成，4 个桥臂的 4 组硒片就按电路要求的正向或反向串联在一起，在各组硒片间接出连接引线。如果硅二极管损坏或接线断裂，或者硒整流器的某一片与导流圈（两片间金属圈）接触不良，都会造成某一臂开路，这时，直流输出电压将要下降一半左右，吸盘电流也就相应地减小，吸力降低。检修时，可测量直流输出电压是否有下降一半的现象；用手触摸 4 个整流臂的温度也可判断是否有一臂断路，断路的一臂以及与它相对的另一臂由于没有电流通过，温度要比其余两臂低。

在切断外电路的情况下，用万用表测量整流器件的正反向电阻，也可找出损坏的器件。如果测量的正、反向电阻都很大，说明二极管已断路损坏；如果正、反向电阻都很小，说明二极管已击穿短路。

若有一臂的整流器件被击穿形成短路，此时与它相邻的另一桥臂的整流器件也会因过电流而很快损坏，整流变压器因外电路短路也会造成过电流。这种故障表现为吸力很小或没有吸力，整流变压器和已损坏的整流器件温度较高。如不及时切断电源，整流变压器将有烧毁的可能。硅整流二极管损坏后，应更换；硒整流器损坏后，可将损坏的硒片逐片更换。检修时，要注意整流器件的极性不能接反，否则，会烧坏整流器件和变压器。

第五节　XA6132 型卧式铣床的电气控制

铣床是一种高效率的加工机械，在一般加工厂中铣床的数量仅次于车床，数量上约占第二位。铣床可用来加工平面、斜面和沟槽等，装上分度头还可以铣切直齿齿轮和螺旋面，如果装上圆工作台还可以铣切凸轮和弧形槽。铣床的种类很多，按结构形式和加工性能的不同，可分为卧式铣床、立式铣床、仿形铣床、龙门铣床和各种专用铣床等。卧式铣床和立式铣床在机床结构和运动形式上大体相似，差别在于铣头的放置方向上：卧式铣床是指铣头水平方向放置；立式铣床是指铣头垂直放置。XA6132 型卧式铣床是应用最广泛的铣床之一，下面以它为例进行介绍和分析。

一、XA6132 型卧式铣床的型号、主要结构及运动形式

1. XA6132 型卧式铣床的型号意义

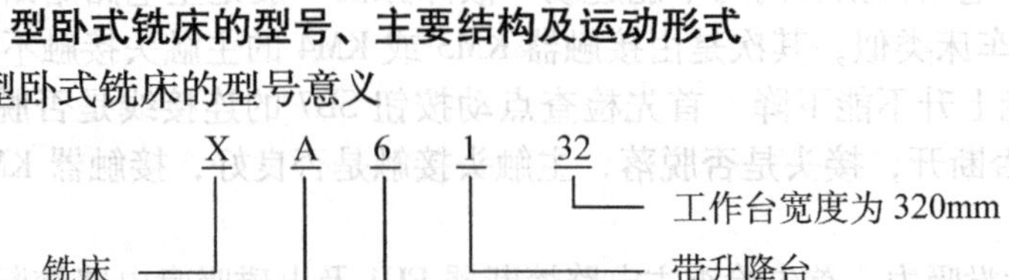

2. 主要结构

XA6132 型卧式铣床主要由床身、主轴、刀杆、悬梁、刀杆支架、工作台、回转盘、床鞍和升降台等几部分组成，结构如图 4-17 所示。

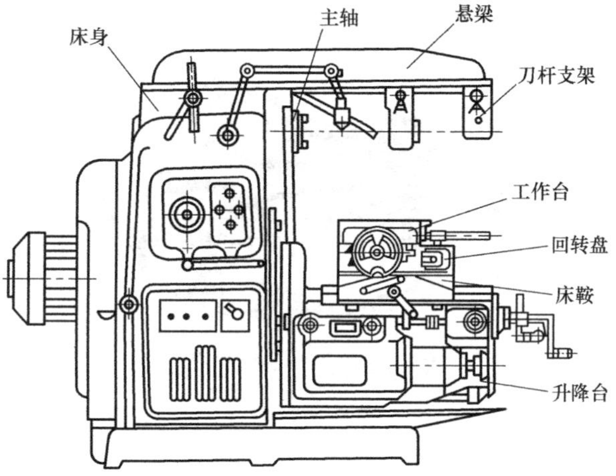

图 4-17 XA6132 型卧式铣床的结构

箱形的床身固定在底座上，在床身内装有主轴的传动机构和变速操纵机构。在床身的顶部有水平导轨，上面装着带有一个或两个刀杆支架的悬梁。刀杆支架用来支承铣刀心轴的一端，心轴另一端则固定在主轴上，由主轴带动铣刀切削。悬梁可以水平移动，刀杆支架可以在悬梁上水平移动，以便安装不同的心轴。在床身的前面有垂直导轨，升降台可沿着它上、下移动。在升降台上面的水平导轨上，装有可在平行主轴轴线方向移动（横向移动或前后移动）的溜板。溜板上部有可以转动的回转盘，工作台就在溜板上部可转动部分的导轨上作垂直于主轴轴线方向移动（纵向移动）。工作台上有 T 型槽来固定工件。这样安装在工作台上的工件就可以在 3 个坐标轴的 6 个方向（上、下、左、右、前、后）调整位置或工作进给。

此外，对于回转盘可绕中心转过 1 个角度（通常是 ±45°）的铣床，因为工作台除了能在水平面平行于或垂直于主轴轴线方向进给外，还能在倾斜方向上进给，可以用来加工螺旋槽，所以这种铣床又称为万能铣床。

XA6132 型卧式铣床的外形如图 4-18 所示。

3. 运动形式

（1）主运动 它是指铣床主轴带动铣刀的旋转运动，由主轴电动机（M1）拖动。由于铣削加工有顺铣和逆铣两种方式，要求主轴电动机（M1）能实现正反转。

（2）进给运动 它是指铣床工作台的前后（横向）、左右（纵向）、和上下（垂直）6 个方向的运动，由进给电动机（M2）拖动。要求进给电机（M2）能正反转，并通过操纵手柄和电磁离合器相配合来实现 3 个坐标轴 6 个方向的位置调整。

（3）辅助运动 铣床的其他运动都属于辅助运动，如工作台的旋转运动，切削泵电动机（M3）压缩冷却泵输送冷却液等运动。

二、卧式铣床的电力拖动特点与控制要求

1）XA6132 型卧式铣床主轴传动系统在床身内部，进给系统在升降台内，因主运动与进给运动之间没有速度比例协调的要求，故采用单独传动，即主轴和工作台分别由主轴电动机、进

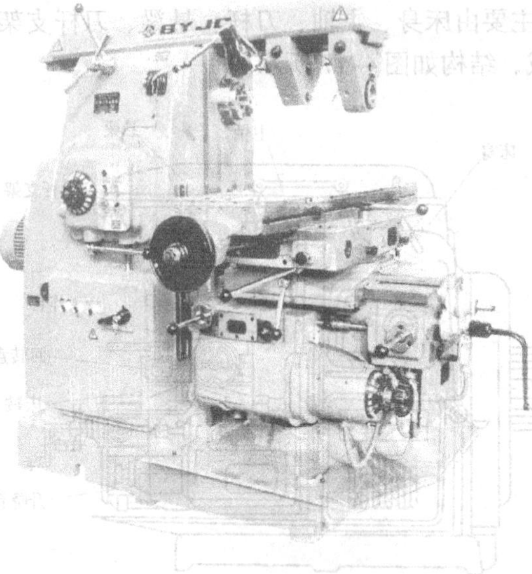

图 4-18 XA6132 型卧式铣床的外形

给电动机拖动。工作台工作进给与快速移动由进给电动机拖动，经电磁离合器传动来获得。

2）为能进行顺铣和逆铣加工，要求主轴电动机能够实现正反转，但旋转方向不需要经常改变，仅在加工前预选主轴转动方向而在加工过程中不变换。

3）铣削加工是多刀多刃不连续切削，为减轻负载波动的影响，往往在主轴传动系统中加入飞轮，使转动惯量加大，但为实现主轴快速停车，主轴电动机应设有停车制动，同时，主轴上刀时，也应使主轴制动，为此该铣床采用电磁离合器控制主轴停车制动和主轴上刀制动。

4）工作台的垂直、横向和纵向 3 个方向的运动由 1 台进给电动机拖动，而 3 个方向的选择是由操作手柄改变传动链来实现的。每个方向又有正反向的运动，这就要求进给电动机能正、反转，而且，同一时间只允许工作台有一个方向的移动，故应有联锁保护。

5）使用圆工作台时，工作台不得移动，即圆工作台的旋转运动与工作台上下、左右、前后 3 个方向的运动之间要有联锁控制。

6）为适应铣削加工需要，主轴转速与进给速度应有较宽的调节范围。XA6140 型卧式铣床采用机械变速，通过改变变速器的传动比来实现。为保证变速时齿轮易于啮合，减少齿轮端面的冲击，要求变速时电动机有变速冲动控制。

7）根据工艺要求，主轴旋转和工作台进给应有先后顺序控制，即进给运动要在铣刀旋转之后进行。加工结束时，必须在铣刀停转前先停止进给运动。

8）为供给铣削加工时的切削液，应有冷却泵电动机拖动冷却泵，供给切削液。

9）为适应铣削加工时操作者的正面与侧面操作位置，机床应对主轴电动机的起动与停止及工作台的快速移动设两地控制。

10）工作台上下、左右、前后 6 个方向的运动应有限位保护。

11）应有机床照明电路。

三、XA6132 型卧式铣床的电气控制电路

XA6132 型卧式铣床的电气控制电路如图 4-19 所示。

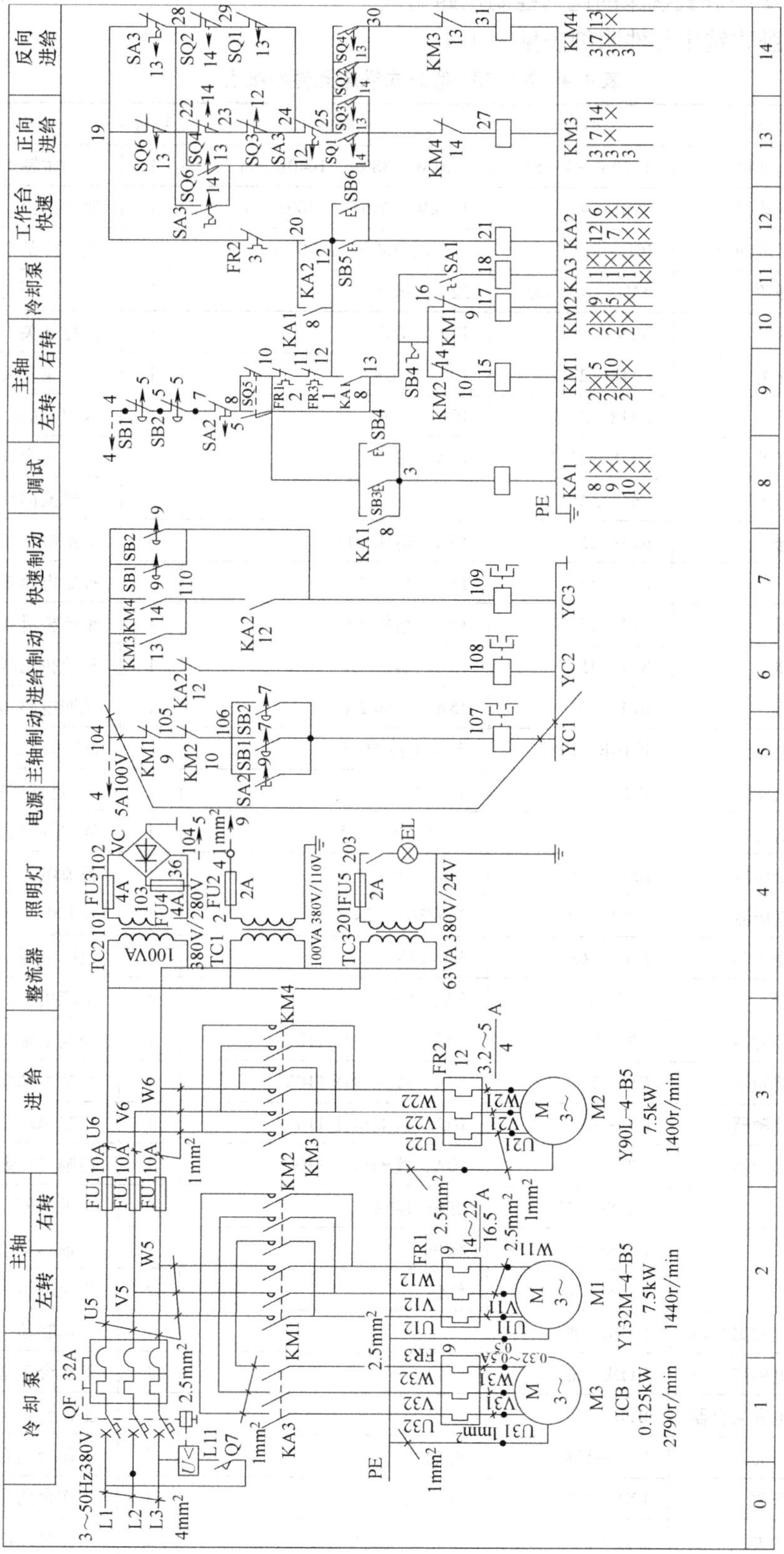

图 4-19　XA6132 型卧式铣床的电气控制电路

四、XA6132 型卧式铣床的电气控制电路组成

XA6132 型卧式铣床元件明细表见表 4-4。

表 4-4 XA6132 型卧式铣床元件明细表

代号	名称	型号	规格	数量	用　途
M1	主轴电动机	Y132M—4—B5	7.5kW，380V，1440r/min	1	驱动主轴
M2	进给电动机	Y90L—4	1.5kW，380V，1400r/min	1	驱动进给
M3	冷却泵电动机	JCB—22	125W，380V，2790r/min	1	驱动冷却泵
QF	电源开关	AM1—100/333	32A，380V	1	电源总开关
SQ7	行程开关	X2N	10A，380V	1	门控开关
SA1	转换开关	LA18—22/2	10A，380V	1	冷却泵开关
SA2	转换开关	LA18—22/2	10A，380V	1	换刀开关
SA3	转换开关	LA18—22/2	10A，380V	1	圆工作台开关
SA4	转换开关	LS2—3A		1	主轴换向开关
FU1	熔断器	RL1—15	15A，熔体 10A	3	进给电动机短路保护
FU2	熔断器	RL1—15	15A，熔体 2A	1	控制电路短路保护
FU3	熔断器	RL1—15	15A，熔体 4A	1	整流桥进线短路保护
FU4	熔断器	RL1—15	15A，熔体 4A	1	整流桥出线短路保护
FU5	熔断器	RL1—15	15A，熔体 2A	1	照明电路短路保护
FR1	热继电器	JR16B—20/3	整定电流 16.5A	1	M1 过载保护
FR2	热继电器	JR10—20/3	整定电流 4A	1	M2 过载保护
FR3	热继电器	JR10—20/3	整定电流 0.5A	1	M3 过载保护
TC1	控制变压器	BK1—100	380/110V	1	整流电源
TC2	整流变压器	JBK1—100	380/36V，24 V	1	控制电路电源
TC3	照明变压器	JBK1—63	380/24V	1	照明电源
VC	整流器	2CZ×4	5A、100V	1	整流用
KM1	交流接触器	CJ0—20	20A，线圈电压 110V	1	控制主轴正转
KM2	交流接触器	CJ0—20	20A，线圈电压 110V	1	控制主轴反转
KM3	交流接触器	CJ0—10	10A，线圈电压 110V	1	控制 M2 正转
KM4	交流接触器	CJ0—10	10A，线圈电压 110V	1	控制 M2 反转
SB1、SB2	按钮	LA18—22J	红色蘑菇头	2	主轴急停
SB3、SB4	按钮	LA18—22	绿色	2	主轴起动
SB5、SB6	按钮	LA18—22	红色	2	快速进给
YC1	制动电磁离合器	B1DL—Ⅲ		1	主轴制动
YC2	进给电磁离合器	B1DL—Ⅱ		1	工作台正常进给
YC3	快速电磁离合器	B1DL—Ⅱ		1	工作台快速进给
SQ1	行程开关	LX1—11K	开启式	1	工作台向右
SQ2	行程开关	LX1—11K	开启式	1	工作台向左
SQ3	行程开关	LX2—1	单轮自动复位	1	工作台向前、向下

（续）

代号	名称	型号	规格	数量	用　途
SQ4	行程开关	LX2—1	单轮自动复位	1	工作台向后、向上
SQ5	行程开关	LX3—11K	对启式	1	主轴冲动开关
SQ6	行程开关	LX3—11K	对启式	1	进给变速冲动开关
EL	照明灯架	JC6—1		1	机床照明
	灯泡	E27	24V，40W	1	机床照明

1. 主电路组成

1）中间继电器 KA3 控制冷却泵电动机 M3。

2）KM1、KM2 控制主轴电动机 M1 正、反转。

3）KM3、KM4 控制进给电动机 M2 正、反转。

2. 控制电路组成

1）转换开关 SA4 选择主轴电动机 M1 的转动方向。

2）按钮 SB1、SB2 及 SB3、SB4 和 KA1 用以实现主轴电动机 M1 的两地起停控制，两套起停控制按钮分别装在铣床正面和侧面操作板上。交流接触器 KM1、KM2 分别控制主轴电动机 M1 的正、反转。

3）转换开关 SA1 控制中间继电器 KA3，实现对冷却泵电动机 M3 的控制。

4）转换开关 SA2 和按钮 SB1、SB2 控制电磁离合器 YC1，实现主轴上刀制动和主轴停车制动。

5）转换开关 SA3 控制正向进给和反向进给。交流接触器 KM3、KM4 分别控制进给电动机 M2 的正、反转。

6）按钮 SB5、SB6（两地控制）控制工作台快速移动。

7）行程开关 SQ3 控制工作台向前及向下运动；行程开关 SQ4 控制工作台向后及向上运动；行程开关 SQ1 控制工作台向右运动；行程开关 SQ2 控制工作台左运动；SQ5 控制主轴变速时的瞬时冲动，SQ4 控制进给变速时的瞬时冲动。

8）电磁离合器 YC2 实现进给制动。

9）电磁离合器 YC3 实现快速制动。

五、XA6132 型卧式铣床的电气控制电路原理分析

XA6132 型卧式铣床的电气控制电路主要分为主电路、控制电路和照明电路 3 个部分。

1. 主轴电动机的起动、停止控制分析

起动主轴时，先将电源开关 QF 闭合，再把主轴换向开关 SA4 转到主轴所需的旋转方向（顺铣或逆铣），然后按下起动按钮 SB3（或 SB4 两地控制起动），接通 10—3 及 12—13，接通接触器 KM1（或 KM2），即可起动主轴电动机。

停止主轴时，按下停止按钮 SB1（或 SB2），使接触器 KM1（或 KM2）的线圈失电，接通主轴制动电磁离合器 YC1，主轴电动机断电并制动停转。

为了在变速时齿轮易于啮合，须使主轴电动机瞬时转动。当变速手柄推回原来位置时，压下行程开关 SQ5，瞬时接通 KM1（或 KM2）接触器，使主轴电动机作瞬时转动。注意：应以连续较快的速度推回变速手柄，以免电动机转速过高而打坏齿轮。

2. 进给运动的电气控制分析

升降台的上下运动和工作台的前后运动完全由操纵手柄来控制。手柄的联动机构与行程开关相连接，行程开关装在升降台的左侧，行程开关 SQ3 控制工作台向前及向下运动；行程开关 SQ4 控制工作台向后及向上运动。

工作台的左右运动亦由操纵手柄来控制，其联动机构控制着行程开关 SQ1 和 SQ2，分别控制工作台向右及向左运动，手柄所指的方向即是运动的方向。

工作台向后、向上手柄压 SQ4 及工作台向左手柄压 SQ2，接通接触器 KM4 线圈，即按选择方向作进给运动；工作台向前、向下手柄压 SQ3 及工作台向右手柄压 SQ1，接通接触器 KM3 线圈，即按选择方向作进给运动。

只有在主轴起动后，进给运动才能起动。未起动主轴时，可进行工作台快速运动，即将手柄选择到所需位置，然后按下快速按钮 SB5（或 SB6）即可进行快速运动。

变换进给速度时，当蘑菇形手柄向前拉至极端位置，而在反向推回之前，借孔盘推动行程开关 SQ6，瞬时闭合 22—26，接通接触器 KM3，则进给电动机作瞬时转动，使齿轮容易啮合。

3. 快速行程的电气控制分析

开动主轴后，将进给操纵手柄扳到所需要的位置，则工作台就开始按手柄所指的方向，以选定的速度运动。此时，若将快速按钮 SB5（或 SB6）按下，触头 12—21 闭合，接通继电器 KA2 线圈，其触头 110—109 闭合，接通快速离合器 YC3，并断开触头 104—108 和进给离合器 YC2，工作台即按原运动方向作快速移动。放开快速按钮 SB5（或 SB6）时，快速移动立即停止，工作台仍以原进给速度继续运动。

4. 圆工作台的回转运动分析

圆工作台是 XA6132 型卧式铣床的一个附件，可以手动回转，也可以通过工作台的光杠由进给电动机 M2 经传动机构驱动。使用时先把圆工作台转换开关 SA3 扳到接通位置，然后操纵起动按钮，则接触器 KM1（或 KM2）及 KM3 相继接通主轴和进给两个电动机。圆工作台与机床工作台的控制具有电气联锁，在使用圆工作台时，机床工作台不能进行其他方向的进给。

5. 主轴上刀、换刀制动分析

当主轴上刀、换刀时，先将转换开关 SA2 扳到接通位置，然后再上刀、换刀，主轴不能旋转。已制动上刀完毕，再将转换开关扳到断开位置，主轴方可起动，否则主轴起动不了。

6. 冷却泵与机床照明分析

将转换开关 SA1 扳到接通位置，13—18 接通，则冷却泵电动机 M3 转动。

机床照明由照明变压器 TC3 供电，电压为 24V，照明灯 EL 本身由开关控制。

7. 开门断电分析

左门由门锁控制低压断路器 QF，达到开门断电。右门中，行程开关 SQ7 与低压断路器 QF 线圈相连，当打开右门时，SQ7 闭合，使低压断路器 QF 断开，达到开门断电的目的（注意 QF1 断开后 SQ7 仍带电）。

8. XA6132 型卧式铣床的电气保护环节

（1）主电路的保护环节　主轴电动机过载保护由热继电器 FR1 来实现，短路保护由低压断路器 QF 实现；进给电动机的过载由 FR2 来实现其保护，短路保护则由 FU1 来实现；冷却泵电动机 M3 的过载由热继电器 FR3 来实现，短路保护由低压断路器 QF 实现。

（2）辅助电路的保护　控制电路经变压器 TC1 供电，由 FU2 对其实现短路保护。直流电路经变压器 TC2 供电，整流桥进线的交流电路由 FU3 短路保护，而整流桥出线的直流电路则由 FU4 进行短路保护。

照明电路的短路保护由 FU5 来实现；进给电动机 M2、变压器 TC1、TC2、TC3 的保护由 FU1 来实现；整个电气系统的过载、短路、欠电压保护由电源开关 QF 实现。

另外，在铣床床身上，升降工作台上及纵向工作台上都设有行程挡铁块，并与纵向机动操纵手柄上的挡铁块、鼓轮轴的联动轴上的挡铁块相互对应。当纵向、横向及竖向运动超程时，相应的挡铁会相碰，使手柄回到中间位置，并使之与其相对应的行程开关断开，从而使进给电动机 M2 失电停转，实现工作台的超程保护。

六、XA6132 型卧式铣床的常见故障分析

XA6132 型卧式铣床常存在以下故障：

1）主轴电动机 M1 不动，但接触器 KM1（或 KM2）能吸合。此现象可能由以下原因形成：

① 可能是接触器 KM1（KM2）触头接触不良，有卡阻、变形、表面严重氧化等现象。

② 热继电器 FR1 的热元件断路。

③ 电动机 M1 定子断线、出线端脱焊、机械卡阻等。

出现上述情况之一时，电动机 M1 均不能起动，应从电源端到电动机的定子端逐一检查。

若主轴虽不能起动但可冲动，则故障可能发生在控制电路，此时应着重检查以下触头：按钮 SB1（4—5）、SB2（5—7）、SB3（或 SB4）（10—3），开关 SA2（7—8）、SQ5（8—10）或（8—13）、SA4（13—14）或（13—16）、FR1（10—11）、FR3（11—12）、KA1（12—13）、KM2（14—15）或（16—17）的接触情况以及接触器 KM1、KM2 线圈的通断情况。

2）主轴电动机 M1 不能迅速停止、快速制动及进给制动等方面的故障大致可分为制动力很弱和不能制动两种。

① 制动力很弱。这种故障表现是：按下按钮 SB1（或 SB2）及开关 SA2 接通 106—101 后，主轴制动效果不明显，按下按钮 SB1 或 SB2 同时接通 104—109，松开 SB5 或 SB6 分断 12—21 时，快速制动和进给制动效果不明显，停车时间较长。产生这种故障的原因除了机械部分发生故障外，就可能是由电磁离合器 YC1、YC2、YC3 产生的吸力较小引起的。电磁离合器吸力不够，造成它的内、外摩擦片不能压紧，所以制动效果差。

造成电磁离合器吸力不够的原因之一是交流电压不足，整流后的直流电压也较低，从而使电磁离合器产生的吸力不足。此时，只要检修、测量一下相应接线端子的电压就可以发现问题所在。正常情况下，控制变压器 TC2 的输出电压是 28V，整流桥 VC 输出电压为 24V 左右。

桥式整流电路发生故障也是导致电磁离合器产生吸力不足的原因之一。例如，某一桥臂断路或其中某一整流二极管断路，使单相桥式整流电路变成单相半波整流，流过电磁离合器的电流只有原来的 1/2，因此，电磁离合器的吸力不足。

检修这种故障时，可用万用表测量整流器的输出电压，也可用手去摸二极管的外壳，发

生故障支路中二极管的温度较低。

此外，各接触器、继电器、开关触头接触不良，也会造成电磁离合器的吸力不足。

② 不能制动。整流电路中某一桥臂的二极管短路，会使电磁离合器不能起制动作用。若某种原因使一个二极管击穿，则相邻电路中的二极管也必将被烧坏，使整流变压器 TC2 二次侧短路，输出电压为零。发生这种故障时要及时检修，否则变压器 TC2 将因二次短路、熔断器 FU1 没熔断而烧坏。

a. 主轴停车后又短时反转。产生这种故障的原因多是接触器 KM2 的主触头释放迟缓，这时只要调节它的反作用弹簧即可。

b. 按停止按钮 SB1（4—5）或 SB2（5—7）后主轴不停转。产生这种故障的原因之一是接触器 KM1 的主触头发生熔焊，以致使主轴电动机 M1 不能脱离电源而不能停车。此时只有切断电源，进行修复，更换 KM1 的触头。

3）进给系统的故障。

① 主轴运转正常而进给电动机不转。这类故障较易查找，首先可观察接触器 KM3 或 KM4 的动作状况。若它们动作正常，则故障发生在进给电动机 M2 的主回路中，如接触器 KM3 或 KM4 主触头接触不良、变形、卡阻，热继电器 FR2 的热元件断路，电动机 M2 本身发生故障等。若 KM3 或 KM4 不动作，则故障发生在进给的控制电路，如热继电器 FR2 的触头接触不良，回路中各开关、接触器、继电器相应触头接触不良、有卡阻、变形现象，应仔细检查。

② 工作台不能快速移动故障。工作台快速移动是由继电器 KA2 电路控制的，应仔细检查 SB5 或 SB6（12—21）触点情况，有无卡阻变形、接触不良等故障。

4）冷却泵系统故障。冷却泵系统故障主要是冷却泵电动机 M3 不转。首先检查继电器 KA3 的动作情况，若其动作正常，则故障发生在冷却泵电动机 M3 的主回路，如热元件 FR3 断路、KA3 触头接触不良、电动机本身发生故障等。若 KA3 不动作，则故障发生在冷却泵的控制电路，应仔细检查开关 SA1 的触头（13—18）及 KA1 线圈的通断情况等。

复习思考题

1. 阅读机床电气电路图的步骤是什么？
2. 检修机床设备的测试工具有哪些？
3. 简述检修机床电气故障的步骤。
4. 检修机床电气故障的方法有哪些？
5. 以接触器联锁的正反转控制电路为例，当出现正转点动、反转不能起动故障时，如何用万用表电阻测量法检测其故障？
6. 修复机床电气故障有哪些注意事项？
7. 简述机床型号 CA6140 的含义。
8. 试分析 CA6140 型车床控制电路的工作过程。
9. 试分析 CA6140 型车床发生下列故障的原因。

1）三台电动机均不能起动。

2）主轴电动机起动后，按下停止按钮不能停车。

3）刀架快速移动电动机不能起动。

10. 分析在 Z3050 型摇臂钻床中有哪些联锁与保护环节，其作用是什么？

11. 分析 Z3050 型摇臂钻床的摇臂不能下降的原因是什么？摇臂升降后不能夹紧的原因是什么？

12. 分析 M7120 型平面磨床中电磁吸盘的充磁和去磁的工作过程。

13. M7120 型平面磨床中的 *RC* 电路起什么作用？

14. M7120 型平面磨床中电磁吸盘没有吸力或吸力不足的原因有哪些？

15. 试分析 XA6132 型卧式铣床发生下列故障的原因。

1）主轴电动机不能起动。

2）主轴电动机停车时没有制动作用。

3）进给运动中不能向后运动。

第五章　可编程序控制器的基本知识

本章应知

1. 可编程序控制器的定义、功能和特点及其发展状况。
2. 可编程序控制器的基本结构、工作原理及主要性能指标。

本章应会

1. 掌握可编程序控制器的编程语言——梯形图的绘制与识读。
2. 掌握梯形图与继电器—接触器式控制电路的转换。
3. 会应用可编程序控制器实现简单的电气控制。

第一节　可编程序控制器概述

可编程序控制器是一种工业用计算机，它是通过输入接口接收工业设备或生产过程的各类输入信号（如开关、传感器等提供的模拟信号等），并将输入信号转换成计算机能处理的数据，接着通过运行用户控制程序，将运行结果通过输出接口转换成外部设备所需要的控制信号，最后通过发出的控制信号去驱动控制对象（如接触器、电磁阀、指示灯等），以实现对工业设备或生产过程的自动控制。

一、可编程序控制器的发展概况

1. 可编程序控制器名称的由来

可编程序控制器（Programmable Controller，简称 PC），是在继电器—接触器式控制系统基础上发展起来的以微处理器为核心的一种通用自动控制装置。

在可编程序控制器发展过程中，其功能在不断演化和完善，在不同的发展时期，有过不同的名称。世界上第一台可编程序控制器诞生于 1969 年，是由当时的美国数字设备公司（DEC）为美国通用汽车公司（GM）研制开发的，主要目的是将计算机技术与继电器—接触器式控制系统结合起来，以克服原有继电器—接触器式控制系统的接线复杂、不利于加工产品更新换代等缺点。当时，这种新技术虽然采用了计算机的设计思想（即采用编程的方式进行控制），但只能进行逻辑运算，主要用于顺序控制，故被称为可编程序逻辑控制器（Programmable Logic Controller，简称 PLC）。在 20 世纪 70 年代后期，随着微电子技术和计算机技术的迅速发展，出现了微处理器和微型计算机，并把该技术应用到 PLC 中，使 PLC 具备了逻辑控制、逻辑运算、数据处理和传输等功能，使之真正成为一种电子计算机的工业控制装置。这种采用微电脑技术的工业控制装置的功能远远超出了逻辑控制、顺序控制的范畴。1980 年，由美国电气制造商协会（NEMA）将其正式命名为可编程序控制器（Programmable Controller，简称 PC）。由于微型计算机即个人计算机（Personal Computer）也简称 PC，这样可编程序控制器就容易和微机产生混淆。为了与微机区别，可编程序控制器仍沿用着“PLC”这个老名字，但从功能上来讲，现在的 PLC

已不是原来意义的“PLC”了。

2. 可编程序控制器（PLC）的特点和功能

（1）PLC 的主要特点

1）编程软件简单易学。由于计算机的编程方法和程序输入相对而言比较复杂，不利于学习和掌握，因而可编程序控制器（PLC）设计之初就采用了一种面向控制过程、面向现场问题、简单易学的语言进行编程，它就是梯形图语言，如图 5-1 所示。

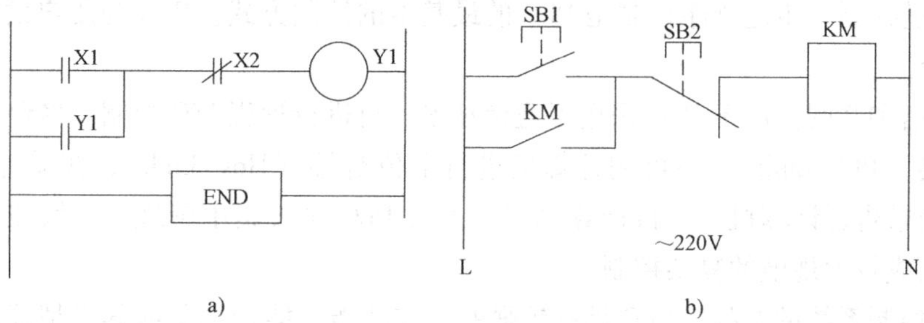

图 5-1　梯形图与继电器控制电路

a）梯形图　b）继电器控制电路

梯形图语言是以计算机软件技术构成的一种人们惯用的继电器模型，形成一套独具风格的以继电器梯形图为基础的形象的编程语言。梯形图符号和定义与常规继电器控制相对应，电气操作人员使用起来得心应手，不存在计算机技术和传统电气控制技术之间的专业“鸿沟”。工作人员在了解 PLC 的简要工作原理和它的编程技术之后，就可结合实际需要进行 PLC 编程设计，进而就可将 PLC 应用于实际控制系统之中。PLC 的编程软件简单易学，是 PLC 的最大特点之一。

2）抗干扰能力强，可靠性高。工业环境的干扰包括电磁干扰、电源波动、温度湿度变化、机械振动等，这些都会影响电器的正常工作。PLC 具有很强的抗干扰能力，实验表明，一般的 PLC 产品可抗 1kV、1μs 的窄脉冲干扰，其平均无故障工作时间（MTBF）一般可达 5 ~ 10 万 h。

3）使用与维修方便。

① PLC 使用过程中，内部不需要接线，只是根据实际需要编写程序，并向 PLC 内输入程序。输入程序的方式有两种：一种是通过编程器输入；另一种是通过计算机通信输入。PLC 的外部接线比较简单，只有输入、输出端子的接线及电源的接线。对于与其他设备的数据通信，只需要同轴电缆和普通 RS232 或 RS422 接口即可进行，而不必由用户来考虑数据通信方面的技术问题。

② PLC 配备有很多监控提示信号，能检查出自身的故障，并随时显示给操作者，并能动态地监视控制程序的执行情况，为现场的调试和维修提供了方便。另外，PLC 采用模块化组合结构，使系统构成十分灵活，易于维修，维修时只需要更换插入式模块即可。

（2）PLC 的功能介绍

PLC 的型号繁多，各种型号的 PLC 功能不尽相同，但目前的 PLC 一般都具有下列功能：

1）条件控制。PLC 具有逻辑运算功能，能根据输入继电器触点的逻辑关系来决定输出继电器的状态。它可代替继电器进行开关控制。

2）定时控制。一般 PLC 都具有定时器，以满足生产工艺对定时控制的要求。所有定时器的定时值可由用户在编程时设定，定时值也可被修改，使用灵活方便。

3）计数控制。PLC 为用户提供上百个计数器，以满足计数控制的需要。所有计数器的设定值可由用户在编程时设定，且随时可被修改。

4）数据处理。PLC 具有较强的数据处理能力。

5）步进控制。步进顺序控制是 PLC 的最基本的控制方式。PLC 为用户设置了专门的步进控制指令。

6）通信和联网。由于 PLC 采用了通信技术，可进行远程 I/O 控制。多台 PLC 之间可进行同位链接（PLC Link），还可用计算机进行上位链接（Host Link），接受计算机的命令，并将执行结果告诉计算机。一台计算机可与多台 PLC 构成集中管理，分散控制的分布式控制网络可完成较大规模的复杂控制。

7）对控制系统的监控。PLC 具有较强的监控功能，能记忆某些异常情况或在发生异常情况时自动终止运行。操作人员通过监控命令，可以监视系统的运行状态，便于调试程序。

3. PLC 的应用及发展状况

自美国诞生第一台可编程序控制器后，日本、德国和法国等国家也都相继开发出各自的 PLC 产品，并受到工业界的欢迎。特别是 20 世纪 70 年代中期出现了微处理器，并将它应用于 PLC 产品中，使 PLC 的功能日趋完善。到了 20 世纪 80 年代初，由于 PLC 的小型化、高可靠性和低价格，使它在现代工业控制领域中已经占据了主导地位。目前，全世界约有两百 PLC 生产厂家，其中比较著名的有美国的 AB 公司、GE 电气公司、GM 公司，德国的西门子公司、BBC 公司，日本的 OMRON（欧姆龙）公司、松下公司、三菱公司和日立公司等。在世界先进工业国家，PLC 已成为工业控制的标准设备，它的应用几乎覆盖了所有的工业企业。显然应用 PLC 技术成为当今潮流，作为工业自动化的 3 大支柱（PLC 技术、机器人、计算机辅助设计和制造）之一的 PLC 技术必将会跃居主导地位。

我国在 20 世纪 80 年代初才开始使用 PLC，目前从国外引进的 PLC 中，使用较为普遍的有：日本的 OMRON（欧姆龙）公司的 C 系列、三菱公司的 F 系列、松下公司的 FP 系列；美国 GE 电气公司的 GE 系列；德国西门子公司的 S 系列等。与此同时，国内科研单位和工厂也在研制 PLC 产品。尽管目前国内使用的 PLC 主要靠从国外引进，但逐步实现国产化是国内发展的必然趋势。

值得一提的是 PLC 的应用在机械行业占有重要位置，据国外有关资料统计，用于机械行业的 PLC 占总销售额的 60%。PLC 是实现机电一体化的重要工具，也是机械工业进步的强大支柱。

今后，PLC 的发展主要朝以下两个方向发展：一个是向超小型、专业化和低价格的方向发展；另一个是向大型、高速、多功能和分布式全自动网络化方向发展，以适应现代化的大型工厂企业自动化的需要。近年来，PLC 产品的集成度越来越高，运行速度越来越快，功能越来越强，原来大中型 PLC 才有的功能已移植到小型机上，如模拟量处理、数据通信等，而且价格不断下降，真正成为了继电器的替代物。原来大中型 PLC 更是向大容量，更高运算速度，更多新的功能发展，以适应不同控制系统的要求，并采用多种功能的编程语言和先进的指令系统，能实现 PLC 之间和 PLC 与管理计算机之间的通信网络，形成多层分布控制系统，或整个工厂的自动化网络。

二、可编程序控制器的基本结构、工作原理及主要性能指标

1. 可编程序控制器的基本结构

PLC 是以微处理器为核心的工业专用计算机系统。PLC 由中央处理器（CPU）、存储器、输入和输出接口、电源及编程器等构成。其组成框图如图 5-2 所示。

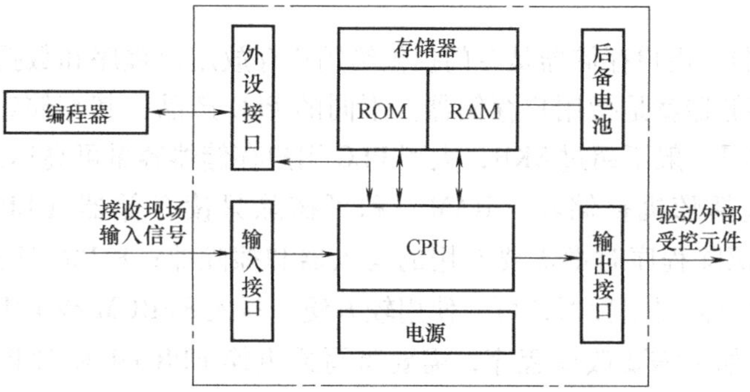

图 5-2 可编程序控制器（PLC）的组成框图

（1）CPU CPU 是 PLC 的主要部分，是 PLC 的大脑、控制中心。控制电路、运算器和寄存器，这些电路集成到一块芯片上构成 CPU。CPU 通过地址总线、数据总线、控制总线与存储单元、输入/输出（I/O）单元相连接。

中央处理器的主要功能：

1）从存储器中读取指令。CPU 从地址总线取出存储地址，从控制总线上取出读命令，从数据总线上得到读出的指令，并存入 CPU 内的指令寄存器中。

2）执行指令。CPU 对存放在指令寄存器中的指令操作码进行译码，执行指令规定的操作，如读取输入信号，读取操作数，进行逻辑运算或算术运算，并将结果送到 PLC 的输出端，响应各种外部设备（如编程器、打印机）的请求。

3）准备取下一条指令。CPU 执行完一条指令后，能根据条件读取和执行下一条指令，在 CPU 的控制下，程序的指令既可以顺序执行，也可以有分支或跳转。

4）处理中断。CPU 在执行程序时，还能接收输入输出接口发来的中断请求，并进行中断处理，中断处理完后，可再返回原址，继续执行源程序。

5）CPU 还具有检查电源、存储器、I/O 的状态，诊断用户程序的语法错误等功能。

各种可编程序控制器产品不同，其中央处理器也不相同，但它在系统中的作用是一致的。目前，中型 PLC 为了提高其自身的可靠性，常采用双中央处理单元系统：一个是主处理器，用来处理字节操作指令，控制系统总线，监视扫描时间，统一管理编程接口；另一个是从处理器，专门用来处理位操作指令，配合操作系统实现 PLC 编程语言向机器语言转换，以加快 PLC 工作处理速度。

（2）存储器 存储器是具有记忆功能的半导体电路，用来存放系统程序、用户程序和工作数据等。存放用户程序和工作数据的存储器称为用户储存器；存放系统程序的存储器称为系统程序存储器。

1）系统程序存储器。系统程序是制造可编程序控制器产品的厂家根据 CPU 部件的指令系统编写的程序，包括系统工作程序（监控程序）、模块化应用功能子程序、命令解释程序、功能子程序的调用管理程序、系统诊断程序和系统参数等。

系统程序存储器包括只读存储器（ROM）和可擦除只读存储器（EPROM）两种，存储在 ROM 和 EPROM 的内容，在断电情况下可以保持不变。通常，存储在系统程序存储器中的系统程序都是事先刻录在 ROM（或 EPROM）芯片中的，开机后即可运行其中的程序。另外，存放在系统程序存储器中的内容，用户是无法直接存取的。系统程序和硬件一起决定了 PLC 的性能。

2）用户存储器。用户存储器是专门提供给用户存放用户程序和数据的。一般 PLC 产品说明书中所列的存储器就是指用户存储器。不同的 PLC 产品，其存储容量不相同，中小型 PLC 用户存储器容量一般不超过 8KB，大型 PLC 用户存储器容量可高达几百 KB。

用户存储器包括随机存储器（RAM）和可擦除只读存储器（EPROM 和 E^2PROM），EPROM 在写入和擦除程序时都需要专用的写入器和擦除器；E^2PROM 采用电擦除的方法，写入和擦除程序时只需要编程器即可，使用较方便。写入 EPROM 或 E^2PROM 的程序在断电情况下仍能保持，如果需要改变程序，需要重写或更换 EPROM 和 E^2PROM。通常情况下，对于调试成熟且长期使用的用户程序需要存储在 EPROM 或 E^2PROM 中。

对于大部分的用户，程序和数据都是存储在随机存储器（RAM，又称读/写存储器）之中。RAM 的特点是：一旦失电，RAM 的内容就会丢失。为了避免这种现象，通常用锂电池作备用电源，当 PLC 的电源断电时，备用锂电池可用来维持供电，以保存 RAM 内停电前的程序和数据，直到用户重新输入程序和数据，RAM 的内容才改变。锂电池工作寿命大约为 1 ~5 年。

（3）输入/输出接口（简称 I/O 接口） 输入/输出接口是 PLC 与外部设备之间传送信息的接口电路。

1）输入接口。PLC 通过输入接口把工业设备或生产过程的状态或信息（称为输入信号）输入到主机中。一般情况下，现场的输入信号可以是按钮、行程开关、接触器的触头以及其他一些传感器输出的开关量或模拟量（要通过数/模转换后才能输入 PLC 内）。

输入接口一般由光耦合电路、输入状态寄存器和输入数据寄存器组成。采用光耦合电路与现场输入信号连接可以有效防止现场的强电干扰信号进入到 PLC 中。该电路的核心器件是光耦合器，应用最多的是由发光二极管和光敏晶体管构成的光耦合器。其电路如图 5-3 所示。由于输入和输出端是依靠光信号耦合的，在电气上完全的隔离，输出端的信号不会反馈到输入端，也不会产生地线干扰和其他串扰，保证了 PLC 工作的稳定性。

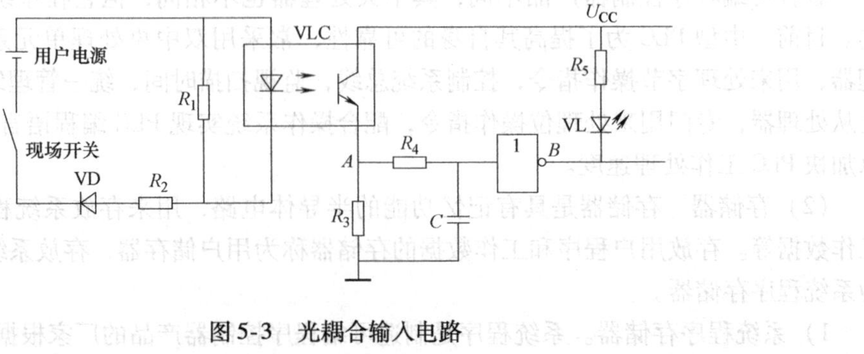

图 5-3 光耦合输入电路

现场的输入信号通过光耦合器转换成 PLC 能接受的电平信号，再输入到输入状态寄存器或输入数据寄存器中，最后由总线传送给 CPU。

输入接口按输入信号使用的电源不同分为 3 种类型：直流 DC 12～24V 输入接口；交流 AC 100～120V 或 AC 200～240V 输入接口；交、直流 AC/DC 12～24V 输入接口。其电路如图 5-4 所示。

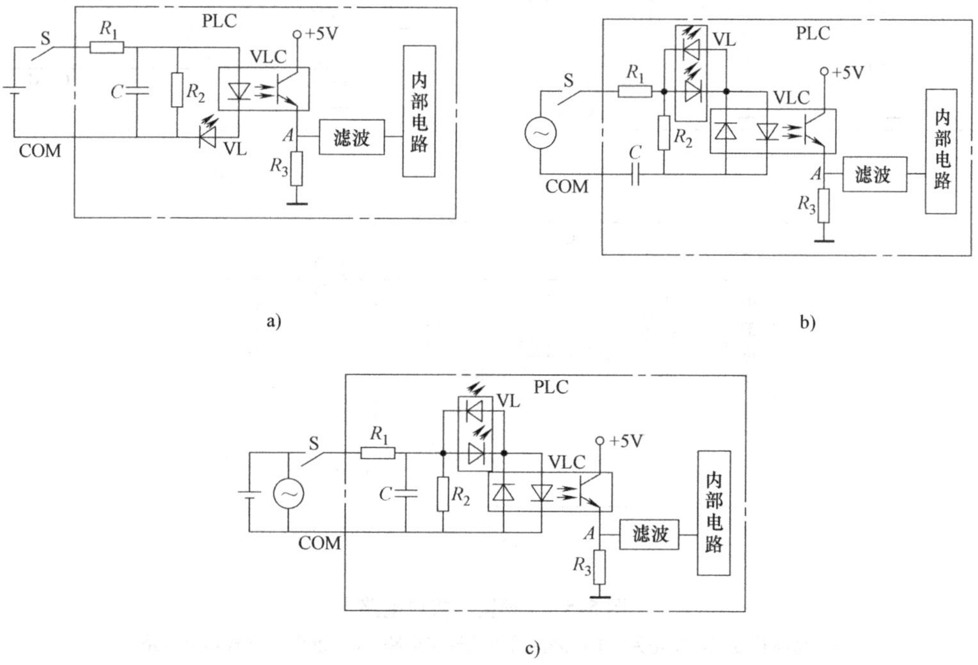

图 5-4　不同电源的输入接口电路

a）直流输入接口电路　b）交流输入接口电路　c）交、直流输入接口电路

2）输出接口　PLC 的输出信号是通过输出接口电路传送的，这些信号控制现场的执行部件完成相应的动作。常见现场执行部件有电磁阀、接触器线圈、继电器线圈、信号灯、电动机等。输出接口电路一般由输出数据寄存器、输出状态寄存器、光耦合器和功率放大电路等组成。

可编程序控制器输出一般有 3 种方式可供选用，即继电器方式输出、晶闸管方式输出和晶体管方式输出。其电路如图 5-5 所示。

目前以继电器方式输出应用较多，表 5-1 是 3 种输出方式的比较。

（4）电源部件　PLC 一般使用 220V 的单相交流电源。电源部件是将交流电源 220V 转换成 PLC 内部电路所需要的直流电源，以保证 PLC 正常工作。PLC 电源部件性能的好坏直接影响 PLC 的功能和可靠性，因为它是 PLC 内部电路使用能源的供给中心。

对于小型 PLC 一般采用开关式稳压电源供电，此电源一方面为 PLC 内部电路提供直流 5V 的工作电压，另一方面可为外部输入元件提供直流 24V 的电压。

（5）编程器及其编程输入方式　编程器是 PLC 输入（或调试）程序的专门装置，它也可以用来监控 PLC 程序执行情况。目前常用的编程器有手持式简易编程器、便携式图形编程器。此外，PLC 应用微型计算机也可以输入（或调试）程序。表 5-2 是对不同的程序输入方式进行比较。

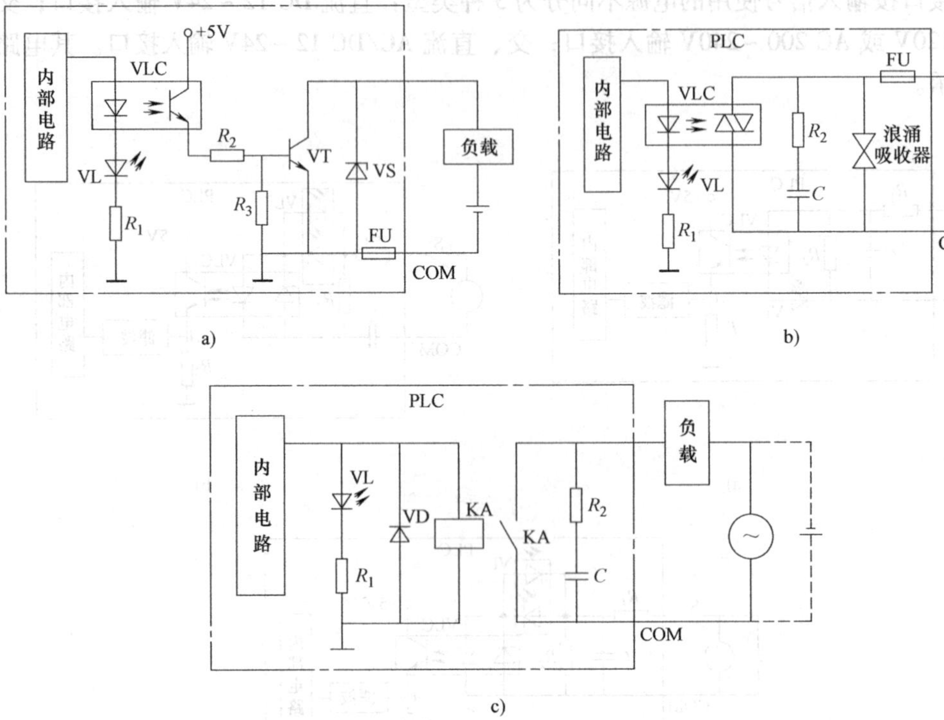

图 5-5　3 种输出接口电路

a）晶体管方式输出电路　b）晶闸管方式输出电路　c）继电器方式输出电路

表 5-1　可编程序控制器的 3 种输出方式比较

输出方式	特　点	应　用
继电器方式输出	接触电阻小，使用寿命可达 10^{10} 次，但其响应速度慢，一般为毫秒级，可带直流负载也可带交流负载，属于交、直流输出接口	常用于低速大功率负载
晶闸管方式输出	负载电流比较大，耐电压也较高，响应速度较快，一般为微秒级，只能带交流负载，属于交流输出接口	常用于高速大功率负载
晶体管方式输出	响应速度快，一般为纳秒级，并且输出可调节，寿命长，只能带直流负载，属于直流输出接口	常用于高速小功率负载

表 5-2　程序输入方式比较

程序输入装置	优　点	缺　点
手持式简易编程器	价格低、体积小使用最普及，特别适用于一般自动控制系统的编程与现场调试	采用指令语句表编程，编程相对复杂，且显示屏小，不利于程序检查
便携式图形编程器	采用梯形图编程方式，编程较简单，且显示屏较大，可多行显示梯形图	此种编程器价格较高，应用并不广泛

（续）

程序输入装置	优　点	缺　点
微型计算机	采用计算机编程是最直观，功能最强大的一种方式，既可用梯形图编程也可用指令语句表编程，并且梯形图和指令语句可相互转换，且程序的可读性较强。编好的程序可直接存储在计算机的硬盘上，利用计算机的硬件资源，以降低编程器的成本	需要配备微型计算机，并需有配套的应用软件，提高了配套成本

（6）通信接口　为了实现“人—机”或“机—机”之间的对话，PLC 配有多种通信接口。PLC 通过通信接口可以与监视器、打印机、计算机或其他的 PLC 机相连。PLC 的通信接口主要有 RS232 或 RS422 接口两种。

2. 可编程序控制器的工作原理

可编程序控制器采用循环扫描工作方式。在 PLC 中，用户程序是按顺序存放的，CPU 从第 1 条指令执行，直到遇到结束符号（指令）后又返回第 1 条指令，如此周而复始不断循环。PLC 工作过程包括输入采样、程序执行、输出刷新 3 个阶段，如图 5-6 所示。

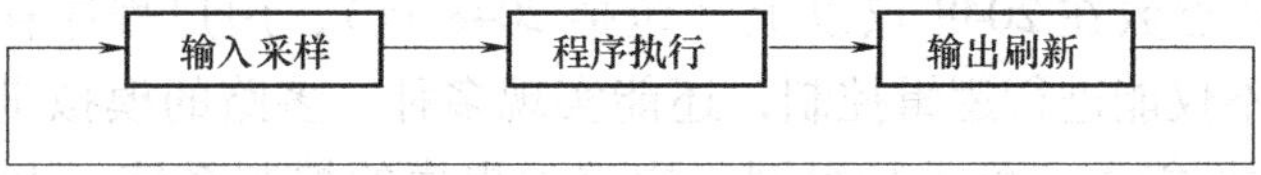

图 5-6　可编程序控制器循环扫描工作过程

（1）输入采样　PLC 首先对各个输入端进行扫描，也就是输入采样，并将各输入端的状态信息存入到输入状态寄存器中。

（2）程序执行　CPU 将用户程序寄存器中的用户指令按先左后右、先上后下的顺序逐条调出并执行，当用户程序涉及输入/输出状态时，PLC 从输入状态寄存器中读出采入的输入端状态，从输出状态寄存器中读出对应输出寄存器的状态，根据用户程序进行处理，并将结果再存入相关的寄存器中。在程序执行期间，输入状态寄存器与外界隔离，即使输入状态发生变化，输入寄存器的内部也不会改变，只有在下一个扫描周期的输入采样阶段才被读入新的信息。对于 PLC 内部的器件，其状态寄存器中所寄存的内容，会随程序执行的进程而变化。

（3）输出刷新　当所有的指令执行完毕后，会集中把输出状态寄存器的内容通过输出部件转换成被控设备所能接受的电压或电流信号，以驱动被控设备。

PLC 重复地执行上述 3 个阶段，每执行一次称为一个扫描周期。值得注意的是，由于 PLC 采用循环扫描工作方式，若在用户程序执行阶段，即使输入端发生了变化（例如按钮抖动，干扰信号窜入），输入状态寄存器的内容是不会发生变化的，必须到了下一个扫描周期的执行输入采样阶段，PLC 才能采样输入新的输入数据。暂存在输出状态寄存器的输出信号，也要等到一个循环周期结束，CPU 才集中将这些输出信号全部输出给输出端。可见，PLC 输入、输出状态的改变，需要一个扫描周期，也就是说，输入、输出的状态保持一个扫描周期不变，这就要求输入信号的宽度必须大于一个扫描周期，否则极易丢失。由此也可看出，这种工作方式对干扰信号（干扰信号通常都是幅度高、周期短）的抑制有一定的效果。

PLC 的扫描周期是一个较重要的指标。一般来说，输入采样和输出刷新阶段所需的时间很短（只需几毫秒），故扫描周期主要取决于程序的长短，通常为几十毫秒。

3. 可编程序控制器的分类

目前可编程序控制器的产品种类很多，主要有以下几种分类方法：

（1）按输入/输出（I/O）点数和存储器容量分类　按 I/O 点数不同可将可编程序控制器分为小型、中型和大型 3 种类型。

1）小型机。I/O 点数在 256 点及以下，用户程序存储器容量在 4KB 以下。这类 PLC 结构简单、体积小、价格低廉，适用于控制单台设备。

典型的小型机有西门子公司的 S7—200 系列、三菱公司的 FX 系列、松下公司的 FP 系列、欧姆龙公司的 CPM2A 系列等产品。

2）中型机。I/O 点数在 256 ~ 2048 点（不含 256 点和 2048 点），用户程序存储器容量达到 8KB。中型 PLC 不仅具有开关量和模拟量的控制功能，还具有较强的数字计算能力，且具有较强的通信能力。中型 PLC 的指令比小型机丰富，适用于复杂的逻辑控制以及连续生产过程控制场合。

典型的中型机有西门子公司的 S7—300 系列、欧姆龙公司的 C200H 系列等产品。

3）大型机。I/O 点数在 2048 点以上（包括 2048 点），用户程序存储器容量达到 8 ~ 16KB。大型 PLC 机不仅能进行逻辑控制，还能实现多种、多路的模拟量控制，且具有强大的网络结构和通信联网能力，可进行组网，构成大规模的控制系统。大型 PLC 机适用于设备自动化控制、过程自动化控制和过程监控系统。

典型的大型机有西门子公司的 S7—400 系列、欧姆龙公司的 CVM1 和 CS1 系列、AB 公司的 SLC5/05 系列等产品。

（2）按结构形式分类　按 PLC 物理结构形式的不同，可分为整体式（也称单元式）和组合式（也称模块式）两类。

1）整体式结构。整体式结构的 PLC 是将中央处理器、存储器、输入和输出接口、电源、通信端口等组装在一个箱体内构成主机。另外独立的 I/O 扩展单元等通过扩展电缆与主机的扩展端口相连，以构成 PLC 不同配置与主机配合使用。整体式结构的 PLC 结构紧凑、体积小、成本低、安装方便。小型 PLC 机常采用这种结构。

2）组合式结构。这种结构的 PLC 是将中央处理器、存储器、输入和输出接口、电源单元、通信单元等分别做成相应的电路板或模块，各模块可以插在带有总线的底板上。组合式结构的特点是配置灵活，输入接点和输出接点的数量可以自由选择，各种功能模块可以依需要灵活配置。大、中型 PLC 机常采用这种结构。

4. 可编程序控制器的主要性能指标

（1）输入/输出（I/O）点数　I/O 点数是指 PLC 面板上输入、输出的端子个数，常称为“点数”。I/O 点数通常用输入点数和输出的点数的和表示。这是最重要的一项技术指标，决定着 PLC 的控制能力。一般说来，PLC 具有的 I/O 点数越多，其控制能力就越强，用户要求的程序存储器容量就越大，要求 PLC 的指令功能越多，执行指令的速度也相应较快。

（2）扫描速度　扫描速度是指 PLC 执行程序的速度，是衡量 PLC 性能的重要指标，一般以执行 1000 步指令所需的时间来衡量，单位为 ms/千步；也有用执行一步指令的时间计算，单位为 μs/步；还有用执行 1KB 程序所用的时间来衡量的，单位为 ms/KB，如 20ms/KB 表示扫描 1KB 用户程序所用的时间为 20ms。

（3）存储容量　存储容量表示能存放多少用户程序。通常用千字节（KB）或千位来表示。有的 PLC 用“步”衡量，即指程序指令是按“步”存放的（有的一条指令往往不止 1 步），1 步占用 1 个地址单元，1 个地址单元占用 2KB。若一个存储容量为 1000 步的 PLC，可推知其存储容量为 2KB。

（4）指令条数　它表示 PLC 软件功能的强弱。指令越多，编程功能越强。

（5）高功能模块　PLC 除了主机模块外，还可以配接各种高功能模块。主机模块实现基本控制功能，高功能模块则可实现某一种特殊的专门功能。衡量可编程序控制器产品水平高低的重要指标是它的高功能模块多少以及功能的强弱。常见的高功能模块主要是 A/D 模块、D/A 模块、高速计数模块、速度控制模块、温度控制模块、位置控制模块、轴定位模块、远程通信模块、高级语言编辑以及各种物理量转换模块等。

高功能模块使 PLC 不仅能进行开关量顺序控制，而且还能进行模拟量控制，可进行精确的定位和速度控制，可以和计算机进行通信，可以直接用高级语言进行编辑，给用户提供强有力的工具。

第二节　可编程序控制器内部的元器件及编程语言介绍

一、可编程序控制器内部的元器件

在讲可编程序控制器的编程语言之前，先介绍一下可编程序控制器内部的元器件，因为 PLC 的逻辑指令都是针对 PLC 内部的某一个元器件的状态而言的，通常元器件状态存放在存储器指定的存储单元中。

可编程序控制器内部的元器件与继电器器件相类似，具有线圈和触点，供编程时调用。当线圈得电时，其常开触点闭合、常闭触点断开；当线圈失电时，其常开触点恢复断开、常闭触点恢复闭合。PLC 内部的元器件与继电器在本质上是不同的，PLC 内部元器件仅表示存储器中的存储单元，当线圈得电表示该元器件在存储器指定的存储单元中的状态置为“1”；线圈失电表示该元器件在存储单元的状态置为“0”。PLC 编程时就是对一些元器件的线圈、常开和常闭触点进行逻辑控制，以实现不同的控制要求。PLC 内部的元器件功能是独立的，每种元器件用相应的字母表示，例如用“X”表示输入继电器；用“Y”表示输出继电器；用“M”表示辅助继电器；用“T”表示定时器；用“C”表示计数器等。通常还对这些元器件进行规定的编号，编号通常采用八进制数。例如，12 点输入的 PLC，其输入继电器的编号为 X000 ~ X007、X010 ~ X013。在使用这些元器件时，不能使用厂家未提供的器件编号。为此，熟悉 PLC 内部的元器件的功能及其规定编号是非常必要的。

1. 输入继电器（X）

输入继电器是 PLC 中专门用来接收外部信号的器件，外部信号包括开关信号、传感器信号等。所有输入继电器只能由输入端接收的外部信号驱动，而不能用程序驱动。在梯形图中，只能出现输入继电器的触点，不能出现输入继电器的线圈。输入继电器的常开、常闭触点可无数次使用（实质上是反映输入继电器的状态），供编程时使用。当输入继电器线圈得电时（状态为高电平时），其常闭触点断开、常开触点闭合；当输入继电器线圈失电时（状态为低电平时），其常闭触点恢复闭合、常开触点恢复断开。输入继电器与PLC的输入端子相连（见图5-7），PLC内部的输入继电器线圈X0、X1、X2分别与PLC的输入端子X0、X1、X2相连。

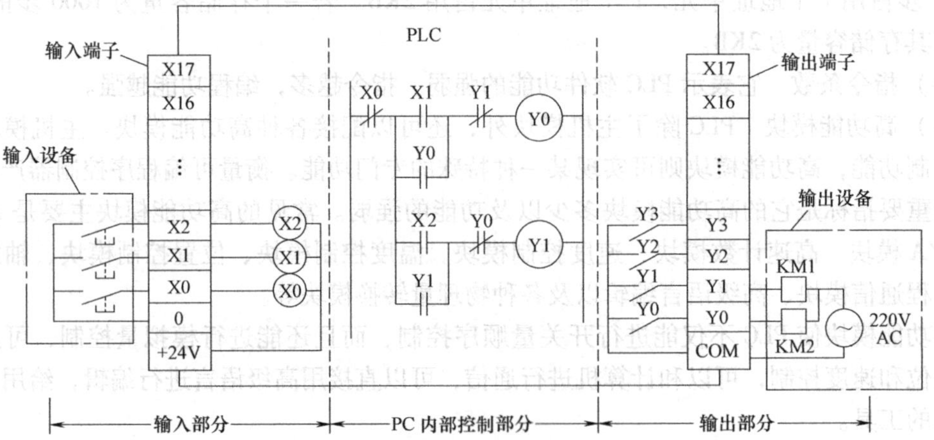

图5-7 PLC控制系统组成及其等效电路

PLC的输入端子是指PLC的输入继电器（X）从外部接收开关信号的端口。通常输入端子与输入继电器是一一对应的，有多少个输入继电器就有多少个输入端子。例如，12点输入也是指PLC有12个输入继电器。

2. 输出继电器（Y） 输出继电器是专门用来将输出信号传递给外部负载的器件。它与PLC的输出端子相连，可提供常开、常闭触点，其触点可无数次使用（实质上触点是表示输出继电器在内存中的状态），供编程时使用。输出继电器只能用程序的内部指令驱动，外部信号无法直接驱动它。当输出继电器线圈得电时（状态为高电平时），其常闭触点断开、常开触点闭合；当输出继电器线圈失电时（状态为低电平时），其常闭触点恢复闭合、常开触点恢复断开。通常输出继电器线圈只能使用一次，不能重复使用，否则程序会出错。

输出继电器（Y）与PLC的输出端一一对应，如图5-7所示。输出继电器的触点Y0、Y1、Y2、Y3分别与PLC的输出端子Y0、Y1、Y2、Y3相连。PLC的输出端是输出继电器（Y）向外部负载输出信号的端口。PLC有多少输出继电器（Y）就对应有多少输出端口，例如，40点输出是指PLC有40个输出继电器。同样输出端口编号通常采用八进制数，40点输出编号为Y0～Y7、Y10～Y17、Y20～Y27、Y30～Y37、Y40～Y47。

注意：输出继电器是PLC唯一能驱动外部负载的器件。当输出继电器的线圈得电时，表示相应的输出端口有信号输出，并驱动相应负载动作。

3. 辅助继电器（M）

辅助继电器在PLC中主要用于存放中间变量，其作用相当于继电器控制系统的中间继电器。PLC中的辅助继电器和输出继电器一样，只能由程序驱动。每一个辅助继电器也有无限对常开、常闭触点，但注意仅供编程时使用，不能提供给外部输出，且辅助继电器线圈同样不能重复输出。

辅助继电器通常有通用型和失电保持型两种。

（1）通用型辅助继电器　同输出继电器一样，当其线圈得电时（状态为高电平时），其常闭触点断开、常开触点闭合；当其线圈失电时（状态为低电平时），其常闭触点恢复闭合、常开触点恢复断开。

（2）失电保持型辅助继电器　在生产中，有时需要保持失电前的状态，以便来电后继续失电前的工作，这时就需要用一种能保持失电前状态的辅助继电器，即失电保持型辅助继电器。这种继电器之所以能保持失电前的状态，是因为一旦失电后，此继电器能够通过备用的锂电池继续供电。

另外，PLC 内部还有一些特殊的辅助继电器用于特定的一些控制。

4. 定时器（T）

通常 PLC 会提供上百个定时器，其功能相当于继电器控制系统的时间继电器。定时器是根据时钟脉冲累积计时的。时钟脉冲有 1ms、10ms、100ms，其延时时间由编程中的设定值 K（K 为十进制数）决定，如 100ms 的定时器每经过 100ms，其设定值 K 减 1，而 10ms 的定时器每经过 10ms，其设定值 K 减 1。当设定值 K 减为 0 时，定时器的延时触点动作（即常开触点闭合，常闭触点断开）。它可提供无限对常开、常闭延时触点供编程使用。定时器编号采用十进制数，如 100 个定时器其编号为 T0 ~ T99。

5. 计数器（C）

计数器的计数次数由编程中的设定值 K（K 为十进制数）决定，每经过一个 PLC 的扫描周期，只要条件满足，计数器就计数一次，当计数值与设定值 K 相等时，计数器的触点动作（即常开触点闭合，常闭触点断开）。由于计数器通常具有掉电保持功能（即失电后由备用的锂电池继续供电），当计数器的计数值不需要保持时需要有复位信号输入。当 PLC 的计数器复位时，计数器的触点恢复原状，之后需要对计数器重新计数。

二、可编程序控制器的编程语言

可编程序控制器具有丰富的编程语言，包括梯形图编程语言、指令语句表编程语言、功能块图（逻辑符号）编程语言以及与计算机兼容的 BASIC 语言、C 语言等高级语言。各种语言都有自身的特点，一般来说，功能越强大，语言就越高级，但掌握起来就越困难。目前最常用的编程语言是梯形图编程语言和指令语句表编程语言。由于目前还没有统一的编程语言，对于不同的 PLC 生产厂家及不同的机型其编程语言是不完全相同的，使用的符号也是不一样的，但编程的方法和原则是一致的。本文的梯形图与指令表以日本三菱 FX 系列机型为例进行介绍。

1. 梯形图编程语言

梯形图是最直观，最简单的一种编程语言，它是在原电气控制系统中的继电器—接触器的控制原理图基础上演变而来的，是目前应用最普遍的一种可编程序控制器编程语言。梯形图因其形状如梯子而得名（见图 5-8），每个输出构成一个梯级，每个梯级由一个或多个支路组成。

梯形图及符号的画法应按一定规则，各厂家的符号和规则虽不尽相同，但基本上大同小异。表 5-3 是梯形图中部分符号的表示方法。

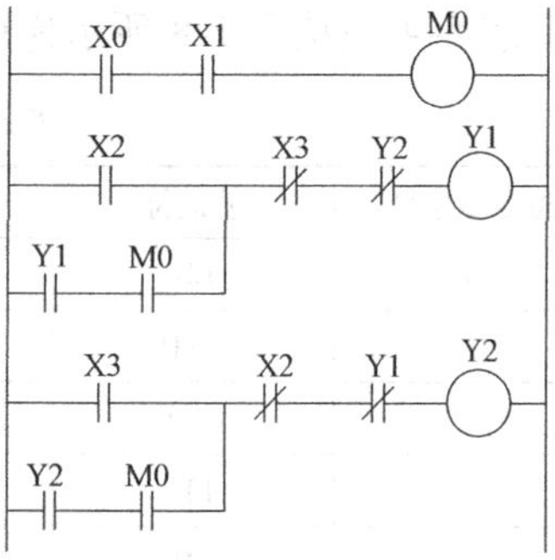

图 5-8　梯形图

表 5-3 不同厂家的梯形图中部分符号表示方法

厂家	输入动合触点（常开触点）	输入动断触点（常闭触点）	输出继电器线圈	输出继电器常开触点	输出继电器常闭触点
欧姆龙主机	0000	0001	0500	0500	0500
松下主机	X0	X1	Y0	Y0	Y0
三菱主机	X0	X1	Y0	Y0	Y0
注释	欧姆龙：00 □□表示输入触点 松下和三菱：X □表示输入触点		欧姆龙：05 □□表示输出线圈和触点 松下和三菱：Y □表示输出线圈和触点		

注："□" 表示输入、输出继电器编号，通常为八进制编号。

2. 指令语句表编程语言

用梯形图编程，直观、简便，但要求配备图形编程器和微型计算机，对于小型机一般无法满足，而是采用便携式的简易编程器（指令编程器），将程序输入到可编程序控制器中，这种程序输入方法通常使用指令语句（助记符语言）进行编程。

所谓指令就是用英文名称的缩写字母来表达 PLC 各种功能的助记符号。PLC 的指令有基本指令和功能指令之分。

（1）基本指令　基本指令由指令助记符和操作元件两部分组成。助记符是每一条基本指令的符号，它表明了操作功能；操作元件是基本指令的操作对象。

如：　LD　X1

助记符　操作元件

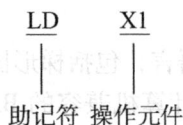

（2）功能指令　功能指令又称为应用指令，是一系列完成不同功能子程序的指令。功能指令主要由功能指令助记符和操作元件两部分组成。

由指令语句构成的能完成控制任务的指令组合称为指令语句表。指令语句表与梯形图有着完全的对应关系，二者是可以相互转化的。

表 5-4 是从图 5-8 所示梯形图转化而来的指令表。

表 5-4 由图 5-8 所示梯形图转化的指令表

指令步序号	助记符	操作元件	功能解释
0	LD	X0	读取输入继电器 X0 常开触点的状态
1	AND	X1	X0 常开触点与 X1 常开触点是"逻辑与"关系
2	OUT	M0	将触点的逻辑关系结果输出给辅助继电器 M0
3	LD	X2	读取输入继电器 X2 常开触点的状态
4	LD	Y1	读取输出继电器 Y1 常开触点的状态
5	AND	M0	M0 常开触点与 Y1 的常开触点是"逻辑与"关系

（续）

指令步序号	助记符	操作元件	功 能 解 释
6	ORB		将 X2 组成的电路块与 Y1 和 M0 组成的电路块进行并联
7	ANI	X3	“逻辑与”输入继电器 X3 常闭触点的状态
8	ANI	X2	“逻辑与”输入继电器 X2 常闭触点的状态
9	OUT	Y1	将触点的逻辑关系结果输出给输出继电器 Y1
10	LD	X3	读取输入继电器 X3 常开触点的状态
11	LD	Y2	读取输出继电器 Y2 常开触点的状态
12	AND	M0	M0 常开触点与 Y2 的常开触点是“逻辑与”关系
13	ORB		将 X3 组成的电路块与 M0 和 Y2 组成的电路块进行并联
14	ANI	X2	“逻辑与”输入继电器 X2 常闭触点的状态
15	ANI	Y1	“逻辑与”输出继电器 Y1 常闭触点的状态
16	OUT	Y2	将触点的逻辑关系结果输出给输出继电器 Y2
17	END		结束指令

第三节　梯形图编程方法及基本指令介绍

一、梯形图简介

1. 梯形图的左、右母线

梯形图中最左边的垂直线称为左母线，最右边的垂直线称为右母线。画梯形图时每个逻辑行必须从左母线开始，终止于右母线（右母线可省略不画）。梯形图只是 PLC 形象化的一种编程方法，梯形图中左、右母线之间并不接任何电源，每个逻辑行中并没有实际电流通过，只是认为梯形图中每个逻辑行有假想的电流从左向右流动。

画梯形图必须遵守以下两点：

1）左母线只能接 PLC 中各类继电器的触点，继电器的线圈不能直接接左母线。

2）右母线只能接 PLC 中各类继电器的线圈（输入继电器的线圈除外），继电器的触点不能直接接右母线。梯形图的左、右母线如图 5-9 所示。

2. 输入继电器、输出继电器线圈和触点在梯形图中的表示

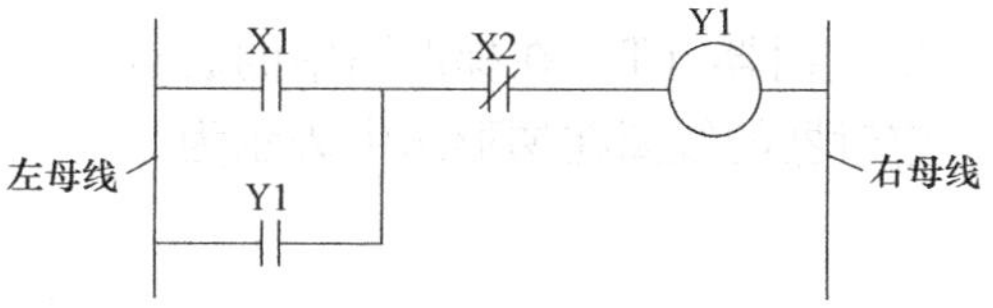

图 5-9　梯形图的左、右母线

（1）输入继电器（X）线圈和触点的表示

由于每个输入继电器（X）的线圈是由对应输入端外部的开关信号驱动的，故在梯形图中不表示输入继电器的线圈，只表示输入继电器的常开触点和常闭触点。当输入继电器的线圈得电时，其对应的常开触点闭合、常闭触点断开；当输入继电器的线圈失电时，其对应的常开触点、常闭触点恢复原态。

输入继电器的常开触点在梯形图中表示为

输入继电器的常闭触点在梯形图中表示为

（2）输出继电器（Y）线圈和触点的表示

当输出继电器的线圈得电时，其对应的常开触点闭合、常闭触点断开；当输出继电器的线圈失电时，其对应的常开触点、常闭触点恢复原态。通常情况下，输出继电器的同一线圈的编号在梯形图中只能出现一次；而同一编号的触点可以重复出现。

在梯形图中，所有的触点都应按照从上到下、从左到右的顺序排列，触点不可与右母线相连接；所有的线圈只能出现在每个梯阶的最后，即与右母线相连。

输出继电器的线圈在梯形图中表示为

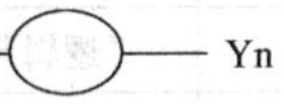

输出继电器的常开触点在梯形图中表示为

输出继电器的常闭触点在梯形图中表示为

3. 辅助继电器（M）线圈和触点在梯形图中的表示

PLC 内部有很多辅助继电器，每个辅助继电器都有无限多对常开、常闭触点，供编程使用。辅助继电器只能由程序驱动，且其触点不能直接驱动外部负载，其作用相当于继电器控制系统的中间继电器。

辅助继电器的线圈在梯形图中表示为

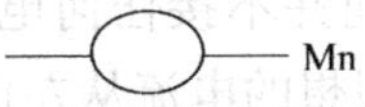

辅助继电器的常开触点在梯形图中表示为

辅助继电器的常闭触点在梯形图中表示为

4. 定时器（T）在梯形图中的表示

定时器的线圈在梯形图中表示为

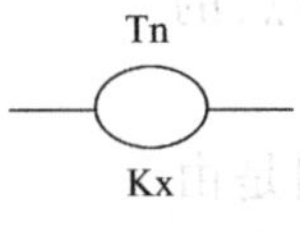

Tn 定时器定时时间 = 时钟脉冲 × Kx（设定值）。如当时钟脉冲为 100ms 时，K = 100（设定值为 100）时，该定时器的定时时间为 100ms ×100（K 值）= 10s 当定时器的定时时间到，则定时器的常开触点闭合，常闭触点断开。

定时器的常开触点在梯形图中表示为

定时器的常闭触点在梯形图中表示为

5. 计数器（C）在梯形图中的表示

计数器的线圈在梯形图中表示为

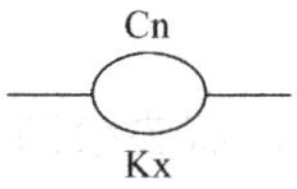

计数器每经过一个扫描周期，其设定值 Kx 减 1，当 Kx 为零时，其常开触点闭合，常闭触点断开。

计数器的常开触点在梯形图中表示为

计数器的常闭触点在梯形图中表示为

二、梯形图编程的规则

1）梯形图最左边是起始母线，在 PLC 中起始母线只表示一行的起点，而非电源线，因此只画一条竖线表示，每一逻辑行必须从起始母线开始画起。梯形图的最右边是结束母线，但也可以省略不画。

2）梯形图必须按从左到右、从上到下的顺序书写，可编程序控制器是按这个顺序执行程序的，不存在几条并列支路同时动作的情况。

3）梯形图中只有常开和常闭两种触点。任何继电器的常开触点和常闭触点图形符号基本相同，但它们的文字符号是不相同的。输入继电器、输出继电器、定时器、计数器等的编号必须使用 PLC 中允许范围内的参数，否则会引起程序出错。图中的继电器是“软继电器”，它不是继电器电路中的物理继电器，它实质是存储器中的每位触发器。当它为“1”时，表示继电器线圈通电，则其常开触点闭合，常闭触点断开；当它为“0”时，表示继电器线圈失电，则其常开触点恢复断开，常闭触点恢复闭合。

4）每个继电器线圈为一个逻辑行，即一个梯级，通过触点的不同连接，最后终于继电器线圈。通常情况下，梯形图中继电器线圈在程序中只能使用一次，而继电器触点可反复使用。在梯形图中，输出继电器线圈可以并联，但不能串联。

5）输入继电器不能由内部其他继电器的触点驱动，它只供 PLC 接受外部输入信号，故在梯形图中不会出现输入继电器线圈。

6）输出继电器是由 PLC 作输出控制用，以驱动外部负载。当梯形图中的输出继电器线圈接通时，表示相应的输出点有输出信号。

三、梯形图编程步骤

1. PLC 的输入端和输出端的设置（I/O 分配）

在设计梯形图之前，要根据控制系统的所有输入信号和输出信号分配一下 PLC 的输入点和输出点，使每一个输入控制信号对应一个输入继电器，每一个输出信号对应一个输出继电器（称为 I/O 分配）。

用 PLC 实现对电动机连续正转控制为例，说明一下梯形图编程步骤。表 5-5 为其 I/O 分配表。

表 5-5 I/O 分配表

输入信号	PLC 的输入端设置	输出信号	PLC 的输出端的设置
起动按钮 SB1	X1	接触器 KM1 线圈	Y1
停止按钮 SB2	X2		

2. 绘制 PLC 的接线图

当分配好 PLC 的输入端和输出端后，需要绘制出输入开关量、驱动负载与 PLC 的接线图，以利于编制梯形图程序。图 5-10 所示为 PLC 的接线。

3. 梯形图程序设计

根据控制逻辑关系设计梯形图程序。图 5-11 所示为梯形图程序。

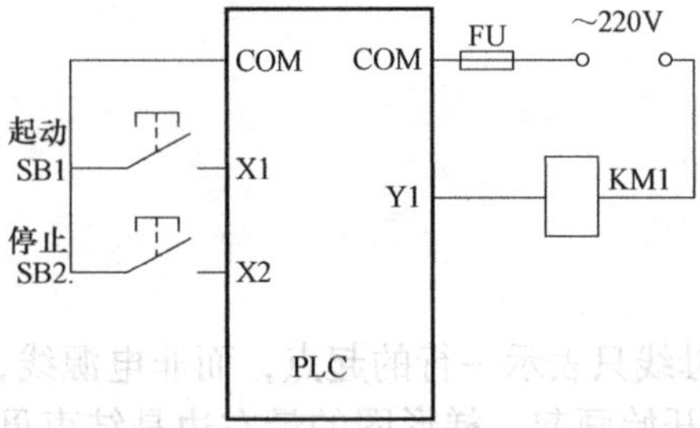

图 5-10 PLC 的接线

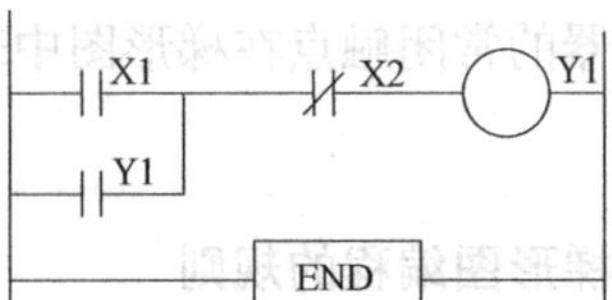

图 5-11 PLC 梯形图程序

四、FX 系列可编程序控制器的基本指令介绍

1. 逻辑取与逻辑取反指令

LD 指令：逻辑取指令，是将常开触点与左母线连接的指令。

LDI 指令：逻辑取反指令，是将常闭触点与左母线连接的指令。

2. 继电器线圈驱动指令

OUT 指令：驱动继电器线圈的输出指令。OUT 指令不能对输入继电器使用。OUT 指令可以多次使用，但每次使用只能驱动一个继电器线圈，且不能重复驱动同一线圈。

图 5-12 所示为 LD、LDI、OUT 指令的使用及与梯形图的转换。

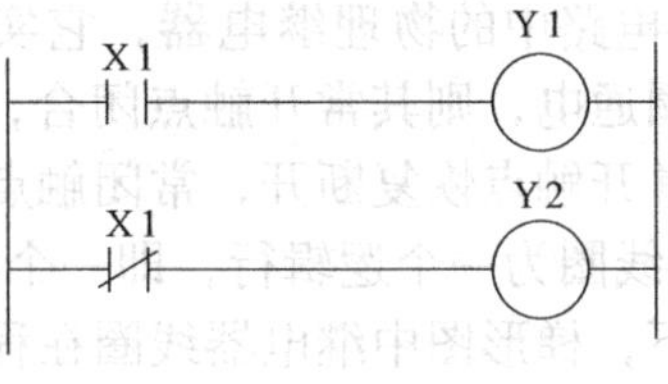

a)

0	LD	X1
1	OUT	Y1
2	LDI	X1
3	OUT	Y2
4	END	

b)

图 5-12 LD、LDI、OUT 指令的使用及与梯形图的转换
a）梯形图 b）指令表

3. 逻辑与和逻辑与非指令（AND、ANI）

AND 指令：逻辑与指令，是继电器常开触点的串联指令。

ANI 指令：逻辑与非指令，是继电器常闭触点的串联指令。

4. 逻辑或与逻辑或非指令（OR、ORI）

OR 指令：逻辑或指令，是继电器常开触点的并联指令。

ORI 指令：逻辑或非指令，是继电器常闭触点的并联指令。

图 5-13 所示为 AND、ANI、OR、ORI 指令的使用及与梯形图的转换。

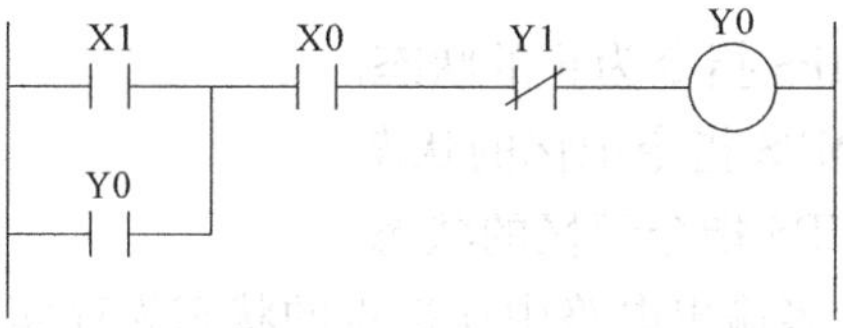

0 LD X1
1 OR Y0
2 AND X0
3 ANI Y1
4 OUT Y0
5 END

a)　　b)

图 5-13　AND、ANI、OR、ORI 指令的使用及与梯形图的转换

a）梯形图　b）指令表

5. 电路块并联连接指令（ORB）

ORB 指令：电路块并联连接指令，用于两个或两个以上的触点串联连接的电路之间的并联（称为串联电路块的并联连接）。使用中每个串联电路块用 LD 或 LDI 和 AND 或 ANI 指令取出，当取出第一个串联电路块后，每取出一个串联电路块，用 ORB 指令与之并联一次。图 5-14 所示为 ORB 指令的使用及与梯形图的转换。

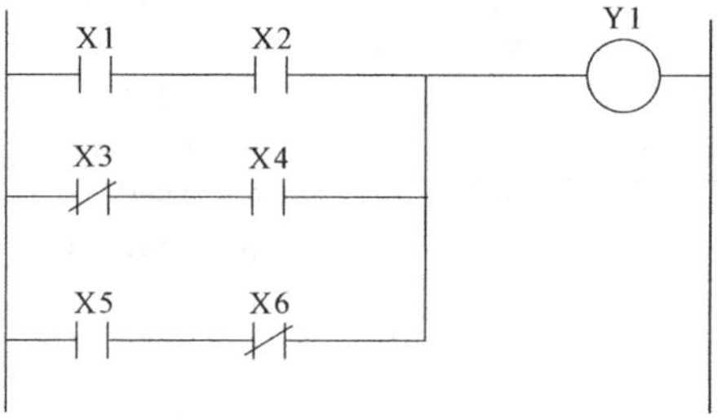

0 LD X1
1 AND X2
2 LDI X3
3 AND X4
4 ORB
5 LD X5
6 ANI X6
7 ORB
8 OUT Y1
9 END

a)　　b)

图 5-14　ORB 指令的使用及与梯形图的转换

a）梯形图　b）指令表

6. 电路块串联连接指令（ANB）

ANB 指令：电路块串联连接指令，用于两个或两个以上的触点并联连接的电路之间的串联（称为并联电路块的串联连接）。使用中每个并联电路块用 LD 或 LDI 和 OR 或 ORI 指令取出，当取出第一个并联电路块后，每取出一个并联电路块，用 ANB 指令与之并联一次。图 5-15 所示为 ANB 指令的使用及与梯形图的转换。

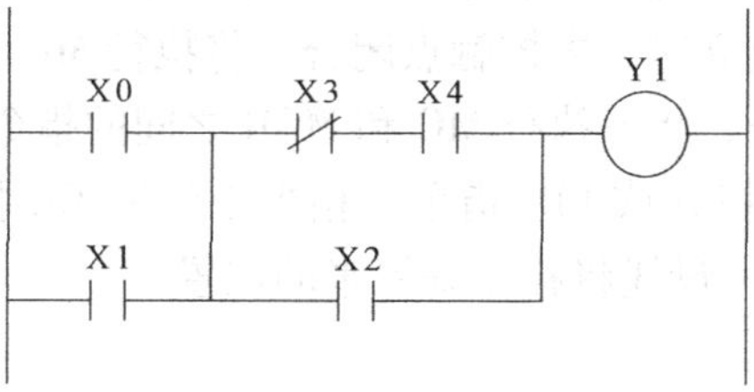

0 LD X0
1 OR X1
2 LDI X3
3 AND X4
4 OR X2
5 ANB
6 OUT Y1
7 END

a)　　b)

图 5-15　ANB 指令的使用及与梯形图的转换

a）梯形图　b）指令表

7. 栈指令（MPS、MRD、MPP）

MPS 指令：进栈指令，记忆到 MPS 指令为止的状态。

MRD 指令：读栈指令，读出用 MPS 指令记忆的状态。

MPP 指令：出栈指令，读出用 MPS 指令记忆的状态。

栈指令用于多输出电路，它是将多输出电路中连接点的状态先存储，再通过调用连接点的状态，以连接后面的电路。MPS 和 MPP 指令必须成对使用，且连续使用应少于 11 次（因为 FX 系列栈存储器只有 11 个存放中间结果的存储区域）。

栈指令的使用如图 5-16 所示。

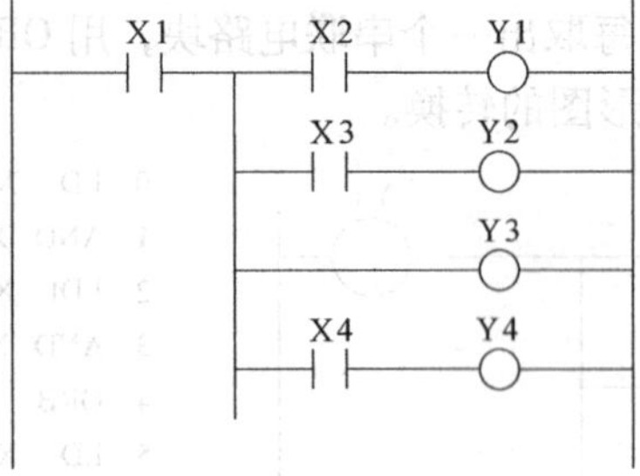

a)

```
0   LD   X1
1   MPS
2   AND  X2
3   OUT  Y1
4   MRD
5   AND  X3
6   OUT  Y2
7   MRD
8   OUT  Y3
9   MPP
10  AND  X4
11  OUT  Y4
12  END
```

b)

图 5-16　栈指令的使用

a）梯形图　b）指令表

8. 主控指令（MC、MCR）

MC 指令：主控指令，用于公共串联触点的连接指令。

MCR 指令：主控复位指令，即 MC 指令的复位指令。

在编程时，经常遇到多个线圈同时受一个或一组触点的控制，如果在每个线圈控制电路中都串入同样的触点，将占用较多的存储单元，且程序较长，不利于阅读，而主控指令可以解决这个问题。主控指令是利用在左母线中串接一个主控指令的常开触点（称为主控触点），通常主控触点在梯形图中与其他触点相垂直，其作用相当于控制一组电路的总开关。

使用主控指令时，当输入条件成立时，主控触点闭合，将执行 MC 和 MCR 之间的指令；当输入条件不成立时，主控触点断开，将不执行 MC 和 MCR 之间的指令。

与主控触点相连接的触点必须用 LD 或 LDI 指令，相当于使用 MC 指令后，母线移到主控触点的后面，当使用 MCR 指令后，母线将移回到原来的位置。

主控指令的使用如图 5-17 所示。

9. 置位与复位指令（SET、RST）

SET 指令：置位指令，使操作保持指令。

RST 指令：复位指令，使操作复位指令。

SET、RST 指令的使用如图 5-18 所示。

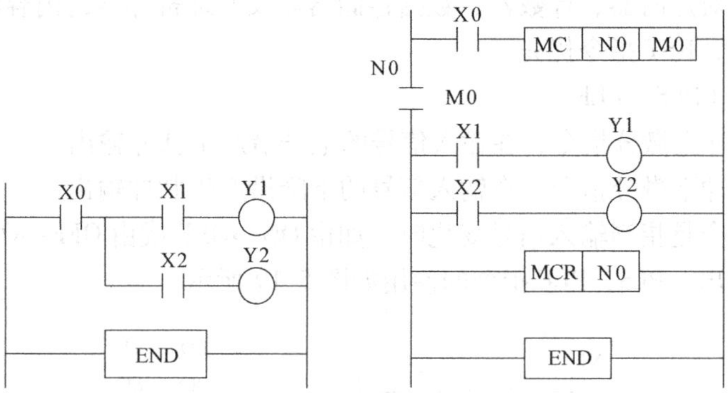

a)　　　　b)

```
0  LD   X0
1  MC   N0
   SP   M0
4  LD   X1
5  OUT  Y1
6  LD   X2
7  OUT  Y2
8  MCR  N0
9  END
```

c)

图 5-17　主控指令的使用

a）多路输出梯形图　b）采用主控指令编程的梯形图　c）指令表

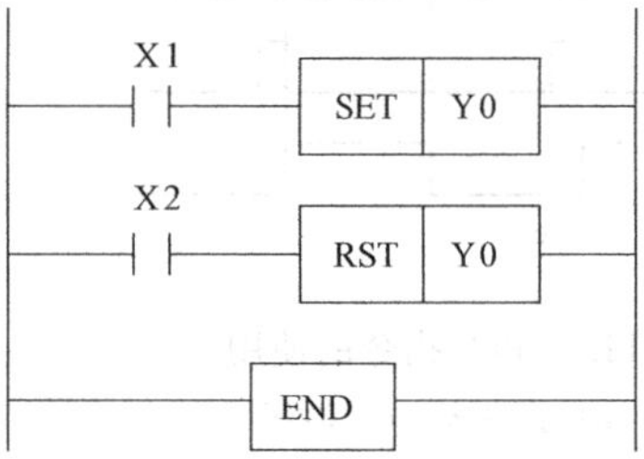

a)

```
0  LD   X1
1  SET  Y0
2  LD   X2
3  RST  Y0
4  END
```

b)

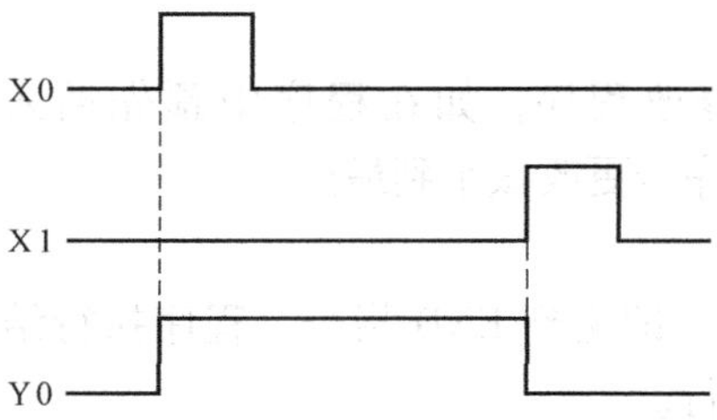

c)

图 5-18　SET、RST 指令的使用

a）梯形图　b）指令表　c）时序图

由时序图可看出，当置位信号（X0）置位时，输出信号得电并保持，即使置位信号复位，输出信号仍得电并保持。只有当复位信号（X1）复位时，输出信号才失电。

RST 指令可以对定时器、计数器、数据存储器以及变址寄存器的内容清零。

在任何情况下，RST 指令优先。

10. 脉冲指令（PLS、PLF）

PLS 指令：脉冲上微分指令，在输入信号的上升沿产生脉冲输出。

PLF 指令：脉冲下微分指令，在输入信号的下降沿产生脉冲输出。

PLS 和 PLF 指令是指当输入信号变化时，如由 ON→OFF 或由 OFF→ON 时，将产生一个扫描周期的脉冲输出。PLS、PLF 指令的使用如图 5-19 所示。

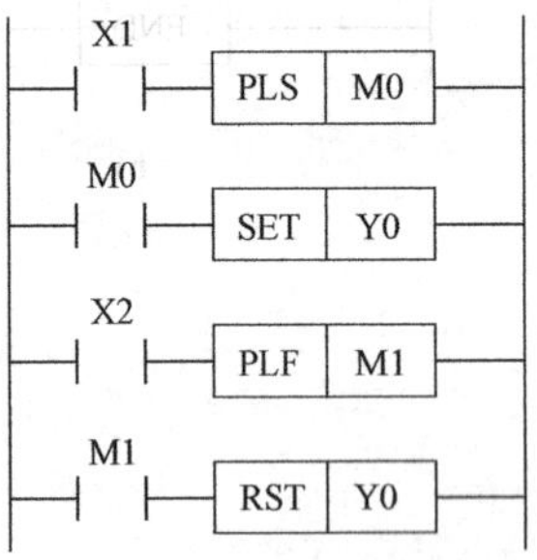

a)

```
0  LD   X1
1  PLS  M0
3  LD   M0
4  SET  Y0
5  LD   X2
6  PLF  M1
8  LD   M1
9  RST  Y0
10 END
```

b)

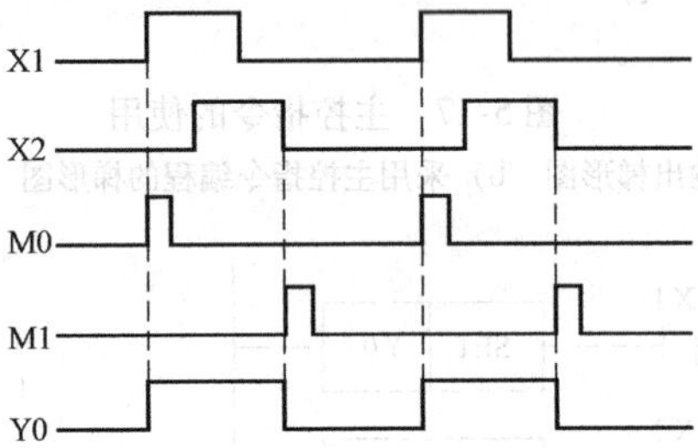

c)

图 5-19 PLS、PLF 指令的使用

a）梯形图 b）指令表 c）时序图

11. 空操作指令（NOP）

NOP 指令：空操作指令。NOP 指令是一条无动作、无操作数的程序步。

NOP 指令的作用是用于修改程序，如在程序中预先插入 NOP 指令，则修改时可以使步序号更改减小到最少。

12. 程序结束指令（END）

END 指令：程序结束指令。即见到 END 指令，程序执行结束，END 后面的指令将不被执行。

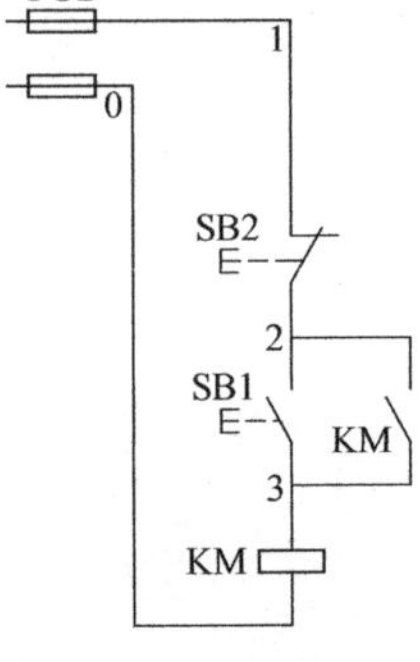

图 5-20 继电器控制的自锁正转控制电路

五、梯形图编程实例

1. 用 PLC 实现具有自锁功能的电动机正转控制

继电器控制的电路如图 5-20 所示。

（1）PLC 的输入、输出点分配（I/O 分配）

PLC 的输入、输出点分配（I/O 分配）见表 5-6。

表 5-6　PLC 的输入、输出点分配（I/O 分配）

输入信号	输入点设置	输出信号	输出点设置
起动按钮 SB1	X1	交流接触器 KM1	Y1
停止按钮 SB2	X2		

（2）PLC 接线图

PLC 的接线如图 5-21a 所示。

（3）PLC 梯形图程序设计

PLC 梯形图程序设计如图 5-21b 所示。

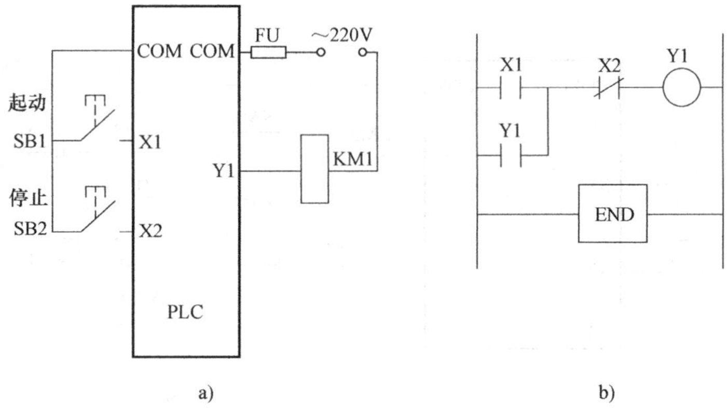

图 5-21　PLC 实现的自锁正转控制

a）PLC 的接线　b）梯形图

2. 用 PLC 实现电动机正反转的控制

继电器控制的电动机正反转控制电路如图 5-22 所示。

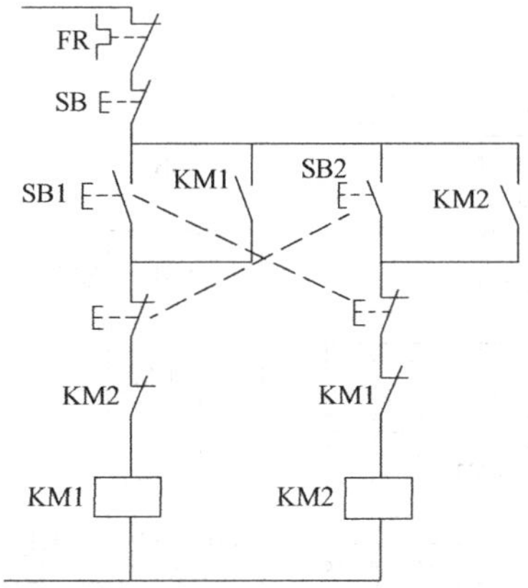

图 5-22　继电器控制的电动机正反转控制电路

（1）PLC 的输入、输出点分配（I/O 分配）

PLC 的输入、输出点分配（I/O 分配）见表 5-7。

表 5-7 PLC 的输入、输出点分配（I/O 分配）

输入信号	输入点设置	输出信号	输出点设置
停止按钮 SB	X0	交流接触器 KM1	Y1
正转起动按钮 SB1	X2	交流接触器 KM2	Y2
反转起动按钮 SB2	X3		
热继电器常闭触点 FR	X1		

（2）PLC 梯形图程序设计

PLC 梯形图程序设计如图 5-23 所示。

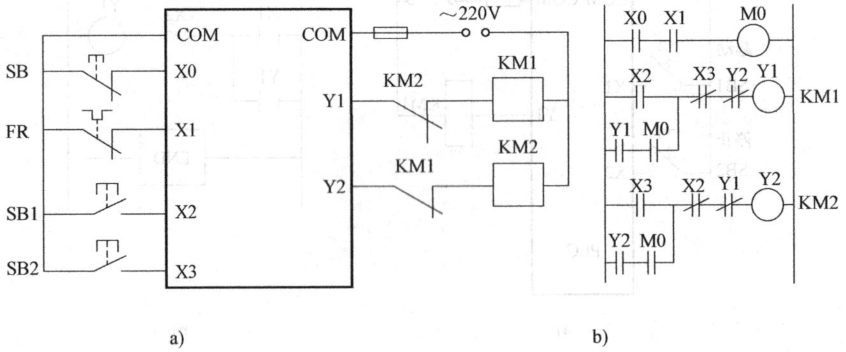

图 5-23 PLC 梯形图程序实现电动机正反转控制

a）PLC 接线图 b）PLC 梯形图

3. 用 PLC 实现三相笼型异步电动机Y-△减压起动的自动控制

继电器控制的Y-△减压起动的自动控制电路如图 5-24 所示。

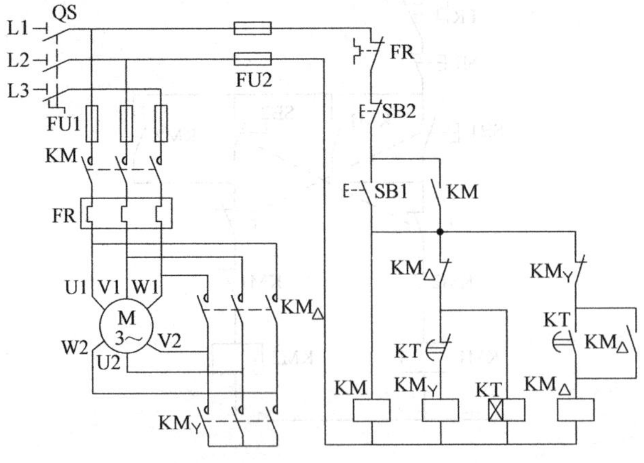

图 5-24 继电器控制的Y-△减压起动的自动控制电路

（1）PLC 的输入、输出点分配（I/O 分配）

PLC 的输入、输出点分配（I/O 分配）见表 5-8。

表 5-8　PLC 的输入、输出点分配（I/O 分配）

输入信号	输入点设置	输出信号	输出点设置
停止按钮 SB2	X1	交流接触器 KM_{Y}	Y1
起动按钮 SB1	X2	交流接触器 $KM_{\triangle}$	Y2
热继电器常闭触点 FR	X0		

（2）PLC 接线图

PLC 的接线如图 5-25 所示。

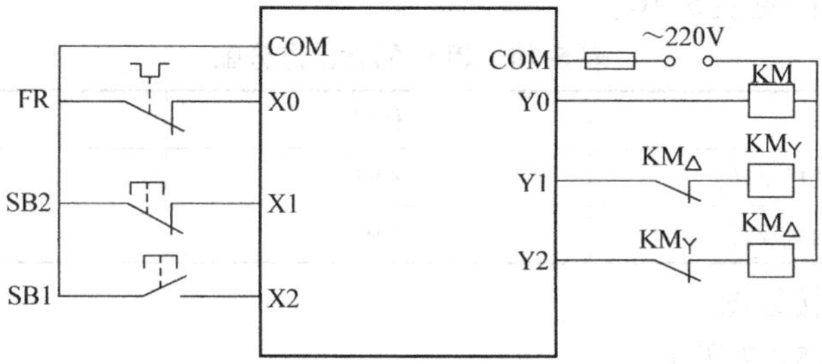

图 5-25　PLC 的接线

（3）PLC 梯形图程序设计

PLC 梯形图程序实现Y－△减压起动如图 5-26 所示。

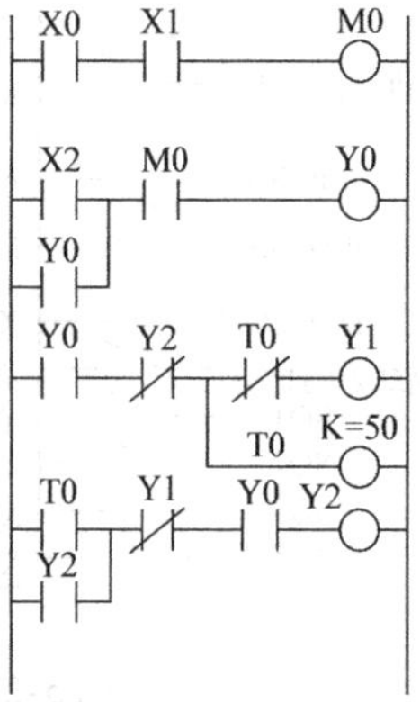

图 5-26　PLC 梯形图程序实现Y－△减压起动

4. 用 PLC 控制机床工作台自动往返循环工作控制电路的程序设计（工作台前进后退由电动机通过丝杠拖动）

（1）控制要求

1）自动循环工作。

2）点动控制（供调试用）。

3）8 次循环计数控制，即工作台前进、后退 1 次为一次循环，循环 8 次后自动停止在原位。

（2）程序设计步骤

1）分析控制要求。工作台前进与后退通过电动机正反转来控制，完成这一动作可采用电动机正反转控制程序。

工作台工作方式有点动控制和自动控制两种，可采用程序（软件的方法）实现两种运行方式的转换，也可以采用选择开关 S1（硬件的方法）来转换。设选择开关 S1 闭合时，工作台工作在点动状态，S1 断开时，工作台工作在自动循环状态。

2）分配 PLC 的输入点与输出点。PLC 的输入点分配见表 5-9。

表 5-9　PLC 的输入点分配

名称	代号	输入点编号
点动/自动选择开关	S1	X0
停止按钮	SB1	X1
正转起动按钮	SB2	X2

（续）

名称	代号	输入点编号
反转起动按钮	SB3	X3
行程开关	SQ1	X11
行程开关	SQ2	X12
行程开关	SQ3	X13
行程开关	SQ4	X14

PLC 的输出点分配见表 5-10。

表 5-10 PLC 的输出点分配

名称	代号	输出点编号
接触器（控制电动机正转）	KM1	Y1
接触器（控制电动机反转）	KM2	Y2

3）绘制 PLC 的接线图。

PLC 的接线如图 5-27 所示。

4）设计梯形图。

① 基本控制环节的设计。控制对象是工作台，其工作方式有前进和后退。基本控制环节的梯形图设计如图 5-28 所示。

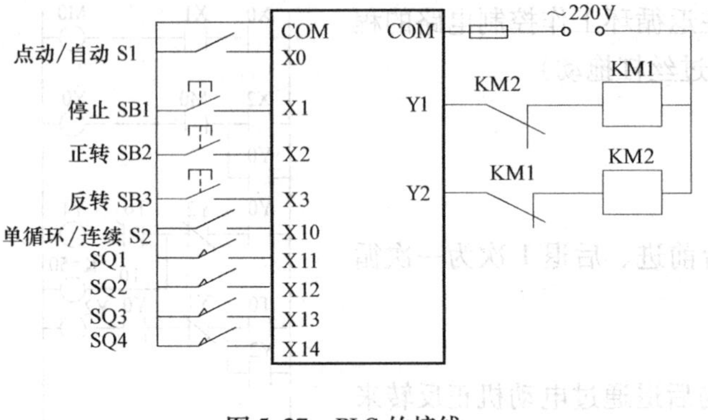

图 5-27 PLC 的接线

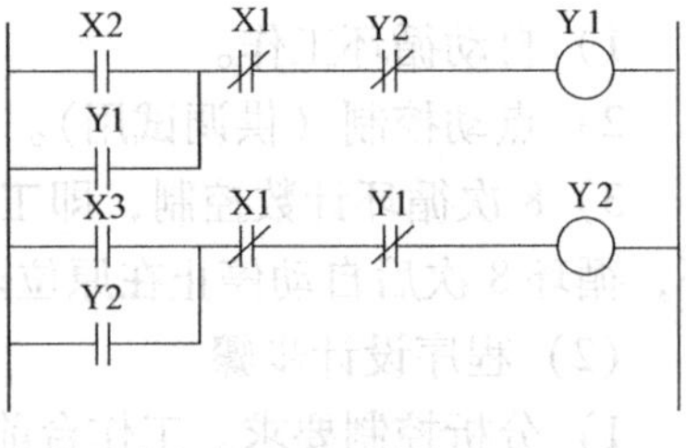

图 5-28 基本控制环节的梯形图设计

② 实现自动往返功能的设计。分析工作台自动往返的工作过程可知，工作台前进中撞压 SQ2 后，使 SQ2 动作，其常开触点闭合使 PLC 的输入继电器 X12 得电，X12 的常闭触点断开使 Y1 线圈失电，使工作台停止前进；X12 的常开触点闭合使 Y2 线圈得电，使工作台由前进自动转为后退。同样道理，工作台后退中撞压 SQ1 后，工作台完成由后退自动转为前进的动作。实现自动往返功能的梯形图设计如图 5-29 所示。

③ 实现点动控制功能的设计。根据点动控制的概念可知，如果解除自锁功能，就能实现点动控制。利用转换开关 S1 来选择是点动控制还是自锁控制。设 S1 闭合实现工作台点动控制。实现点动控制功能的梯形图设计如图 5-30 所示。

在梯形图中，X0 的常闭触点分别与实现自锁的输出常开触点 Y1 和 Y2 串联。当 S1 闭合，输入继电器 X0 得电，X0 的常闭触点断开，使 Y1 和 Y2 的常开触点失去自锁作用，从而实现点动控制功能。

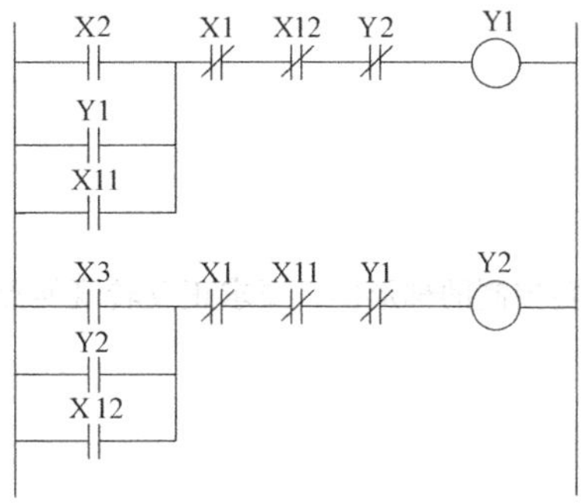

图 5-29　实现自动往返功能的梯形图设计

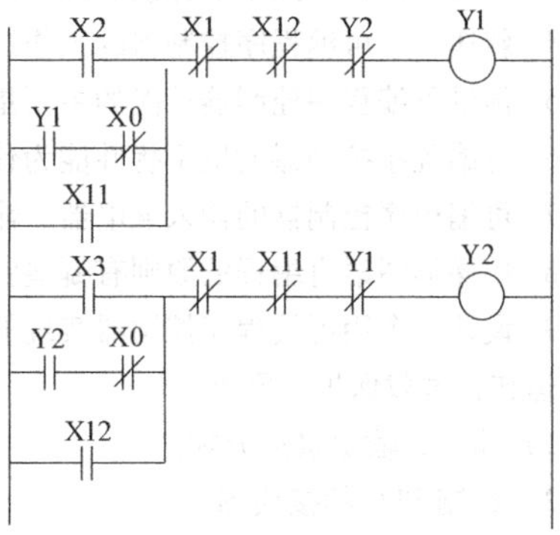

图 5-30　实现点动控制功能的梯形图设计

④ 实现循环计数功能的设计。采用 PLC 的计数器累计工作台循环次数。计数器的计数输入信号由 X11（SQ1）提供。梯形图设计如图 5-31 所示。在梯形图中，当 X2 闭合时系统启动，同时计数器 C0 清零，为计数循环次数做好准备。当 SQ1 被压合 8 次后，X11 通断 8 次，使 C0 有 8 个计数脉冲输入，之后 C0 线圈得电。C0 常闭触点断开，使 Y1 线圈失电，循环结束，工作台停在原位。

⑤ 设置必要的保护环节。SQ3 与 SQ4 分别为电动机后退和前进方向的限位保护行程开关；FR 作为电动机的热过载保护；FU 作为短路保护；KM1 的常闭触点与 KM2 的常闭触点作为电路的联锁保护。

完整的梯形图设计如图 5-32 所示。由本例梯形图设计过程，可总结出设计梯形图的一般规律：先根据控制要求设计基本程序，然后再逐步补充完善程序，实现更多的功能，以满足控制要求，最后设置必要的保护环节。

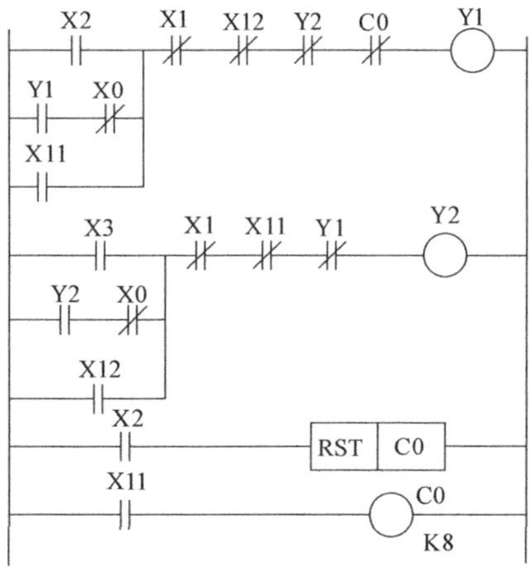

图 5-31　实现循环计数功能的梯形图设计

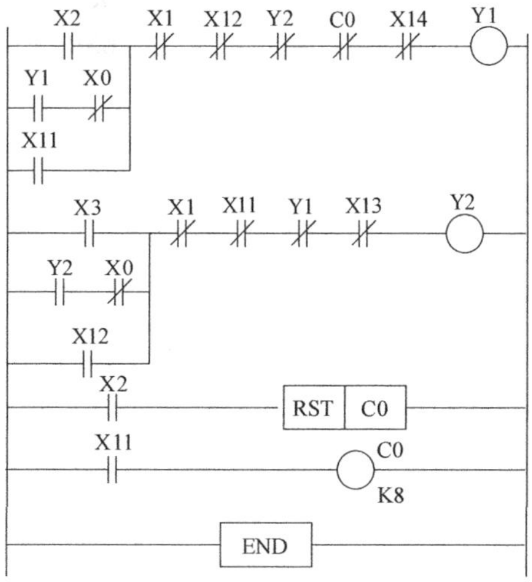

图 5-32　完整的梯形图设计

复习思考题

1. 可编程序控制器有何功能和特点？
2. 可编程序控制器由哪几部分构成？各部分的作用是什么？

3. 比较可编程序控制器控制系统与继电器—接触器式控制系统的优缺点。

4. 叙述一下可编程序控制器的工作过程。

5. 衡量可编程序控制器性能的主要指标有哪些？

6. 可编程序控制器的抗干扰性能为什么较强？

7. 可编程序控制器的输入继电器、输出继电器有何作用？

8. 用梯形图语言编程的原则有哪些？

9. 设计一个用可编程序控制器实现的三相异步电动机正反转控制的梯形图，要求正反转既能点动又能连续运转，过载保护。要求：

1）输入、输出接点分配。

2）绘制 PLC 的接线图。

3）绘制梯形图程序。

10. 画出与下列指令表相对应的梯形图。

```
LD      X1
OR      M100
ANI     X2
OUT     M100
LD      M100
ANI     Y1
LD      T5
        K50
OR      Y1
LD      X3
ORI     X4
ANB
OUT     Y1
END
```

第六章　数控机床电气控制与维修简介

本章应知

1. 数控机床的基本概念。
2. 数控机床的工作原理及工作过程。
3. 数控机床的基本构成。
4. 数控机床的特点。

本章应会

1. 步进电动机的原理分析。
2. 伺服电动机的原理分析。
3. 数控机床的使用、维护与维修方法。

第一节　数控机床及其电气控制

科学技术的发展，对机械产品提出了高精度、高复杂性的要求。随着产品更新换代的加快，对机床设备不仅提出了精度和效率的要求，而且还提出了通用性和灵活性的要求。数控机床就是针对这种要求而产生的一种新型自动化机床。数控机床集微电子技术、计算机技术、自动控制技术及伺服驱动技术、精密机械技术于一体，是高度机电一体化的典型产品。数控机床是现代机床技术水平的重要标志，是衡量机械制造工艺水平的重要指标。

一、数控机床的基本知识简介

1. 数控机床的概念

（1）数字控制(Numerical Control）　数字控制简称为数控（NC)，是用数字化信号对机床运动及其加工过程进行控制的一种方法。在数控中引进了计算机，又称之为 CNC（Computer Numerical Control）控制，它以程序化的软件形式实现数控功能，因此又称为软件数控(Software NC)。

（2）数控机床(Numerical Control Machine Tools)　数控机床简称为 NC 机床，它通过编制加工程序，将控制指令以数字信号的形式记录在信息介质上，经计算和处理后，对机床各种动作的顺序、位移量和速度实现自动控制。

（3）数控系统　数控系统是一种控制系统，它自动阅读输入的数字信号，然后进行译码，驱动机床产生各种运动。数控系统属于一种位置控制系统。一个数控系统包括数控装置、可编程序控制器、主轴驱动和进给伺服驱动等部分。

2. 数控机床的工作原理及工作过程

（1）数控机床的工作原理　就是将加工过程所需的各种操作（如主轴变速、工件的松开与夹紧、进刀与退刀、开车与停车、自动关停切削液）和步骤以及工件的形状尺寸用数字化的代码表示，通过控制介质（如穿孔纸带或磁盘等）将数字信息送入数控装置，数控装置对输入的信息进行处理与运算，发出各种控制信号，控制机床的伺服系统或其他驱动元器件，使机床自动加工出所需要的工件。

（2）数控机床的工作过程　数控机床的工作过程及基本构成框图如图6-1所示。

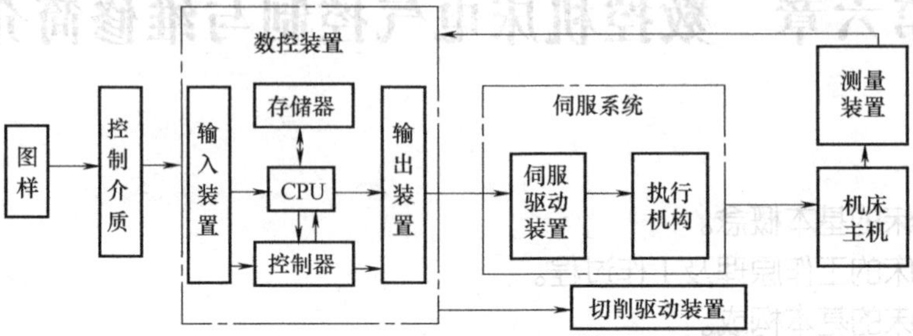

图6-1　数控机床的工作过程及基本构成框图

数控机床包括以下工作过程：

1）在数控机床上加工工件时，先要根据零件图给出的形状、尺寸、材料及技术要求等内容制定出加工工艺。

2）根据数控装置所规定的程序格式编写加工程序（称为零件程序），可将零件程序记录在信息介质（磁带，穿孔纸带等）上，也可用手动数据输入方式直接输入到数控系统中去。

3）数控装置对程序代码进行译码、寄存，经处理和运算，把结果以数字信号（即脉冲信号）的形式分配给机床各坐标轴的伺服机构。

4）数控装置发出的脉冲信号通过伺服机构（如步进电动机、直流伺服电动机、交流伺服电动机），经传动装置（如滚珠丝杠螺母副等）驱动机床各运动部件运动，使机床按规定的顺序、速度和位移量进行工作，从而制造出符合图样要求的零件来。

3. 数控机床的基本构成

数控机床主要由3大部分构成，即数控装置（对数控机床进行指挥、控制）、伺服系统（驱动机床执行机构运动）和机床主机。数控机床的构成如图6-1所示。

（1）数控装置　数控装置是数控机床的中心环节。现代数控装置均采用CNC（Computer Numerical Control）控制形式，它主要完成的工作有：开机初始化、数控程序的输入、数控程序的编译、起动机床、进行刀具轨迹的计算、插补计算等，然后将计算结果送给每个坐标轴，通过控制各加工轴的运动来加工出所需要的零件。

数控装置主要由输入装置、运算控制器、输出装置3个基本部分构成。

1）输入装置。将数控指令输入给数控装置，目前主要有键盘输入、磁盘输入和连接上级计算机的DNC（直接数控）输入，但仍有不少系统还保留有光电阅读机的纸带输入形式。将数控指令输入给数控装置通常采用以下几种方式：

① 纸带输入方式。可用纸带光电阅读机读入零件程序，直接控制机床运动，也可以将纸带内容读入存储器，用存储器中储存的零件程序控制机床运动。

② 手动输入方式。操作者可利用操作面板上的键盘输入加工程序的指令。常用的方法有MDI手动数据输入方法。它适用于比较短的程序，只能使用一次，机床动作后程序即消失。在控制装置为编辑状态（EDIT）下，用软件输入加工程序，并存入控制装置的存储器中，这种输入方法可重复使用程序。一般手工编程均采用这种方法。

③ 采用DNC直接数控输入方式。把零件程序保存在上级计算机中，CNC系统一边加工

一边接收来自上级计算机的后续程序段。DNC 方式多用于采用 CAD/CAM 软件设计的复杂工件并直接生成零件程序的情况。

2）运算器与控制器。运算处理主要是由主处理器来进行的。经过输入装置的工作，已经将数据段送入零件程序缓冲器，下一步的工作是进行数据处理。数据处理的目的是完成插补运算前的准备工作。CNC 系统的输入数据段包括：零件的轮廓信息（起点、终点、直线、圆弧等）、加工速度及其他辅助加工信息（如换刀、变速、切削液开关等）。对这些数据和符号，由计算机依靠译码程序进行识别。译码程序的任务是把零件中各数据段翻译成计算机内部能识别的语言，这是数据处理的第一步。

数据处理程序还包括刀具半径补偿、速度计算及辅助功能的处理等。刀具半径补偿是把零件轮廓轨迹转化成刀具中心的运动轨迹。速度计算是解决该加工数据段以什么样的速度运动，使程序速度能可靠地实现。零件程序经过译码程序、数据处理程序后，即可进行插补运算。

各数据段中的输入数据只输入某一段运动轨迹的起点、终点等坐标值。插补运算的任务是在某一段运动轨迹上进行“数据点的密化”工作，把起点与终点之间的空白补全。CNC 系统插补程序中有一个采样周期，即处理周期，每一次处理形成一个微小数据段，若干次处理周期后即完成一个数据段的加工，使该数据段从起点走到终点。

一个数据段插补前，必须先完成如换刀、变速、主轴起动停止、切削液开关等辅助功能，只有在辅助功能完成后才开始插补运算。

因此，运算器是按照控制器的指令信号，对输入装置的输入数据进行运算，并按控制器的控制信号向输出装置发出进给脉冲。而控制器则是按信息代码去控制运算器、输入装置、输出装置，使机床按规定的要求进行工作。

3）输出装置。输出装置与伺服机构相联系。输出装置根据控制器的命令接受运算器的输出脉冲，并把它送到各坐标的伺服控制系统，经过功率放大，驱动伺服系统，从而控制机床按规定要求运动。

（2）伺服系统　伺服系统是数控装置与机床主体的连接环节，是数控机床执行机构的驱动部件。伺服系统的作用是把从数控装置发出的脉冲信号，经功率放大，整形处理后，转换成机床执行部件的直线位移或角位移运动。

伺服系统包括伺服驱动装置和执行机构两大部分。伺服驱动装置由主轴驱动单元和进给驱动单元组成。执行机构包括主轴伺服电动机和进给伺服电动机。步进电动机、直流伺服电动机和交流伺服电动机是常用的伺服电动机。执行机构由相应的驱动装置来驱动。伺服驱动装置的性能将直接影响数控机床的精度和速度等技术指标，因此，对数控机床的伺服驱动装置，要求具有良好的快速反应性能，准确而灵敏地跟踪数控装置发出的数字指令信号，严格地执行来自数控装置的指令，以提高系统的动态跟随特性和静态跟踪精度。

数控机床的伺服系统主要分为进给伺服系统和主轴伺服系统。

1）进给伺服系统。目前，对进给伺服系统，普遍按有无位置检测反馈装置将其分为开环伺服系统和闭环伺服系统，其中的闭环伺服系统又可分为全闭环和半闭环控制两类。

① 开环伺服系统。这种控制方式不带位置测量元件。数控装置根据控制介质上的指令信号，经控制运算发出指令脉冲，使伺服电动机转过一定的角度，并通过传动齿轮、滚珠丝杠螺母副，使执行机构（如工作台）移动或转动。图 6-2 所示为开环伺服控制系统的框图。

这种控制方式没有来自位置测量元件的反馈信号，对执行机构的动作情况不进行检查，指令流向为单向，因此被称为开环控制系统。

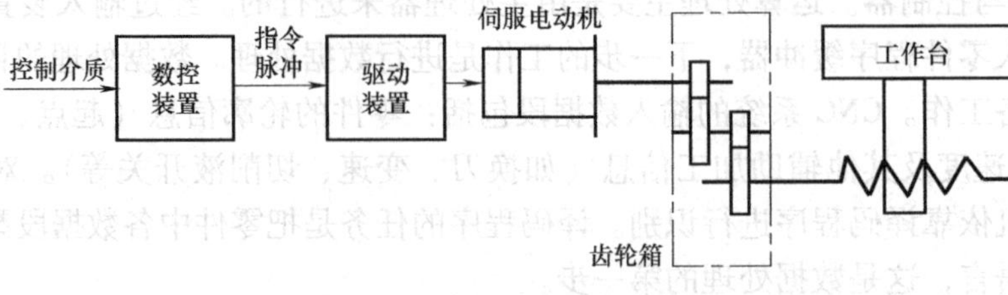

图 6-2 开环伺服控制系统框图

采用步进电动机的伺服系统是最典型的开环控制系统。这种控制系统的特点是系统简单、调试维修方便、工作稳定、成本较低。由于开环系统的精度主要取决于伺服电动机和机床传动元件的精度、刚度和动态特性，因此其控制精度较低。目前国内对于经济型数控机床，以及对旧机床的改造多采用开环控制系统。

② 闭环伺服系统。这是一种自动控制系统，其中包含功率放大和反馈环节，使输出变量的值随输入变量的值而变化。数控装置发出指令脉冲后，当指令值送到位置比较电路时，若工作台没有移动（即没有位置反馈量信号时），则指令值使伺服驱动电动机转动，经过齿轮、滚珠丝杠螺母副等传动元件带动机床工作台移动。这时，装在机床直线运动部件工作台上的位置测量元件，测量出工作台的实际移动量后，反馈到数控装置的比较器中与指令脉冲信号进行比较，并用比较后的差值进行控制。若两者存在差值，经放大器放大后，再控制伺服驱动电动机转动，直至差值为零时，工作台才停止移动。这种系统被称为闭环控制系统。图 6-3 所示为闭环伺服控制系统框图。

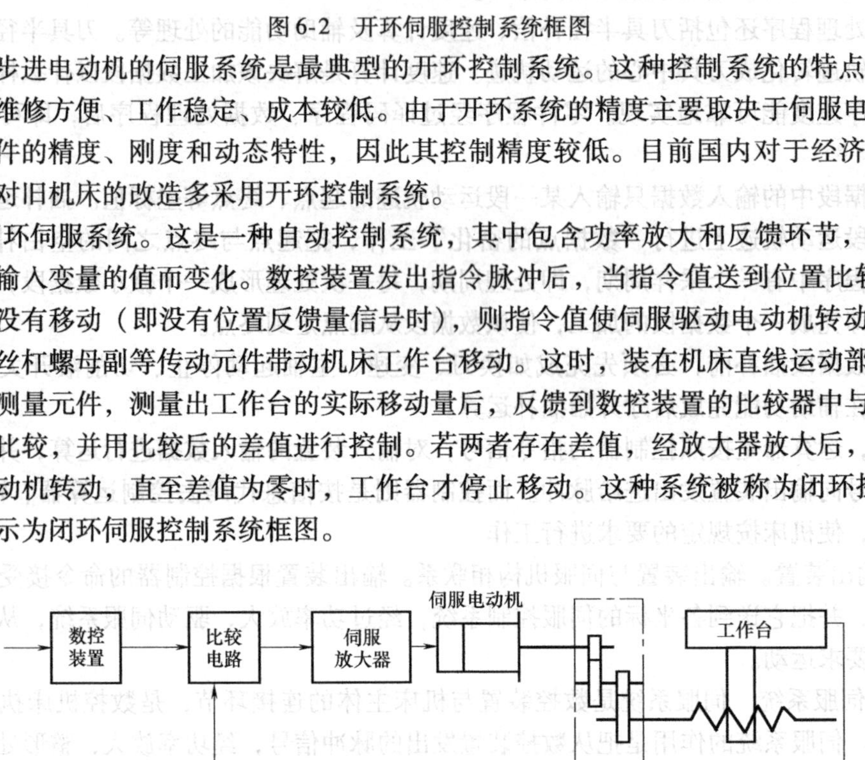

图 6-3 闭环伺服控制系统框图

从理论上讲，闭环控制系统中机床工作精度主要取决于测量元件的精度，并不取决于传动系统精度。因此，采用高精度测量元件可以使闭环控制系统达到很高的工作精度。但是由于许多机械传动环节都包含在反馈环路内，而各种反馈环节具有丝杠与螺母、工作台与导轨的摩擦，且各部件的刚性、传动链的间隙等都是可变的，因此机床的谐振频率、爬行、运动死区等造成的运动失步可能会引起振荡，造成系统不易稳定、调试和维修起来都比较复杂。闭环系统的检测精度与伺服传动链能够实现的补偿精度要相匹配。

闭环伺服系统的优点是精度高、速度快，主要用在精度要求较高的数控镗铣床、数控超精车床、数控超精镗床等机床上。

③ 半闭环伺服系统。目前，大多数数控机床采用半闭环伺服控制系统。这种控制系统不是直接测量工作台的位移量，而是通过旋转变压器、光电编码盘或分解器等角位移测量元

件，间接测量伺服机构中执行元件的转角。如把测量元件安装在伺服电动机端部或丝杠端部上，通过计算换算出工作台的实际位移量，再将计算值与指令值进行比较，用比较后的差值进行控制，使机床作补充位移，直到差值消除为止。这种系统中，滚珠丝杠螺母副和工作台部件均在反馈环路之外，其传动误差等仍然会影响工作台的位置精度，故称为半闭环伺服控制系统。图6-4所示为半闭环伺服控制系统的框图。

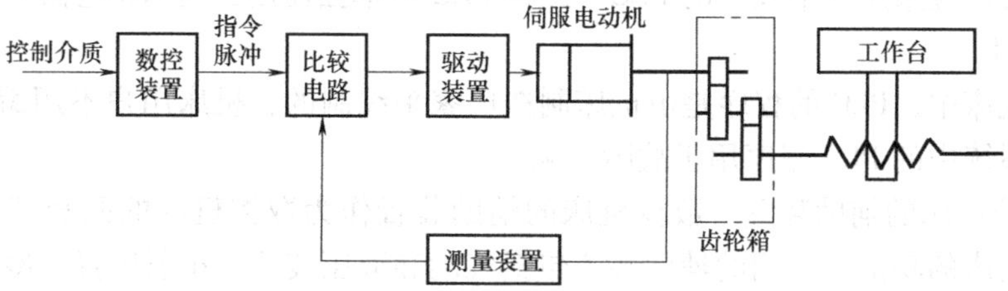

图6-4　半闭环伺服控制系统的框图

半闭环伺服系统介于开环和闭环之间，由于角位移测量元件比线位移测量元件结构简单，因此装有精密滚珠丝杠螺母副和精密齿轮的半闭环系统被广泛地采用。目前已经把角位移测量元件与伺服电动机设计成一个部件，使用起来更为方便。半闭环伺服系统的加工精度显然没有闭环系统高，但是由于采用了高分辨率的测量元件，这种控制方式仍可获得比较满意的精度和速度。半闭环伺服控制系统调试比闭环系统方便，稳定性好，成本也低，是一般数控机床常用的伺服控制系统。

2）主轴伺服系统。数控机床的主轴，除了具有无级或有级的连续调速功能及主轴转数与进给坐标轴的同步控制功能外，还可具有恒线速度切削及主轴的定向准停等控制功能。

主轴伺服系统又分为直流伺服系统和交流伺服系统，这是按驱动主轴用的伺服电动机的类别而确定的。原先的数控机床驱动主轴的伺服电动机主要是直流伺服电动机，随着变频调速技术的发展，交流伺服电动机现在被广泛应用。主轴伺服系统主要用在高档的数控机床中。

（3）机床主机　机床主机是数控机床的主体，它包括床身、底座、立柱、横梁、滑座、工作台、主轴箱、进给机构、刀架及自动换刀装置等机械部件。它是在数控机床上自动地完成各种切削加工的机械部分。

数控机床主机的主要结构特点如下：

1）采用具有高刚度、高抗震性及较小热变形的机床新结构。通常用提高结构系统的静刚度、增加阻尼、调整结构件质量和固有频率等方法来提高机床主机的刚度和抗震性，使机床主机能适应数控机床连续自动地进行切削加工的需要。采取改善机床结构布局、减少发热、控制温升及采用热位移补偿等措施，可减少热变形对机床主机的影响。

2）现代数控机床广泛采用高性能的主轴伺服驱动和进给伺服驱动装置，使数控机床的传动链缩短，可简化机床机械传动系统的结构。

3）采用高传动效率、高精度、无间隙的传动装置和传动元件，如滚珠丝杠螺母副、塑料滑动导轨、直线滚动导轨、静压导轨等传动元件。

（4）可编程序控制器PC　数控机床总的控制可以分解为两部分：一部分就是运动轨迹的控制，也就是位置与尺寸的控制，即所谓的插补与伺服系统；另一部分是开关量的控制，例如主轴转速、切削液的开关、工件的装夹、液压泵的起停等很多动作，这些都是用开关量控制的。可编程序控制器（Programmable Controller）又称 PLC，其主要作用就是处理大量的开关量的信息。PLC 实际上也是一台微型计算机系统，它协助 NC 实现整台机床的正常工作。

PLC 在 CNC 机床中的配置主要有两种形式：一种是内装式 PLC，即在数控装置的主板上插有一块 PLC 板，此种 PLC 比较容易实现与 NC 的协调，但 PLC 不能单独使用；从模块化的角度出发，应采用一个独立的 PLC，此种 PLC 可单独使用，与 NC 挂在同一框架中，并与 NC 协调工作。

在数控机床中，PLC 的程序是由机床制造厂家来编制的，机床用户不用编制 PLC 程序，可通过调出系统中的 PLC 程序用于故障检测。

（5）数控机床的辅助装置　数控机床的辅助装置作为数控机床的配套部件，以保证充分发挥数控机床的功能。常用的辅助装置包括气动和液压装置、排屑装置、冷却装置、润滑装置、回转工作台和数控分度头、防护、照明等各种辅助装置。

气动和液压装置是应用气动、液压系统，使机床完成自动换刀所需的动作，实现运动部件的制动和滑移齿轮变速移动，完成工作台的自动夹紧、松开以及工件、刀具定位表面的自动吹屑等辅助功能。

排屑装置的作用是将切屑从加工区域排出。迅速有效地排除切屑是保证数控机床高效率地自动进行切削加工的一种必备的辅助装置。

回转工作台和数控分度头能按照数控装置发出的指令信号作连续的回转进给运动或回转分度运动，是加工中心、数控铣床中常用的辅助装置。

4. 数控机床的特点

（1）具有高度柔性　在数控机床上加工零件，主要取决于加工程序，它与普通机床不同，不必制造、更换许多工具、夹具，不需要经常调整机床。因此，数控机床适用于零件频繁更换的场合，也就是适合单件、小批生产及新产品的开发。它缩短了生产准备周期，节省了大量工艺和设备的费用。

（2）加工精度高　数控机床的加工精度一般可达到 0.005 ~ 0.1mm。数控机床是按数字信号形式控制的，数控装置每输出一个脉冲信号，则机床移动部件移动一个脉冲当量（一般为 0.001mm），而且机床进给传动链的反向间隙与丝杠螺距平均误差可由数控装置进行补偿，因此数控机床定位精度比较高。

（3）加工质量稳定、可靠　在相同加工条件下，在同一数控机床上加工同一批零件时使用相同的刀具和加工程序，刀具的走刀轨迹完全相同。数控机床加工的零件一致性好，质量稳定。

（4）生产效率高　数控机床可有效地减少零件的加工时间和辅助时间。数控机床的主轴转速和进给量的范围大，允许机床进行大切削量的强力切削。数控机床目前正进入高速加工时代，数控机床移动部件的快速移动和定位及高速切削加工，减少了半成品工序间的周转时间，提高了生产效率。

（5）改善劳动条件　数控机床加工前先调整好机器，经输入程序并起动后，机床就能自动连续地进行加工，直至加工结束。操作者主要从事程序的输入、编辑、装卸零件、刀具准备、加工状态的观测、零件的检验等工作，劳动强度极大降低。机床操作者的劳动趋于智力型工作。另外，机床一般是封闭式加工，即清洁，又安全。

（6）利于生产管理现代化　数控机床的加工，可预先精确估计加工时间，所使用的刀具、夹具可进行规范化、现代化管理。数控机床使用数字信号与标准代码为控制信息，易于实现加工信息的标准化，目前已与计算机辅助设计与制造（CAD/CAM）有机地结合起来，是现代集成制造技术的基础。

二、数控机床的驱动电动机介绍

数控机床中的驱动电动机是伺服系统的执行元件，它将准确地接受数控装置的命令，带动机床各坐标轴运动。在一定程度上看，驱动电动机的性能将决定数控机床的加工精度、加工质量、生产率及加工的可靠性。因此，驱动电动机应能满足快速和切削进给的各种速度、频繁的起停、准确定位及长时间连续可靠地工作等要求。

驱动电动机的种类较多，下面介绍一下数控机床常用的驱动电动机。

1. 步进电动机

步进电动机是一种将电脉冲信号转换为相应角位移或直线位移的转换装置，是开环伺服系统的最后执行元件，因为其输入的进给脉冲是不连续变化的数字量，而输出的角位移或直线位移是连续变化的模拟量，所以步进电动机也称数模转换装置。

（1）步进电动机的结构　步进电动机主要由定子和转子构成，定子和转子铁心由硅钢片叠成。定子铁心上有6个磁极，磁极上绕有励磁绕组，每两个相对磁极上的励磁绕组构成一相，共有U、V、W三相励磁绕组，如图6-5所示。工作时，U、V、W连接在一起，成为星形联结，电脉冲信号分别从U、V、W通入；转子上有对称分布的齿，各相绕组均未通电时，转子处于自由状态。

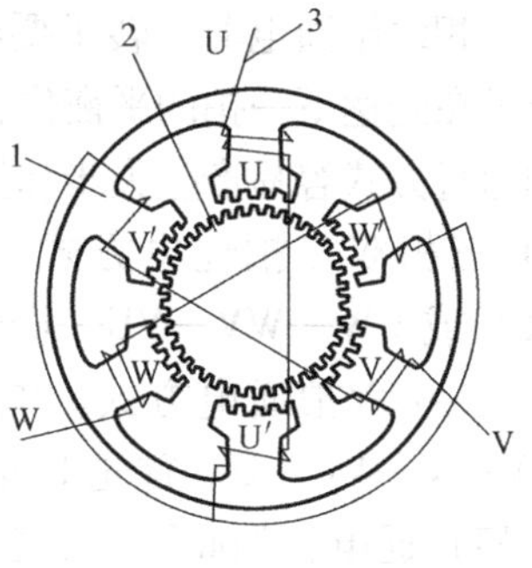

图6-5　步进电动机的结构
1—定子铁心　2—转子铁心　3—励磁绕组

（2）步进电动机的工作原理　步进电动机在接通电源后并不转动，控制步进电动机转动的是输入脉冲。每输入一个脉冲，电动机轴就转过一个角度，这个角度称为步距角，即常说的“走了一步”。如果连续不断地输入脉冲信号，电动机轴则一步一步地连续进行角位移，步进电动机也就旋转起来了。当终止脉冲信号输入时，步进电动机将立即无惯性地停止运动；如果在这时电动机的工作电源尚未断开，电动机轴则处于不能自由旋转的锁定状态（即定位）。所以，步进电动机在工作时，有运转和定位两种基本运行状态。其原理分析如下：

如果先将电脉冲加到U相绕组，定子U相磁极就产生磁场，并对转子产生磁拉力，使转子的1、3两个齿与定子的U相磁极对齐，如图6-6a所示；再将电脉冲通入V相励磁绕组（U相断电），V相磁极便产生磁拉力，这时2、4两个齿离V相磁极最近，于是转子便沿顺时针方向转过30°，使转子2、4两个齿与定子V相磁极对齐，见图6-6b；同理，W相通电时，1、3齿与W相磁极对齐，如图6-6c所示。

可见，对应每一个脉冲信号，转子转过了30°，即步距角为30°。步距角越小，机床加工精度越高，通常的步距角是3°、1.5°或0.75°，减小步距角的方法之一是增加转子的齿数，例如，在图6-5中转子是40个齿。

连续不断地输入脉冲信号，电动机轴则一步一步地连续进行角位移，步进电动机也就旋转起来了。而且当终止脉冲信号时，转子不受力立即停转，处于定位状态。

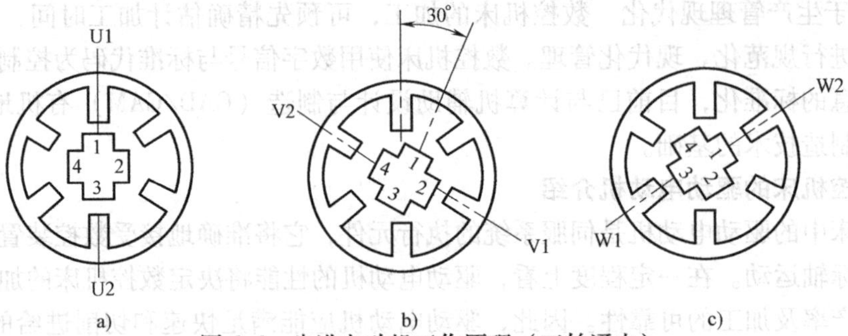

图 6-6 步进电动机工作原理（三拍通电）
a）U 相通电 b）V 相通电 c）W 相通电

（3）步进电动机的通电方式

1）三相单三拍通电方式。其特点是：每次只有一相绕组通电，电源每切换一次称为一拍，经 U 相—V 相—W 相的通电切换称为三拍，即完成一次通电循环。三相步进电动机采用单三拍通电方式时，在切换瞬间，存在着绕组断电、通电的间断时间，转子会因瞬时“失磁”而不能保持原来自行锁定的平衡位置，即失去自锁能力，易出现失步现象。另外，由一相绕组断电到另一相绕组通电时，转子要经历起动、转动过程的加速、减速至新的平衡位置的步进过程。转子在到达下一拍的平衡位置时，会由于惯性而产生在平衡点附近的振荡现象。由于三相单三拍运行方式容易产生失步和振荡，所以常采用三相双三拍或六拍通电方式。

2）三相双三拍通电方式。其特点是每拍都有两相绕组同时通电，每经 UV—VW—WU—UV 或 UW—WV—VU—UW 的通电切换称为双三拍，即完成一次通电循环。

3）三相六拍通电方式。电源切换顺序是 U—UV—V—VW—W—WU—U 或 U—UW—W—WV—V—VU—U。首先 U 相通电，然后是 U、V（或 U、W）同时通电，接下去是 V 相（或 W 相）通电，如此继续下去。每改变一次通电状态，转子只转过三拍通电方式时一半的角度，即 15°空间角。双三拍或六拍通电方式时，在切换过程中，总有一相绕组处于通电状态，转子磁极受其磁场控制不易失步，运行平衡，在实际中应用较多。

设转子齿数为 Z_r，步距角为 θ_b，转子转过一个齿距需要运行的拍数为 N，则

$$\theta_b = 360°/Z_rN$$

如果控制绕组通入的控制脉冲的频率为 f，而步进电动机转子旋转一周所需的脉冲数为 Z_rN，所以步进电动机的每分钟转数为

$$n = 60f/Z_rN \quad (\mathrm{r/min})$$

转子转过一个齿距所需要的运行拍数 N 与相数 m 和通电方式有关。增加相数可以减小步距角，但相数的增加，会使步进电动机的专用电源的驱动电路变得复杂。常用的反应式步进电动机除三相之外，还有四相、五相、六相步进电动机。通常 $N = m$ 或 $N = 2m$。例如，三相单三拍或三相双三拍时 $N = 3$，而三相六拍时 $N = 6$；对于四相反应式步进电动机，采用四相单四拍或四相双四拍时 $N = 4$，而采用四相八拍时 $N = 8$。步距角与拍数成反比，每种步进电动机都可能有两种拍数，视通电方式而定。目前，国内常见的反应式步进电动机步距角有 1.2°/0.6°、1.5°/0.75°、1.8°/0.9°、2°/1°、3°/1.5°、4.5°/2.25°等。步距角 θ_b 越小，精确度越高。

2. 伺服电动机

伺服电动机是一种控制微电机，它能把输入的控制电信号变成转轴上的机械角位移或角

速度输出，而转轴的转向和转速可随电压信号的方向和大小而改变。在数控机床中，通常用伺服电动机作为数控系统的执行元件使用，所以又叫执行电动机。

控制系统对伺服电动机提出如下要求：

1）要无自转现象。所谓“自转”现象就是控制信号为零时电动机继续转动的现象。无自转现象意指控制信号一消失，电动机要立即停转，而不能再继续转动。这是伺服电动机满足控制要求的最基本的条件。

2）灵敏度要高。即在很小的控制信号电压作用下，电动机就能从静止状态起动到连续运转状态。

3）机械特性要求。它是指转速与转矩的线性度要好。

4）快速响应性要好。即机电时间常数要小，在控制信号作用下，电动机能迅速地从一种状态过渡到另一种状态。

伺服电动机有直流和交流两大类。直流伺服电动机输出功率较大，可达数百瓦；交流伺服电动机输出功率较小，仅几十瓦。

（1）直流伺服电动机　直流伺服电动机在原理和结构方面与小型直流电动机基本相同。按励磁方式分为永磁式和电磁式两种。电磁式多采用他励方式。对于永磁式直流伺服电动机，因为磁极采用永久磁铁，所以无需励磁绕组和励磁电源。按控制方式分，直流伺服电动机又可分为电枢控制方式和磁场控制方式两种。采用电枢控制方式时，励磁绕组接在电压恒定的励磁电源上，电枢绕组直接控制电压信号，改变电枢绕组上控制电压的大小和方向就可以控制电动机的转速和转向。采用磁场控制方式时，电枢绕组接在电压恒定的电源上，励磁绕组接控制电压信号，改变励磁绕组上控制电压的大小和方向就可以控制电动机的转向和转速。磁场控制方式性能较差，大多采用电枢控制方式。

直流伺服电动机的工作原理与普通直流电动机一样，励磁绕组接在电压恒定的励磁电源上，流过恒定的励磁电流而在气隙中建立主磁通 Φ，它与电枢电流相互作用产生电磁转矩 T 来驱动负载运行。如果断开电枢电压，即断开控制电压，则电枢电流为零，电动机不再产生电磁转矩而停转，因此不会出现“自转”现象。

（2）交流伺服电动机　交流伺服电动机是两相异步电动机，它的定子结构与普通笼形异步电动机相似，也是由铁心和绕组构成。定子上安排有空间相位差90°电角度的两相分布绕组，其中一个为励磁绕组，另一个为控制绕组。转子通常有两种结构：一种为笼型转子，一种为非磁性杯形转子。笼型转子由于结构简单、制造方便，而且大部分性能指标也比非磁性杯形转子的好，所以应用广泛。其结构如图6-7所示。

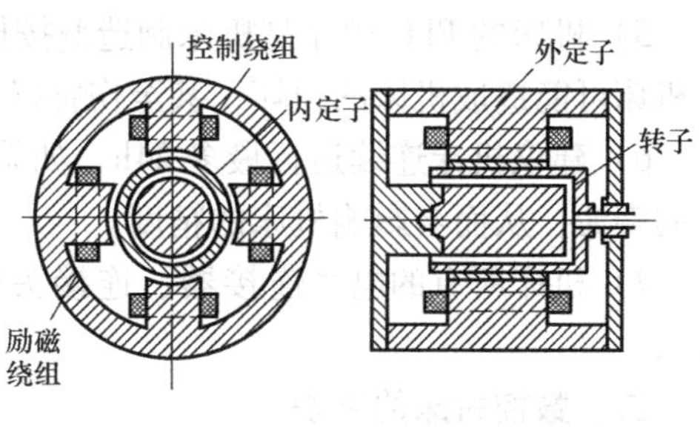

图6-7　交流伺服电动机的结构

交流伺服电动机也具有伺服性，即控制信号强时，电动机转得快；控制信号弱时，电动机转得慢；控制信号一消失，电动机立即停转；控制信号改变相位，电动机反向转动。图6-8所示为交流伺服电动机的工作原理。

图中，f为励磁绕组，工作时接在额定电压上，大小和相位不变；k为控制绕组，工作时接控制信号电压 U_k。由于两相绕组在空间相差90°电角度，这样一来，两相绕组流过电流时，在电动机气隙中就产生一个旋转磁场，在转子上产生感应电流并产生电磁转矩，转子就转动起来。改变 U_k 的大小和相位，就可以在电动机气隙中产生圆旋转磁动势，或圆度不同的椭圆旋转磁动势，甚至是脉振磁动势。电动机中气隙磁动势不同，电动机的机械特性就不同，电动机的转速也就不同了，从而就实现了交流伺服电动机利用控制信号电压 U_k 的大小和相位的变化来控制电动机转速和转向的目的。

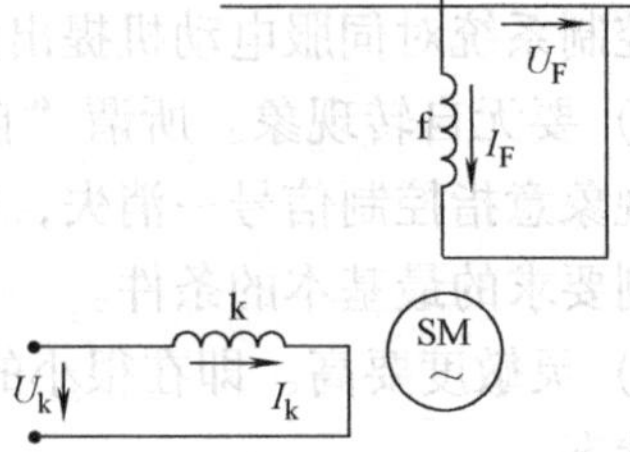

图 6-8　交流伺服电动机的工作原理

随着大功率半导体逆变器的小型化和高性能化以及微处理器等大规模集成电路技术的不断发展，交流伺服电动机的调频调速驱动系统得到了进一步的开发，并已经走向了实用化，从而打破了“交流电动机的调速性能差”这一传统认识，使交流伺服电动机进行大范围平滑调速成为现实，因此交流伺服电动机在数控机床中的应用日益广泛起来。

第二节　数控机床使用、维护和维修介绍

一、数控机床的使用

使用数控机床之前，应仔细阅读机床使用说明书以及其他有关资料，以便正确操作使用机床，并注意以下几点：

1）机床操作、维修人员必须是掌握相应机床专业知识的专业人员或经过技术培训的人员，且必须按安全操作规程及安全操作规定操作机床。

2）非专业人员不得打开电柜门，打开电柜门前必须确认已经关掉了机床总电源开关。只有专业维修人员才允许打开电柜门，进行通电检修。

3）除一些供用户使用并可以改动的参数外，其他系统参数、主轴参数、伺服参数等，用户不能私自修改，否则将给操作者带来设备、工件、人身等伤害。

4）修改参数后，进行第一次加工时，机床在不装刀具和工件的情况下用机床锁住、单程序段等方式进行试运行，确认机床正常后再使用机床。

5）机床的 PLC 程序是机床制造商按机床需要设计的，不需要修改。不正确的修改、操作机床可能造成机床的损坏，甚至伤害操作者。

6）建议机床连续运行最多 24h，如果连续运行时间太长会影响电气系统和部分机械器件的寿命，从而会影响机床的精度。

7）机床所有的电气连接器、连接头等，不允许带电插、拔操作，否则将引起严重的后果。

二、数控机床的维护

数控系统是数控机床的核心部件，因此，数控机床的维护主要是数控系统的维护。数控系统经过一段较长时间的使用，电子元器件性能要老化甚至损坏，有些机械部件更是如此。为了尽量地延长元器件的寿命和零部件的磨损周期，防止各种故障，特别是恶性事故的发生，就必须对数控系统进行日常的维护。概括起来，要注意以下几个方面：

1. 制定数控系统日常维护的规章制度

根据各种部件特点，确定各自保养条例。如明文规定哪些地方需要天天清理（如 CNC

系统的输入/输出单元——光电阅读机的清洁，检查机械结构部分是否润滑良好等），哪些部件要定期检查或更换（如直流伺服电动机电刷和换向器应每月检查一次）。

2. 应尽量少开数控柜和强电柜的门

因为在机加工车间的空气中一般都含有油雾、灰尘甚至金属粉末。一旦它们落在数控系统内的印制电路或电元器件上，容易引起元器件间绝缘电阻下降，甚至导致元器件及印制电路的损坏。有的用户在夏天为了使数控系统超负荷长期工作，打开数控柜的门来散热，这是种绝不可取的方法，最终会导致数控系统的加速损坏。正确的方法是降低数控系统的外部环境温度。因此，应该有一种严格的规定，除非进行必要的调整和维修，不允许随便开启柜门，更不允许在使用时敞开柜门。

3. 定时清扫数控柜的散热通风系统

应每天检查数控系统柜上各个冷却风扇工作是否正常，应视工作环境状况，每半年或每季度检查一次风道过滤器是否有堵塞现象。如果过滤网上灰尘积聚过多，需及时清理，否则将会引起数控系统柜内温度过高（一般不允许超过55℃），造成过热报警或数控系统工作不可靠。

4. 经常监视数控系统的电网电压

FANUC 公司生产的数控系统，允许电网电压在额定值的85% ~110% 的范围内波动。如果超出此范围，就会造成系统不能正常工作，甚至会引起数控系统内部电子元器件损坏。

5. 定期更换存储器的电池

为了在数控系统不通电期间能保持存储的内容，内部设有可充电电池维持电路，在数控系统通电时，由 +5V 电源经一个二极管向 CMOS RAM 供电，并对可充电电池进行充电；当数控系统切断电源时，则改为由电池供电来维持 CMOS RAM 内的信息。在一般情况下，即使电池尚未失效，也应每年更换一次电池，以便确保系统能正常工作。另外，一定要注意，电池的更换应在数控系统供电状态下进行。

6. 数控系统长期不用时的维护

为提高数控系统的利用率和减少数控系统的故障，数控机床应满负荷使用。而不要长期闲置不用。由于某种原因，造成数控系统长期闲置不用时，为了避免数控系统损坏，需注意以下两点：

1）要经常给数控系统通电，特别是在环境湿度较大的梅雨季节更应如此。在机床锁住不动的情况下（即伺服电动机不转时），让数控系统空运行，利用电气元器件本身的发热来驱散数控系统内的潮气，保证电气元器件性能稳定可靠。实践证明，在空气湿度较大的地区，经常通电是降低故障率的一个有效措施。

2）数控机床采用直流进给伺服驱动和直流主轴伺服驱动的，应将电刷从直流电动机中取出，以免由于化学腐蚀作用，使换向器表面腐蚀，造成换向性能变坏，甚至使整台电动机损坏。

三、数控机床的维修

1. 对数控维修人员的要求

数控机床集机械、电气、气动、液动等技术于一体，因此要求数控维修人员的知识面比较广，不但要有机械、加工工艺、液压、气动等方面的知识，而且还要具备计算机、自动控制、驱动及测量技术等知识，这样才能全面地了解和掌握数控机床，才能及时做好维修工作。对维修人员知识面的要求是对各专业知识的融会贯通，而对每项技术的要求可不太深。因为对维修人员不可能要求面面俱到，重点是要求能尽快地找到故障原因，用备件替换下出故障的元器件，使机床尽快再投入生产运行。至于出故障的元器件可找专业维修点进行修理。例如，一台数控机床运行中突然停机，并发出伺服报警信号，这时维修人员所做的是尽快找到报警的原因，通过分析和检测，判断到底哪个轴的伺服电动机、伺服单元板或位置检测反馈元器件损坏，然后换上备用件，使机床恢复正常工作即可。而对于坏的元器件和电路板，用户一般很难修复，可找专业维修点维修。

2. 数控维修所需要的资料

对每台需维修的数控机床要有足够的资料，如机床操作说明书、程序编制手册、数控系统维修手册、机床结构图册、机床电气说明书、机床接线图、机床的 PLC 程序控制梯形图、机床配套使用的检测元件使用说明书、伺服驱动元件的使用说明书等。维修人员要了解这些资料，以便在维修中及时查阅有关的资料。

3. 数控维修方法介绍

（1）直观判断法

1）首先要“问”。“问”是指向故障现场人员仔细询问故障产生的过程、故障现象、故障造成的结果等，以此为依据，分析故障的原因。

2）其次要“看”。总体检查机床各部分工作状态是否处于正常状态，各控制装置是否有报警指示，检查熔断器是否熔断，元器件是否有烧焦、开裂等现象，接线端子是否有松动，电线电缆是否脱落等。

3）然后还要“摸”。

4）最后再“通电”。

（2）用仪器检查法　使用常用的电工仪表如万用表、示波器等，对交、直流电源电压进行测量，对相关的直流信号及脉冲信号进行测量，从中寻找可能的故障。例如，用万用表检查电源的情况（包括电压值是否符合要求，电压是否波动等），用万用表还可以检查一些电路板上相关信号的状态，用示波器观察相关脉动信号的幅值、相位等。

（3）信号与报警指示分析法

1）硬件报警指示。它是指数控系统、伺服驱动系统等各电子、电器装置上的各种状态显示和故障指示灯的显示。结合指示灯状态（如绿灯亮为正常，红灯亮为故障）和各种状态显示的功能说明（机床系统说明书中有各种状态显示的说明），便可获知指示内容及故障原因以及故障排除方法。

2）软件报警指示。在系统中有故障报警程序，当故障发生时，在 CRT 显示屏上将显示相应的报警号，对照机床说明书中的诊断说明手册，便可获知故障可能的原因及故障排除方法。

（4）接口状态检查法　大多数控机床是将 PLC 集成在数控系统中，而数控系统与 PLC 之间是通过一系列的接口信号形式进行通信连接的。有些故障与接口信号错误或丢失有关。检查接口信号可通过调出 PLC 程序进行，所有的接口信号都可以通过显示的 PLC 程序来观察其状态。这种检查方法要求维修人员既要熟悉机床的接口信号，又要熟悉 PLC 程序。

（5）参数调整法　数控机床的数控系统、PLC 及伺服驱动系统都设置了许多可修改的参数以适应机床不同工作状态的要求。这些参数使电气系统与机械运动部件相匹配，且使机床各项功能达到最佳化状态，任何参数的变化或丢失都会造成机床不能正常的工作。为此要记录下机床正常运转时各参数的设置值，当机床不能正常的工作时，可将机床的参数与原有记录值相对应，若二者有不相同的设置，可按原记录值修改现有参数，然后通电试车。

（6）备件替换法　当故障分析结果为某一印制电路板上时，由于电路的集成度较高，很难将故障落实到电路板某一区域或某一元件上，因此电路板的故障维修相当困难。为了缩短停机时间，在有相同备件的条件下，可先将备件更换上，然后再去维修电路板。

（7）交叉换位法　可用交叉换位法进行故障分析，当分析到某一部件或某一印制电路板上有故障时，在没有备件的情况下，可以用相同型号、运行正常的机床的电路板进行替换，更换后通过运行机床以检验分析结果。

（8）整机断电法　有些故障是由于误操作造成的，通过整机断电，稍作停歇后再开机，有时故障可消除。

复习思考题

1. 数控机床有哪些特点？
2. 数控机床的基本结构是什么？
3. 数控机床的进给伺服系统有哪些类型？进给电动机是步进电动机的通常属于哪种类型？
4. 试分析一下步进电动机的工作原理。
5. 试分析一下交流伺服电动机的工作原理。
6. 数控机床需要做哪些日常维护？
7. 在使用数控机床时需要注意些什么？
8. 对维修数控机床的人员有哪些要求？
9. 数控机床维修方法有哪些？

附录　电气图常用图形符号

名　称	新符号	旧符号
直流		
交流		
交直流		
接地一般符号		
无噪声接地（抗干扰接地）		
保护接地		
接机壳或接底板	或	或
等电位		
故障		
闪络、击穿		
导线间绝缘击穿		
导线对机壳绝缘击穿	或	
导线对地绝缘击穿		

名　称	新符号	旧符号
导线的连接	或	
导线的多线连接	或	或
导线的不连接		
接通的连接片	或	
断开的连接片		
电阻器一般符号	优选形	
电容器一般符号		
极性电容器	+	+ −
半导体二极管一般符号		
光敏二极管		
电压调整二极管（稳压管）		
晶体闸流管（阴极侧受控）		
PNP 型半导体三极管		
NPN 型半导体三极管		

（续）

名　称	新 符 号	旧 符 号	名　称	新 符 号	旧 符 号
荧光灯起动器			示波器		
转速继电器	n	或 n>	热电偶	− + 或	− +
压力继电器	p		电喇叭		
温度继电器	θ 或 t°	或 t°>	扬声器		或
液位继电器			受话器		或
火花间隙			电铃		
避雷器			蜂鸣器		
熔断器			原电池或蓄电池		− + 或
跌开式熔断器			等电位		
熔断器式开关			换向器上的电刷		
熔断器式隔离开关			集电环上的电刷		
熔断器式负荷开关			桥式全波整流器	或	或

（续）

名　　称	新　符　号	旧　符　号
动合（常开）触点	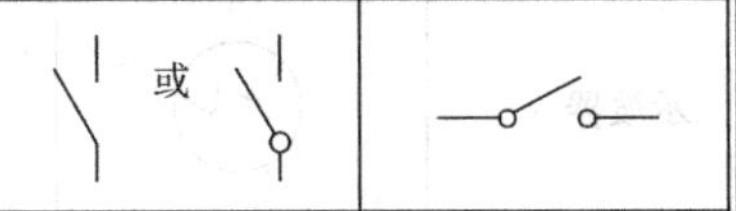	
动断（常闭）触点		
先断后合的转换触点		
先合后断的转换触点		
中间断开的双向触点	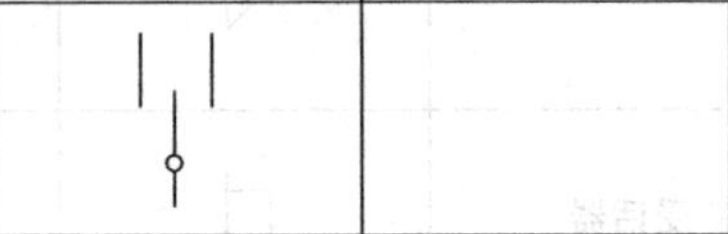	
延时闭合的动合触点	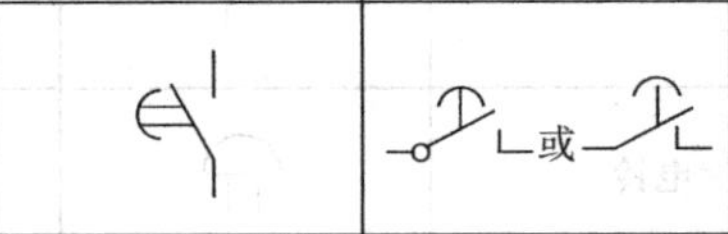	
延时断开的动合触点	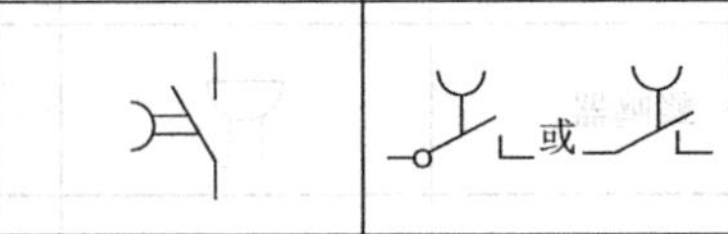	
延时闭合的动断触点	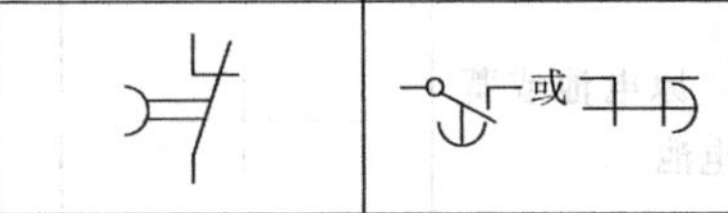	
延时断开的动断触点	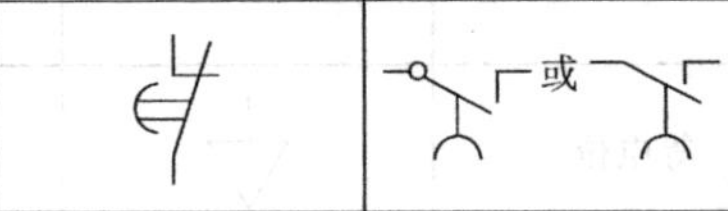	
延时闭合和延时断开的动合触点	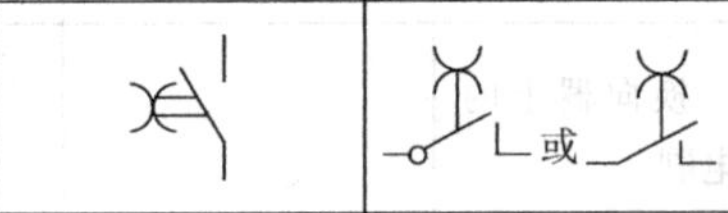	
延时闭合和延时断开的动断触点	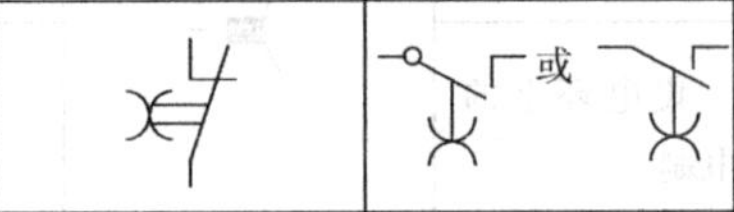	
带动合触点的按钮		
带动断触点的按钮	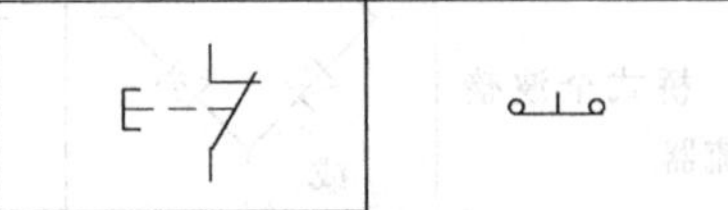	
带动合和动断触点的按钮	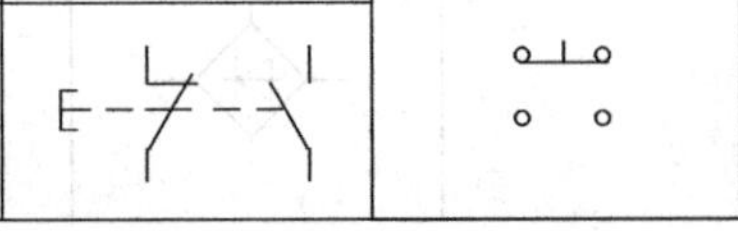	
位置开关的动合触点	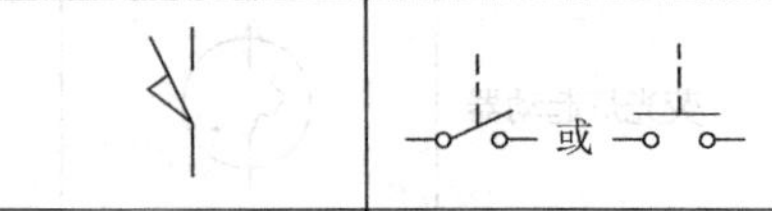	
位置开关的动断触点	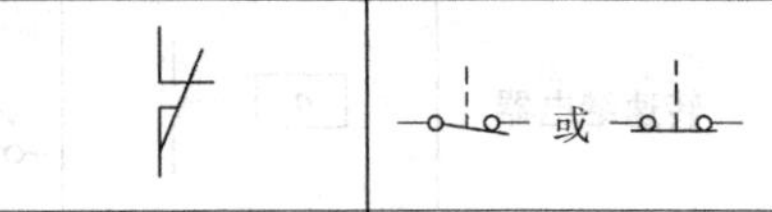	
热继电器的触点	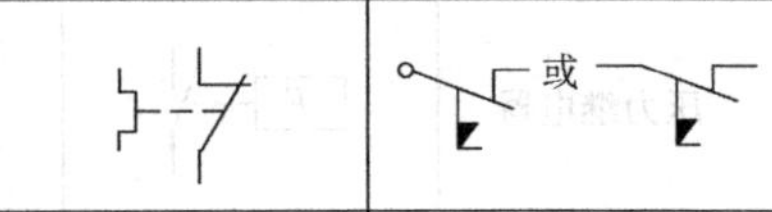	
接触器的动合触点	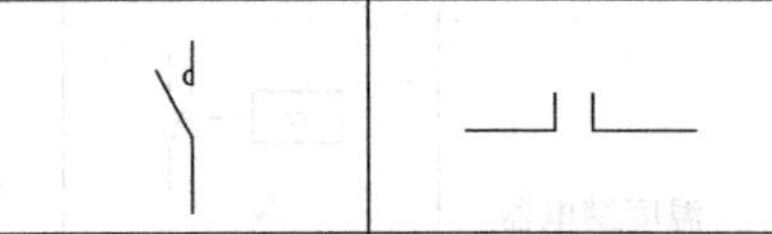	
接触器的动分触点	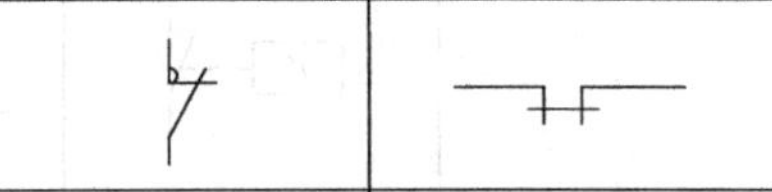	
三极开关	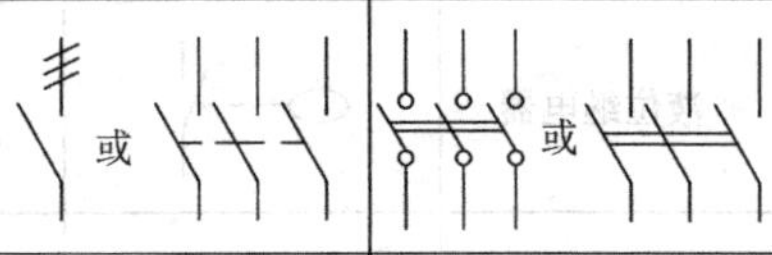	
三极高压断路器	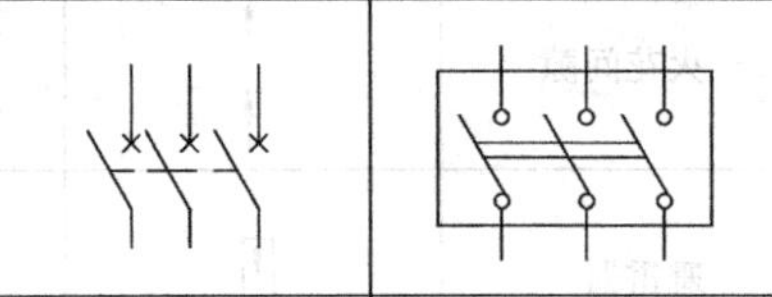	
三极高压隔离开关	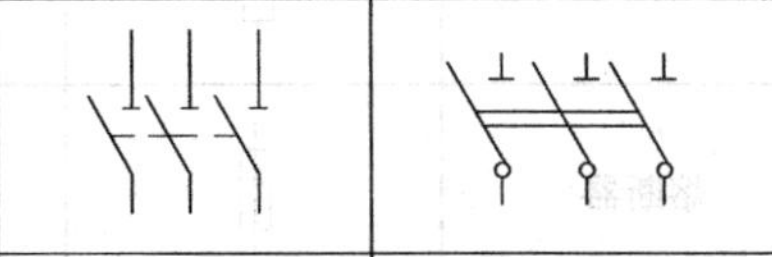	
三极高压负荷开关	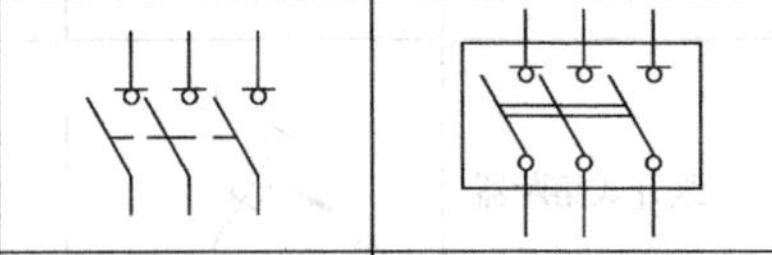	
继电器线圈	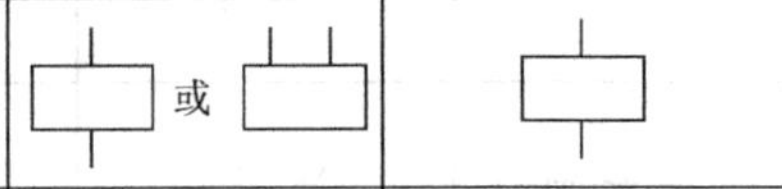	
热继电器的驱动器件	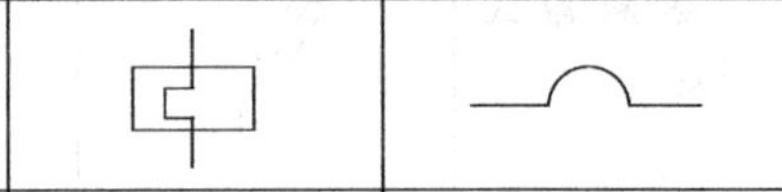	
灯	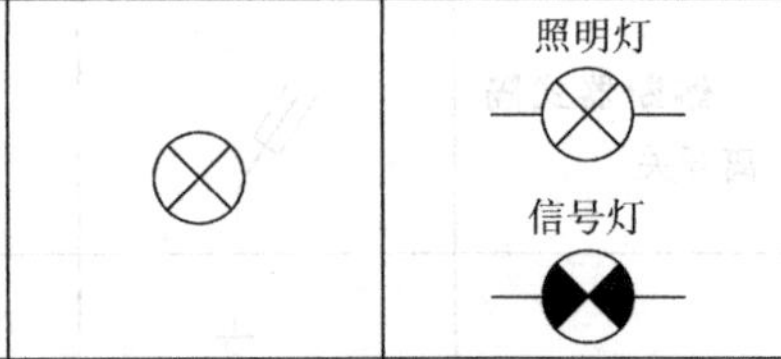	
电抗器	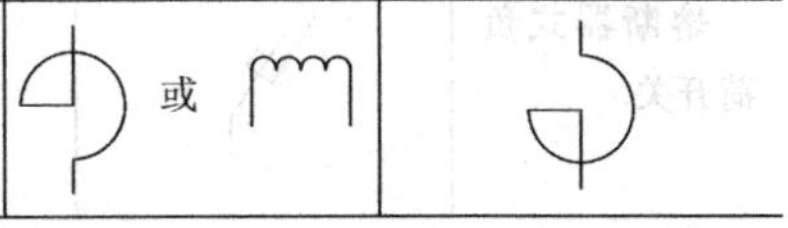	

（续）

名　称	新 符 号	旧 符 号
换向绕组		
补偿绕组		
串励绕组		
并励或他励绕组	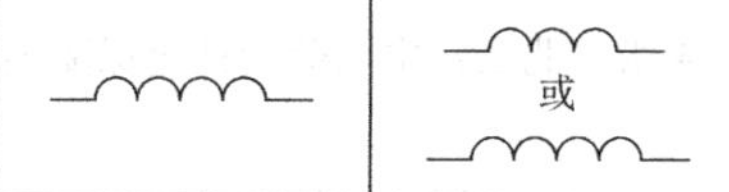	
发电机	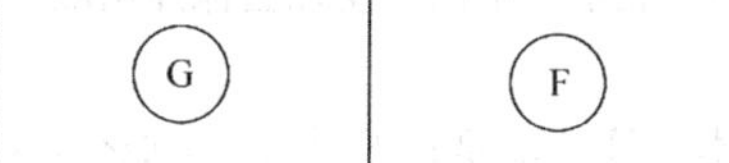	
直流发电机	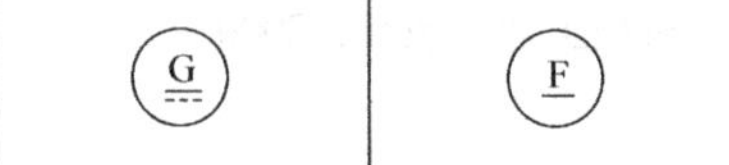	
交流发电机	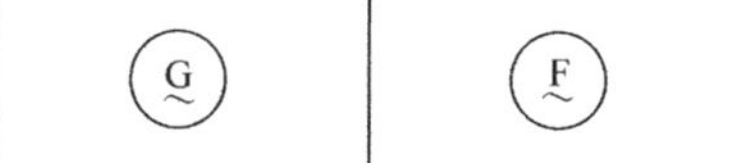	
电动机	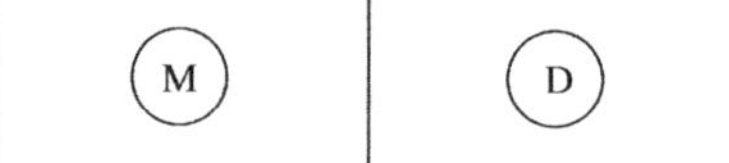	
直流电动机	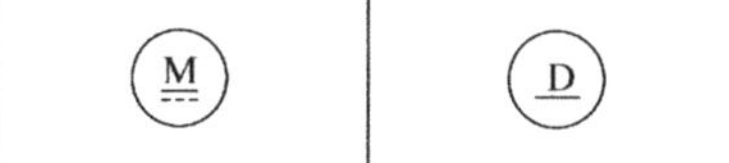	
交流电动机		
直线电动机	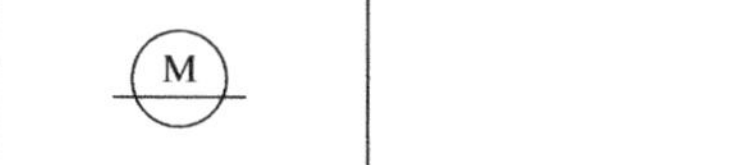	
步进电动机		
手摇发电机	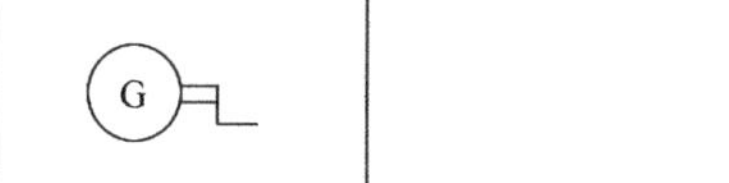	
三相笼型异步电动机	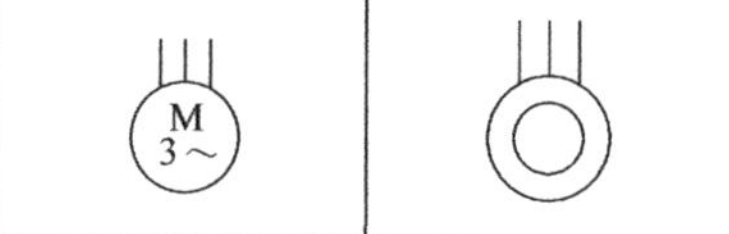	
三相绕线转子感应电动机	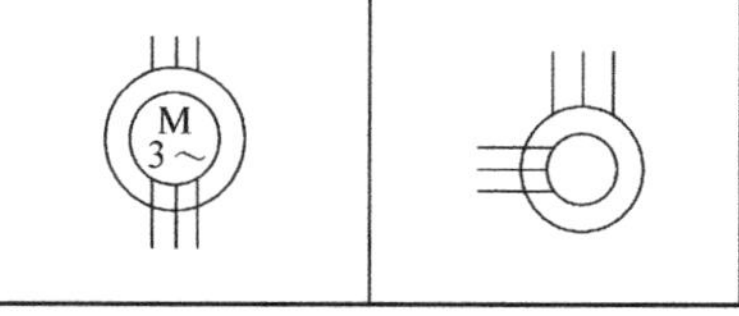	
直流串励电动机	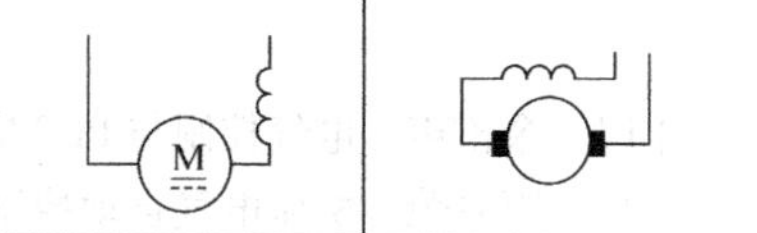	
直流他励电动机	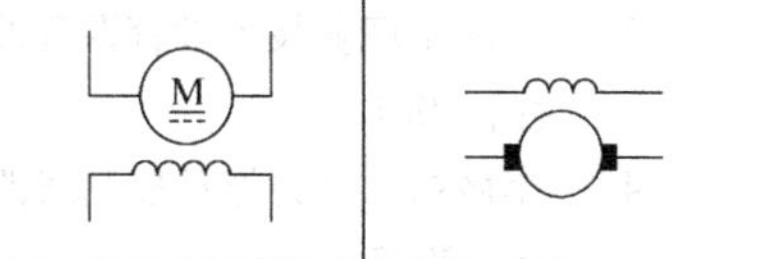	
直流并励电动机	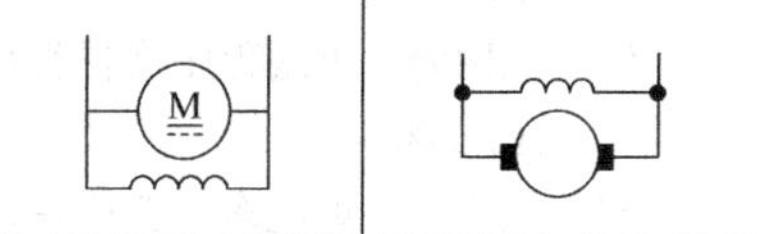	
直流复励电动机	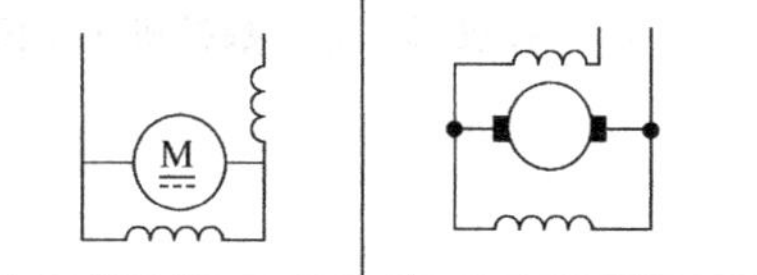	
铁心带间隙的铁心		
单相变压器	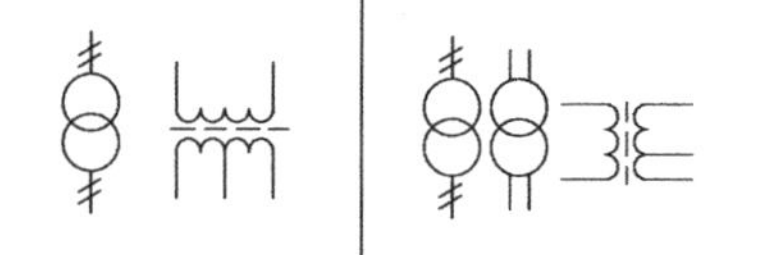	
有中心抽头的单相变压器	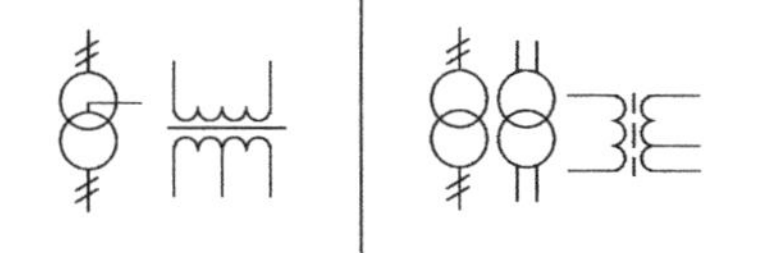	
三相变压器星形有中性点引出线的星形联结	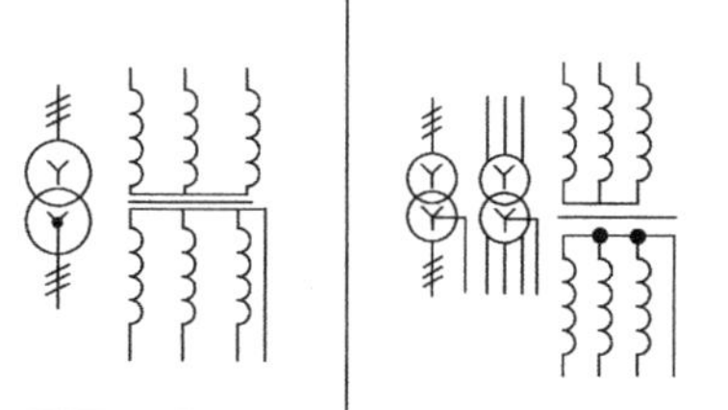	
三相变压器有中性点引出线的星形-三角形联结	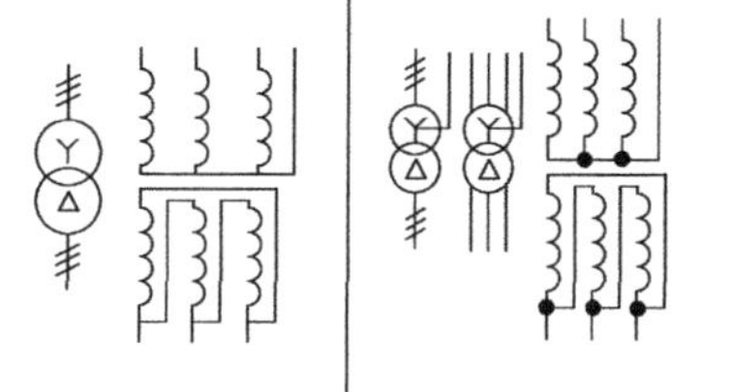	
电流互感器脉冲变压器	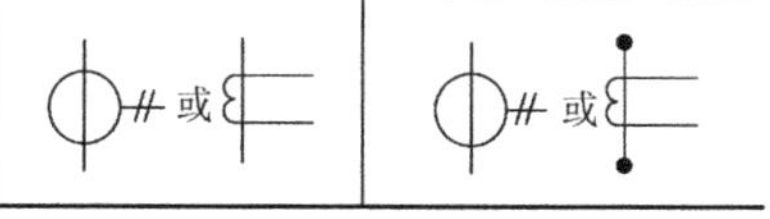	

参考文献

[1] 余雷声. 电气控制与 PLC 应用 [M]. 北京：机械工业出版社，1996.
[2] 廖兆荣. 机床电气自动控制 [M]. 北京：化学工业出版社，2003.
[3] 上海市职业技术教育课程改革与教材建设委员会. 机床电气 [M]. 北京：机械工业出版社，2001.
[4] 李敬梅. 电力拖动控制线路与技能训练 [M]. 4 版. 北京：中国劳动社会保障出版社，2007.
[5] 王国海. 可编程序控制器及其应用 [M]. 2 版. 北京：中国劳动社会保障出版社，2007.
[6] 王广仁，韩晓东，王长辉. 机床电气维修技术 [M]. 北京：中国电力出版社，2004.
[7] 孙汉卿，等. 数控机床维修技术 [M]. 北京：机械工业出版社，2000.

读者信息反馈表

感谢您购买《机床电气控制》一书。为了更好地为您服务，有针对性地为您提供图书信息，方便您选购合适图书，我们希望了解您的需求和对我们教材的意见和建议，愿这小小的表格为我们架起一座沟通的桥梁。

<table>
<tr><td>姓　　名</td><td></td><td>所在单位名称</td><td colspan="3"></td></tr>
<tr><td>性　　别</td><td></td><td>所从事工作（或专业）</td><td colspan="3"></td></tr>
<tr><td>通信地址</td><td colspan="2"></td><td>邮　编</td><td colspan="2"></td></tr>
<tr><td>办公电话</td><td colspan="2"></td><td colspan="2">移动电话</td><td></td></tr>
<tr><td>E-mail</td><td colspan="5"></td></tr>
<tr><td colspan="6">1. 您选择图书时主要考虑的因素：(在相应项前面画√)
(　　) 出版社　(　　) 内容　(　　) 价格　(　　) 封面设计　(　　) 其他
2. 您选择我们图书的途径（在相应项前面画√)
(　　) 书目　(　　) 书店　(　　) 网站　(　　) 朋友推介　(　　) 其他</td></tr>
<tr><td colspan="6">希望我们与您经常保持联系的方式：
□ 电子邮件信息　□ 定期邮寄书目
□ 通过编辑联络　□ 定期电话咨询</td></tr>
<tr><td colspan="6">您关注（或需要）哪些类图书和教材：</td></tr>
<tr><td colspan="6">您对我社图书出版有哪些意见和建议（可从内容、质量、设计、需求等方面谈)：</td></tr>
<tr><td colspan="6">您今后是否准备出版相应的教材、图书或专著（请写出出版的专业方向、准备出版的时间、出版社的选择等)：</td></tr>
</table>

非常感谢您能抽出宝贵的时间完成这张调查表的填写并回寄给我们，您的意见和建议一经采纳，我们将有礼品回赠。我们愿以真诚的服务回报您对机械工业出版社技能教育分社的关心和支持。

请联系我们——

地　　址：北京市西城区百万庄大街 22 号　机械工业出版社技能教育分社

邮　　编：100037

社长电话：(010) 88379080　88379083　68329397（带传真）

E-mail jnfs@ mail. machineinfo. gov. cn